सात मुसाफ़िर

सात मुसाफ़िर

अमृता प्रीतम

शिलालेख पब्लिशर्स, दिल्ली-110032

ISBN : 978-81-7329-232-3

प्रथम संस्करण : 2012

द्वितीय संस्करण : 2020

तृतीय संस्करण : 2022

आवरण : इमरोज़

मूल्य : 300.00 रुपये

प्रकाशक : शिलालेख पब्लिशर्स
4/32 सुभाष गली, विश्वास नगर,
शाहदरा, दिल्ली-110032

email : info@shilalekhbooks.com
shilalekhbooks@rediffmail.com

कम्पोजिंग : शिलालेख एसोसिएट्स, दिल्ली-110032

मुद्रक : बी.के. आफसैट, दिल्ली-110032

Saat Musafir—Talk with Different Astrologers
by Amrita Pritam

विषय-क्रम

परा शक्तियाँ

साइकिक डिस्कवरीज़ के बारे में मैं मास्को में हुई 'इंटरनेशनल पैरा सायकालोजी कान्फ्रेंस' की रिपोर्ट पढ़ रही थी, जिसमें 'साइंटिफिक इन्वेस्टिगेशंस ऑफ टैलीपैथी' का और 'इनर एंड आउटर स्पेसेज़ रिलेशनशिप' का सविस्तार ज़िक्र था।

इन तजुर्बों में 'आर्टीफीशल रीइनकारनेशंस' शीर्षक के अन्तर्गत कई तजुर्बों का दिलचस्प विवरण था, जिनमें से एक ऐला नाम की जवान और ज़हीन लड़की के बारे में था, जिसको डॉक्टर ब्लादीमीर रेकोफ़ ने गहरी तन्द्रा में ले जाकर एक सुझाव दिया था कि वह रेफ़ल ओरबीनो है। रेफ़ल 1505 ई. की एक बहुत बड़ी चित्रकार हुई थी। और डॉक्टर ब्लादीमीर के साथ ऐला की दस बैठकों के बाद, ऐला के लिए 1967 का साल 1505 बन गया था, और वह कैनवस लेकर कई शाहकार बनाने लग पड़ी थी...

इंसान की सीमित शक्तियों का ताल्लुक कैसे साधना के ज़रिए ब्रह्मांड की शक्तियों से जोड़ा जा सकता है, जिसके लिए हमारे भारत का तजुर्बा बहुत अमीर है। आज पश्चिमी देशों में अकल्ट, मिसट्रीज़, मैनी मैनशन्स, सैपरेट रीएल्टी और लाइफ आफ्टर लाइफ जैसी कई किताबें लिखी जा रही हैं। पर हिन्दुस्तान के मिथिहास और इतिहास में परा शक्तियों के तजुर्बे हवा के ज़र्रों की तरह फैले हुए हैं।

साइंटिफिक खोज अपने आप में एक महान खोज है, पर निजी स्वार्थों के लिए बहुत बड़े स्तर पर इस्तेमाल होने लगेगी तो यह हथियारों से भी बड़ी और एक अलग तरह की भयानक जंग की बुनियाद हो सकती है...

इसी पहलू से तन्त्र-विज्ञान के साधक, चिन्तक, और 'तन्त्र' पुस्तक के लेखक डॉ. लल्लन प्रसाद सिंह जी से कई मुलाकातों में की गई बातें यहाँ दर्ज करना चाहती हूँ–

? : लल्लन प्रसाद जी! आप अपनी किताब 'तन्त्र' में वेद को फिलासफ़ी

और तन्त्र को साइंस मानते हैं। आज पश्चिमी देशों में तन्त्र-शक्ति की वैज्ञानिक खोज हो रही है, सायकाट्रॅानिक जेनरेटर भी बनाए जा रहे हैं। क्या यह शक्ति इस पकड़ में आ सकेगी?

ल : भौतिक विज्ञान के मुताबिक पूरी दुनिया वेव्ज़ और वाइबरेशंज़ का संग्रह है। और भौतिक विज्ञान ने कई तरीक़ों से इन तरंगों पर काबू पाकर चमत्कारी उपलब्धियों से हमें चकित कर दिया है। दूसरी ओर तन्त्र, जिसे हम चेतना- विज्ञान कहते हैं, वह इंसान की चेतना पर क़ाबू पाकर उसे निर्वाण या ब्रह्मज्ञान की प्राप्ति करवाता है। यह निर्वाण-ब्रह्मज्ञान इंसान की चेतना का ही पूर्ण ज्ञान है। चेतना एक अमूर्त सत्ता है, और इस पर काबू पाने के जो भी तरीक़े होंगे, वह अमूर्त ही होंगे। भौतिक विज्ञान और चेतना-विज्ञान, दोनों के क्षेत्र, यहाँ तक कि खोज के रास्ते भी अलग-अलग हैं...

भारतीय संस्कृति की यह सबसे बड़ी प्राप्ति है कि उसने पुरातन काल से तन्त्र-साधना और योग-साधना के द्वारा उसे चेतना-विज्ञान का रूप देने का प्रयत्न किया। और यही कारण है कि यहाँ के ऋषि-महर्षि अपनी साधना के बल पर अलौकिक शक्तियों का समय-समय पर दर्शन करवाते रहे। इसके अनेक ऐतिहासिक हवाले मौजूद हैं। इन ऋषियों-महर्षियों की अलौकिक शक्तियों की वैज्ञानिक व्याख्या करने का और उन्हें अच्छी तरह समझने का एक गहरा जतन विशेष रूप से पश्चिमी देशों में हो रहा है। सायकाट्रॅानिक उसी प्रयास की एक कड़ी है। लेकिन मेरी दृष्टि में इस चेतना-शक्ति को जिसे परा शक्ति कहा गया है, और जिसका विकास सिद्ध करने के लिए तन्त्र-शास्त्र का आविष्कार हुआ था, हमारे ऋषियों ने उसे विज्ञान की सूरत दी थी। लेकिन उसे चेतना स्तर पर ही पकड़ा जा सकता है। जिस प्रकार रेडियो वेव्ज़ को केवल उसी प्रकार के यन्त्रों द्वारा पकड़ा जा सकता है—उसी प्रकार चेतना वेव्ज़ को चेतना-वेव्ज़ के ज़रिये ही पकड़ा जा सकता है—इसके लिए साधना की ज़रूरत है।

तन्त्र शास्त्र के अनुसार उस परा शक्ति का या चिद्-शक्ति का विकास, कुंडलिनी शक्ति को जगाकर ही किया जा सकता है...

तन्त्र की मूल बुनियाद कुंडलिनी शक्ति का जागरण है...

और कुंडलिनी शक्ति के जागरण के लिए मन्त्र-साधना और यन्त्र-साधना की ज़रूरत होती है। वैसे तो हमारी वर्णमाला के

पचास अक्षर इन शक्तियों के बीज अक्षर हैं। जिस प्रकार भौतिक विज्ञान की अलग-अलग शक्तियों के लिए अलग-अलग प्रकार के यन्त्रों का विकास होता है, तकनीकी तौर पर—उसी तरह इंसान की अलग-अलग शक्तियों के जागरण के लिए अलग-अलग तरह के मन्त्रों की ज़रूरत होती है। ऐसी मन्त्र-साधना से ही कुंडलिनी शक्ति का जागरण होता है। और उस जागरण से जिन अलौकिक शक्तियों की प्राप्ति होती है—जिन्हें ऑफल्टिज़्म कहते हैं—वह कभी-कभी साधक को गुमराह भी कर देती हैं क्योंकि साधना का मक़सद उन परा शक्तियों का जागरण करके, निर्वाण प्राप्त करना है, और जो इस मक़सद की प्राप्ति को जीवन का सबसे बड़ा मक़सद नहीं मानता, वह उन अलौकिक शक्तियों की नुमाइश में अपना रूहानी मकसद बिसार देता है। इसीलिए बहुत से साधक गुमराह हो जाते हैं।

? : तन्त्र रहस्यमयी शक्तियों के ग़लत इस्तेमाल की सख़्त मनाही करता है। लेकिन अगर किसी तरह इनका इस्तेमाल बहुत बड़ी राजनीतिक शक्तियों के हाथ में आ गया, तो यह अपने ढंग की किसी भयानक जंग की बुनियाद नहीं बन जाएगा?

ल : जैसे विज्ञान के बारे में कहा जा सकता है कि वह अपने आप में न नैतिक है न अनैतिक, वह केवल अपने आप में प्रकाशित है। वैसे ही चेतना विज्ञान है। लेकिन चेतना विज्ञान में उससे मौलिक अलगाव है। यह बात कुछ दूर तक सही है कि ये शक्तियाँ अगर राजनीतिज्ञों के हाथ में आ जाएँ तो वह इनका ग़लत इस्तेमाल करके इंसान और समाज को खड्डों-खाइयों में फेंक सकते हैं। लेकिन इसमें एक बहुत बड़ी 'सेविंग ग्रेस' यह है कि इंसान जो धर्म का पूरी तरह पालन नहीं करता, उसे ये शक्तियाँ पूरी तरह प्राप्त नहीं होतीं।

नैतिकता, धार्मिकता, आध्यात्मिकता, ऐसी शक्तियों के जागरण के लिए, उनकी प्राप्ति के लिए—एक बुनियादी शर्त है। इस बुनियादी शर्त का पालन किए बिना इन अलौकिक शक्तियों की पूर्ण प्राप्ति किसी को नहीं होती। हाँ, छोटी-मोटी अलौकिक शक्तियाँ ज़रूर कुछ लोगों को प्राप्त हुई हैं, और उनका कुछ लोगों ने सियासी इस्तेमाल भी किया है। लेकिन उन्हें अपने मकसद की पूर्ति में कामयाबी इसलिए नहीं मिली कि वह इसकी बुनियादी

शर्त—यानी नैतिकता, आध्यात्मिकता का पालन नहीं कर रहे थे।

? : ज़मीनदोज़ तत्त्वों की खोज करने वाले पश्चिमी विद्वान आज यह मानते हैं कि इन तत्त्वों वाले चुम्बकीय क्षेत्र प्राचीन इंसान की पहचान में आ गए थे। किसी भी मन्दिर की सूरत में जो कुछ निर्माण किया गया, वह धरती के चुम्बकीय क्षेत्रों को पहचान कर किया गया। यह ज़मीनदोज़ तत्त्वों और ख़िलाई शक्तियों में एक तवाज़ुन पैदा करने के लिए था। और यही इंसान के हर मज़हब की बुनियाद थी। भारतीय चिन्तन इस बारे में क्या कहता है?

ल : भारतीय चिन्तन के अनुसार देश, काल और पात्र के चुनाव में बहुत सावधानी बरतने के लिए कहा गया है। मन्दिरों या घरों के बनाने के लिए स्थान का चुनाव करने के वास्ते हमारे यहाँ एक विशेष तरह के ज्योतिष का विकास हुआ था। पुरातन काल में जब किसी राजा को राजमहल बनाना होता था, या क़िला तो ज्योतिष के द्वारा उस स्थान के इस्तेमाल के आधार पर ही शिला रखने के अनेक हवाले मिलते हैं। लेकिन धीरे-धीरे इस ज्योतिष विज्ञान ने अन्धविश्वास का रूप धारण कर लिया, तो इसके नाम पर कच्चे-पक्के ज्योतिषयों ने लोगों का एक्सप्लायटेशन शुरू किया—तब यह विद्या तिरस्कृत होकर धीरे-धीरे लोप हो गई...

हर स्थान की अपनी एक विशेषता होती है। उसकी विशेषता पर ही उसका उपयोग निर्भर करता है। और यही भूमि के चुनाव के निर्णय के लिए निश्चयात्मक तत्त्व है...

? : चीन की हजारों बरसों से चली आ रही ड्रेगन-पूजा का सम्बन्ध ज़मीनदोज़ तत्त्वों से माना जाता है। उन तत्त्वों की आकर्षण-शक्ति क्योंकि सर्प-गति से चलती है, इसलिए साँप से उसका सीधा सम्बन्ध माना गया है। साँप की धड़कन का अर्थ है धरती की मैगनेटिक करंट। पर्वत—उसी शक्ति का गुच्छा होकर सोया हुआ आकार है, और दरिया, उसी शक्ति का प्रवाह। भारत में सर्प-पूजन का आधार कौन-सी मान्यता में है?

भारतीय चिन्तन में सर्प कुंडलिनी शक्ति का प्रतीक है। शाक्त दर्शन के अनुसार हर मनुष्य में कई चक्र होते हैं जो उसके अन्दर पंचभौतिक तत्त्वों का नियन्त्रण करते हैं। और उनके आधार पर ही उनके रंग और उनके बीज का निर्णय किया गया है। जैसे

मूलाधार भौतिक तत्त्वों का, स्वाधिष्ठान चक्र जल तत्त्व का, मनीपूर अग्नि तत्त्व का, अनाहत वायु तत्त्व का और विशुद्ध आकाश तत्त्व का नियन्त्रण करता है। इनके अनुसार मूलाधार चक्र में, जिसे तन्त्र शास्त्र में स्वयंभू लिंग कहते हैं, कुंडलिनी शक्ति जो सर्पाकार मानी जाती है, साढ़े तीन गिरह गाँठ में, ऐंटीक्लाकवाइज़, मुख में पूँछ को डाले सोई रहती है।

सम्पूर्ण तन्त्र साधना इस सोई हुई परा शक्ति को, यानी आध्यात्मिक शक्ति को जाग्रत करने की ही परा विद्या है। इसके जागरण से ही आध्यात्मिक अलौकिक शक्तियों की प्राप्ति होती है।

जब यह शक्ति मूलाधार से ऊपर उठकर अलग-अलग चक्रों से होती हुई आज्ञाचक्र में पहुँचती है तो जो ज्ञान प्राप्त होता है उसे योग में सविकल्प समाधि कहते हैं। और जब वह सहस्रार चक्र में पहुँचती है, तो उससे जो ज्ञान प्राप्त होता है उसे निर्विकल्प समाधि कहते हैं। इसी को पूर्ण ब्रह्मज्ञान यानी आत्मज्ञान कहा जाता है।

हमारी परा शक्ति सर्पाकार है, इसलिए सर्प हमारी संस्कृति का एक अनमोल ख़ज़ाना है।

तन्त्र या आगम शास्त्र के आदि गुरु शिव की मूर्तियों में हम देखते हैं कि उनके गले से सर्प लिपटा हुआ है, और यह प्रतीक हमारी संस्कृति के विभिन्न पहलुओं को दर्शाता है।

सर्प-पूजा या नाग-पूजा के मूल में हमारी आध्यात्मिक रहस्यवादी परम्पराएँ गूँजती हैं। शायद चीनी संस्कृति के मूल में भी यही बात रही होगी। हमारे तन्त्र-शास्त्र के अनुसार महर्षि वशिष्ठ ने चीनी तान्त्रिकों से ही चीनाचार नामक तान्त्रिक विधि सीखकर उसका प्रचार भारत में किया था।

चीनी और भारतीय संस्कृति के आदान-प्रदान का इतिहास बहुत ही प्राचीन और लम्बा है। सम्भव है कि चीन में ड्रेगन-पूजा, जो शायद मैक्सीको की संस्कृति में भी है, किसी समय सांस्कृतिक आदान-प्रदान के माध्यम से ही वहाँ पहुँच गई हो। लेकिन एक बात सच है कि सर्प हमारी कुंडलिनी शक्ति का प्रतीक है। और यह अनार्य संस्कृति की प्राप्ति होने के कारण, सबसे प्राचीन है और यही कालान्तर में नाग-पूजा आदि कई रूपों में, कई संस्कृतियों का प्रतीक बन गया, धार्मिक भी, सामाजिक भी, और नैतिक भी।

? : मैं मास्को में हुई 'पैरासाइकालोजी कान्फ्रेंस' की रिपोर्ट पढ़ रही थी जिसमें 'पिरामिड' को 'कॉस्मिक जैनरेटर' कहा गया है। तन्त्र-साधना में रहस्यमयी डायग्राम की बड़ी अहमियत है। और शायद लक्ष्मण-रेखा का सम्बन्ध भी उससे जुड़ता है। इसके बारे में कुछ विस्तार से बताएँगे?

ल : मैंने मास्को में हुई पैरासाइकालोजी कान्फ्रेंस की रिपोर्ट नहीं पढ़ी है, लेकिन मैं इस कान्फ्रेंस के प्रबन्धकों को बहुत-बहुत बधाई देना चाहता हूँ कि उन्होंने इंसानी चेतना के अनबूझ पहलू को जानने-बूझने का एक वैज्ञानिक जतन किया है।

हमारे तन्त्र-वेद के अनुसार इंसान ही परमात्मा है। फ़र्क़ सिर्फ़ इतना है कि इंसान अपने आपको कभी इन्द्रियों से, कभी मन से, कभी रुचियों से, और कभी शरीर से आइडेंटिफ़ाइ करके अपने आपको बन्धन में महसूस करता है। इंसान न तो मन है, न इन्द्रियाँ, न रुचियाँ, न महज़ जिस्म। वह चेतना का पुंज है। लेकिन उससे उसकी रिअलाइज़ेशन नहीं हो रही है। जब उसे इसका ज्ञान होता है तब वह अपने आपको ईश्वर, ब्रह्म, या चेतना से आइडेंटिफ़ाइ करता है।

इंसान और इस पूर्ण ब्रह्मज्ञान के बीच में चेतना या मन की कई तहें हैं। उन्हीं तहों को भारतीय मनोविज्ञान कोष कहता है। जैसे काममय कोष, मनोमय कोष, अति मानस कोष, विज्ञानमय कोष, हिरण्यमय कोष। ये कोष हमारी मानसिकता या चेतना के अलग-अलग स्तर दर्शाते हैं।

तन्त्र-साधना या योग-साधना के ज़रिये उन अलग-अलग कोषों, या चेतना के अलग-अलग स्तरों का चीरन किया जाता है, जिसे चक्र-चीरन कहते हैं। इन कोषों को चीरने का अर्थ है—चेतना की अलग-अलग ऊँचाइयों को पार करना। और इन ऊँचाइयों को पार करने के क्रम में इंसान को जो पारलौकिक शक्तियों का ज्ञान प्राप्त होता है, उसी का अध्ययन परा-मनोविज्ञान या पैरा-साइकालोजी कहलाता है।

परा-मनोविज्ञान के अध्ययन या प्रयोग के लिए भौतिक प्रयोगशाला से ज़्यादा मानसिक प्रयोगशाला की ज़रूरत है। यह ठीक है कि इसके सच का वैरिफ़िकेशन भौतिक विज्ञान के सच के वैरिफ़िकेशन

जैसा हो सकता है, लेकिन दोनों में गुणात्मक फ़र्क़ है। इसके सच की प्राप्ति के लिए इंसान को अपनी मानसिक लैबारेटरी में अपने ही मन के ज़रिये अपने ही मन को चेतना के अलग-अलग रहस्य समझने के लिए, उसके मुताबिक ढालना होगा। तन्त्र-योग साधना एक दृष्टिकोण से पैरासाइकालोजी की ही ऐप्लाईड फ़ॉर्म है। लेकिन उसका मक़सद चेतना का पूर्ण विकास करके 'स्वयं' को ब्रह्म के रूप में स्थापित करना है। और इस दृष्टि से यह पैरा-साइकालोजी तक महदूद न रहकर इससे परे चला जाता है, जहाँ उसे चेतना या चिद्-शक्ति का पूर्ण ज्ञान प्राप्त हो सके। हाँ, इस सम्बन्ध में कोई उच्च चेतना-शक्ति-प्राप्त महर्षि किसी और को भी शक्तिपात के ज़रिये इस परा-मनोवैज्ञानिक रहस्यमय संसार की झलक दिखा देता है, और उसके ज़रिये उसके पूरे जीवन-दर्शन को बदल देता है, जैसे रामकृष्ण ने विवेकानन्द का जीवन-दर्शन बदल दिया था।

? : देवी-देवताओं के आकार, ख़िलाई तत्त्वों के आकारों पर आधारित हैं या यह इंसान की महज़ तापमयी कल्पना है? उसकी फ़ोवरिश इमैजिनेशन? साथ ही इंसान की ख़िलाई याददाश्त के बारे में कुछ विस्तार से बताइए, कास्मिक मेमोरी के बारे में...

ल : देवी-देवताओं के आकार बहुत हद तक इंसान की तापमयी कल्पना है। इंसान की वे इच्छाएँ जो वह पूरी नहीं कर सकता, उसकी तसल्ली के लिए, इस तरह के स्वर्ग की, फ़रिश्तों की और देवी-देवताओं की कल्पना की गई है। ऐसी कल्पनाएँ हर संस्कृति में मिलती हैं, क्योंकि इंसान बुनियादी तौर पर एक जैसा ही है। लेकिन कुछ संगीत शास्त्रों के विद्वान रागों की देवियों के आकार, ख़िलाई तत्त्वों के आकारों के अनुसार मानते हैं। और इंसान अपनी साधना के ज़रिये देव-दर्शन की बात करते हैं। लेकिन जब मूल तत्त्व एक अमूर्त, निर्गुण, निर्विकार, ज्ञान-सत्ता है, तब यह अलग-अलग देवी-देवताओं का दर्शन अपने आप में एक विरोधाभास है। देव-दर्शन को तत्त्व मीमांसा के दृष्टिकोण से नहीं, इसे मनोवैज्ञानिक या धार्मिक दृष्टिकोण से सोचा जा सकता है। मनोवैज्ञानिक या धार्मिक दृष्टिकोण से इस परा-मनोवैज्ञानिक तथ्य के विश्लेषण पर मुझे ऐसा लगता है कि इंसान अपनी ही चेतना का विस्तार करके,

साधना की उच्च अवस्था में अलग-अलग देवी-देवताओं के आकार का दर्शन करता है...

तन्त्र, योग, या अलग-अलग भारतीय दर्शनों में सर्वज्ञता की बात की गई है। जैन दर्शन के मुताबिक रूह में अनन्त ज्ञान की शक्ति है, और वह उसे विकसित करके सर्वज्ञ हो सकता है। जिस कोष की मैंने पहले बात की है, उसमें अतिमानस विज्ञानमय और हिरण्यमय कोष को कारण-मन कहा जाता है। कारण-मन में सर्वज्ञता के वस्फ़ छिपे हुए हैं, और इसका भेदन करके साधक सर्वज्ञ हो सकता है। यहाँ मैं डिटर्मिनिज़्म और उसके दार्शनिक प्रश्नों पर, विस्तार में गए बिना, इतना ही कहूँगा कि इंसान में ख़िलाई याददाश्त की पूरी सम्भावना है।

और जिसे जुंग ने कलैक्टिव अनकान्शस, या प्रिमिटिव साइकी का नाम दिया है, उसे तन्त्र या योग ने कारण-मन कहा है। और यह कारण-मन फ्रायड के अनकान्शस या जुंग के कलैक्टिव अनकान्शस से अलग इंसान के मानसिक या चेतन जीवन का पूरा इज़हार कर देता है। और उसमें कास्मिक मैमोरी के साथ-साथ और भी कई रहस्यमय तत्त्व मिले हुए हैं, जिसका प्रगटाव आध्यात्मिक साधना या ज्ञान के ज़रिये इंसान लगातार करता रहता है।

? : तन्त्र-शक्ति के किसी ज़ाती तजुर्बे की बात करना समुद्र में अलोप हुई द्वारावती की बात करने जैसा है। इसलिए यह सातवाँ सवाल आपके हवाले है, आप खुद उस द्वारावती की खोज करें और खुद ही उसके जाहो-जलाल का तर्क खोजकर बताएँ!

ल : अमृता जी! आपका पत्र मिला था तो जहाँ बहुत खुशी हुई कि आप हिन्दुस्तान के कुछ चुने हुए कलाकारों और चिन्तनशील लोगों से सात सवाल पूछ रही हैं, वहाँ मैं उस सूची में अपने जैसे ख़ाकसार को देखकर बहुत घबरा गया, और मैं आपसे मिलने के लिए छह महीने दिल्ली नहीं आया। अब यह सोचकर आया हूँ कि अब तक आपको यह बात भूल गई होगी। मैं बहुत साधारण इंसान हूँ, और मैंने तन्त्र की साधना बहुत मामूली की है, जिसके खट्टे-मीठे अनुभव मुझे प्राप्त हुए हैं। इस आधार पर कोई नतीजा निकालना बहुत कठिन है। पर साधना अपने आपमें बहुत ख़तरनाक बात है,

जिसे तलवार की धार पर चलने के बराबर कहा जा सकता है।—और उनमें जब मैंने बहुत से तान्त्रिकों को निकट से देखा, तो देखा कि उनकी ज़िन्दगी आम इंसान से भी नीची है...कइयों ने इसे व्यापार भी बनाया हुआ है...

मेरी तन्त्र-साधना, मेरी तन्त्र-जिज्ञासा, अपने आपको सही रूप में पहचानने का एक रास्ता है। एक वैज्ञानिक रास्ता। और मैं चंडीदास के इस सत्य को मानता हूँ—"साबार ऊपुरे मानुष भाई, ताहर ऊपुरे नाईं"—और जो विद्या इस सत्य का दर्शन कराती हो, वही परा विद्या है, वही परा शक्ति है, और वही जीवन की उपलब्धि है।

जब मैं पहले-पहल तन्त्र-साधना में दीक्षित हुआ था, मुझे जमालपुर की दो पहाड़ियों के बीच एक घाटी में, जिसे मौत की घाटी कहते हैं, एक इमली के पेड़ के नीचे रात के बारह बजे के बाद अकेले साधना के लिए जाना होता था।

और जैसे-जैसे दिन ढलता था, रात निकट आने वाली हो जाती थी, मेरे दिल की धड़कन बढ़ने लगती थी। और जब मैं सचमुच साधना के लिए रात के करीब साढ़े बारह बजे घर से चलता था तो मुझे लगता था कि मैं कल का सूरज नहीं देख सकूँगा। मैं वहाँ पहुँचता—तो रास्ते में पहाड़ी के पास मुझे देखकर कई बार वहाँ के लोहे की ज़ंजीरों के चोर भाग जाते थे...यह सिलसिला कई दिन तक चलता रहा...

लेकिन जब मैं साधना करके लौटता था, तब मैं अपने आपको एक बिलकुल दूसरा इंसान समझता था। मुझे लगता था—मेरे अन्दर रोज़ कोई नया इंसान पैदा हो रहा है। यह क़ुकनूस की तरह अपनी ही आग में भस्म होने वाली हालत थी, और फिर अपनी ही राख में से नया जन्म लेने जैसी हालत।

एक दिन जब मैं साधना के लिए बैठा हुआ था, तो गेरे निकट, कोई दस गज़ की दूरी पर, एक शेर आ गया। उस समय मेरी हालत बिलकुल और ही थी। मैं इतनी रूहानियत में डूबा हुआ था कि मुझे कोई डर-भय नहीं लगा। मैंने सहज तौर पर उस शेर को डाँटा, और वह भाग गया।

उस दिन के बाद मेरा नज़रिया बदल गया और मुझे अमरता का गहरा अहसास हुआ, जिसे मैं बाद में दार्शनिक विश्लेषण करने पर

अपनी चेतना का विस्तार मानता हूँ। साधना के क्रम में ही मुझे वेदान्त के महावाक्य 'में ही ब्रंह्म हूँ' की अनुभूति हुई। मेरा दृष्टिकोण बदल गया। तब से मैं यही मानता हूँ कि हिन्दू धर्म, या कोई भी धर्म हो, उसके बुनियादी तत्त्व को बौद्धिकता के स्तर पर नहीं समझा जा सकता। उसे केवल अनुभव के धरातल पर ही समझा जा सकता है।

धर्म जीवन की एक कला है। धर्म एक है। और तन्त्र इस सत्य की अनुभूति कराने का एक वैज्ञानिक मार्ग है...

●

अलौकिक अनुभव

दक्षिणी भारत के जी मित्रन नम्बूदरीपाद अपनी साधना के बारे में और अपने अलौकिक तजुर्बों के बारे में कभी किसी को अपने मुँह से कुछ नहीं बताते। पर एक प्यारा इत्तफ़ाक था कि दिल्ली में उनसे हुई पहली मुलाकात में ही मैंने उनका विश्वास जीत लिया। और तीसरी मुलाकात में उन्होंने अपनी साधना के बारे में और अपने अलौकिक तजुर्बों के बारे में मुझे बहुत कुछ अपने मुँह से सुनाया...

मैंने सुने शब्दों को कागज़ पर उतार लेने की इजाज़त माँगी तो वह हँस पड़े। कहने लगे, "कई अख़बार वालों ने यह माँग की थी, पर मैंने आज तक किसी को इजाज़त नहीं दी। पर तुम्हारी बात और है..."

सो उनके शब्द उनकी इजाज़त से यहाँ दर्ज कर रही हूँ—

? : मित्रनजी! आज आपकी कमल के फूल जैसी शख़्सियत को दक्षिण भारत के सारे लोग जानते हैं, पर ज़िन्दगी के तालाब में यह कमल का फूल कैसे खिला, कुछ अपने मुँह से बताएँगे?

मि. : मेरे नम्बूदरीपाद पिता, दादा, राज्य-पुरोहित थे, इसलिए घर के दरवाज़े के बाहर हाथी भी था और ज़मीन इतनी कि हर महीने छः हज़ार नारियल उतरते थे। पर जन्म से मेरे कोई संस्कार थे कि पैसे से मोह नहीं जागता था। सात बरस का था, जब यज्ञोपवीत के बाद मैं गुरुकुल चला गया...

? : आपका जन्म?

मि. : 14 अगस्त 1929 का है, केरल के त्रिपोनीतुरा गाँव में।

? : यह गुरुकुल भी केरल में था?

मि. : हाँ, केरल में, जहाँ मैं बारह बरस रहा। गुरुकुल के अध्यक्ष दामोदरन नम्बूदिरी थे, जिनसे संस्कृत पढ़कर मैंने वेदों की पढ़ाई की, उपनिषदों की भी की; साथ ही तन्त्र-विद्या की, ज्योतिष की

और नक्षत्र-विज्ञान की। यह बारह वर्ष की तपस्या थी, जहाँ केवल कौपीन पहनना होता था और शरीर पर कोई कपड़ा नहीं। सवेरे एक हज़ार आठ बार सूर्य नमस्कार करके, पहले वेदमन्त्र जपा करते थे, फिर नौ बजे कोई अन्न मुँह से लगाना होता था।

? : सवेरे चाय या कॉफी की एक घूँट भी नहीं?

मि. : वह तो बारह बरस छूकर नहीं देखी। दिन में दो बार खाना होता था, सवेरे नौ बजे और रात को आठ बजे।

? : वह भी बहुत संयमी होता होगा?

मि. : सिर्फ़ चावल और दही। चावल पर कुछ घी ज़रूर डाल दिया जाता था या कभी-कभी बिना मसाले की दाल होती थी।

? : सो जवानी का सूरज भी गुरुकुल में चढ़ा, और इल्म का भी...।

मि. : उसके बाद मैंने चार बरस मृदंग की और भरतनाट्यम की शिक्षा ली। फिर मन्दिरों और महफ़िलों में मृदंग बजाने लगा...

? : सो कला का सूरज भी चढ़ा। पर योग-साधना के सूरज की लौ देखने से पहले किसी इश्क़ का सूरज चढ़ता भी देखा?

मि. : देखा, पर लगा कि वह मेरे लिए नहीं हो सकता था, क्योंकि वह सुन्दरी राजघराने की थी। मैंने उसे एर्नाकुलम के मन्दिर में गाते सुना था। उसके 'क्लासिकल' संगीत के स्वर मेरी आत्मा में उतर गए। मेरे घर के लोग जब मुझसे विवाह करने के लिए कहते थे, तो मैं सपना देखता था कि कोई ऐसी लड़की हो, जो गाती हो और मैं उसके साथ मृदंग बजा सकूँ, लेकिन ऐसी कोई लड़की हमारे नम्बूदिरीपाद ब्राह्मणों में नहीं हो सकती थी...

? : और वह जो एर्नाकुलम के मन्दिर में गा रही थी?

मि. : वह भवानी तम्बुराटी राजघराने की थी। ट्रावनकोर के महाराजा की बहन गोवर्धन राजा से ब्याही हुई थी और भवानी, गोवर्धन राजा की भानजी थी।

? : फिर इश्क़ के सूरज की आराधना नहीं की? गुरुकुल में तो आप रोज़ एक हजार बार सूर्य-नमस्कार किया करते थे...।

मि. : शायद वही सूर्य-नमस्कार मन के इस नए सूरज ने भी स्वीकार कर लिया कि एक दिन राजघराने की ओर से उसी भवानी के साथ मेरे विवाह का सन्देश आ गया। उसका कारण यह था कि उस समय तक मेरी मृदंग की धूम मच गई थी और भवानी के घरवालों को

पता था कि भवानी का विवाह जब किसी राजघराने में होगा, उसका मन्दिरों में और संगीत-बैठकों में गाना वर्जित हो जाएगा और वह नहीं चाहते थे कि भवानी के कलाकार मन पर किसी राजघराने की पाबन्दी लग जाए...

? : पर नम्बूदिरीपाद लड़के का किसी क्षत्रिय लड़की से विवाह मुमकिन हो सकता है?

मि. : नहीं हो सकता, पर मेरे पिता ने आज्ञा दे दी। इसका एक दुःखदायी कारण था कि मेरी जन्म-कुंडली के मुताबिक मेरी उम्र सिर्फ़ बत्तीस बरस बताई गई थी। मेरे पिता ने कहा कि बत्तीस बरस की उम्र में जब इसकी मौत हो जाएगी, तब इसकी पत्नी अगर ब्राह्मण हुई, तो वह विधवा दूसरा विवाह कभी नहीं कर सकेगी, पर अगर क्षत्रिय हुई तो उसका दूसरा विवाह हो सकेगा। वह नहीं चाहते थे कि उनके मरने वाले पुत्र से विवाह करके किसी मासूम लड़की की ज़िन्दगी बर्बाद हो जाए...

? : ओ खुदाया!

मि. : उस समय मेरे पिता ने मुझे मृत-संजीवनी मन्त्रम् दिया, रोज़ साधना करने के लिए, जिससे मुझे यकीन हो गया कि मौत टल सकती है। और मैंने 19 मई को भवानी से विवाह कर लिया। वह सन् 1957 का साल था। तब मैं अट्ठाईस साल का था।

? : फिर?

मि. : यह भी सोचा कि अगर मौत न टली तो फिर भी अभी मरने में चार बरस बाकी हैं। मैंने एक अकादमी शुरू की, जहाँ मैं और भवानी मिलकर लोगों को संगीत की शिक्षा देने लगे। साथ ही हम संगीत-बैठकों में जाने लगे, जहाँ वह जी भरकर गाती और मैं मृदंग बजाता। इस तरह एक बरस बीता, फिर भवानी को बच्चे की उम्मीद हो गई। पर वह हमारा पहला पुत्र अठमासा जन्मा मरा हुआ। उसके अगले बरस एक और पुत्र का जन्म हुआ, वह भी अठमासा और मरा हुआ। यह हमारे दो पुत्रों की मौत थी, जिसने मुझे वैरागी कर दिया। भवानी को तीसरे बच्चे की उम्मीद हुई तो मैं अपने गुरुकुल वाले गुरु के पास गया, जिसने मुझे छः महीने मन्त्र-साधना करने के लिए कहा। और साथ ही कहा कि इस बार लड़की होगी, जो जिएगी और बड़ी होकर एक बहुत बड़ी कलाकार

बनेगी। उनकी यह वाणी सच हुई है। उस मंजु बेटी को पिछले दिनों कथकली और भरतनाट्यम की कलाकार के नाते बहुत प्रसिद्धि मिली है। बहुत बड़ा पुरस्कार भी। पर जिस समय की बात कह रहा हूँ, तब मन्त्र-साधना से हमारी वह औलाद तो बच गई, पर मैं बत्तीस साल का हो गया था...

? : मृत-संजीवनी मन्त्रम् ने मौत को कैसे टाला?

मि.: टाला ज़रूर, पर मेरा अंग-अंग तोड़कर। ऐसा हादसा हुआ, मेरी नाक बिलकुल टूट गई, हाथों की अँगुलियाँ भी और पीठ की हड्डी भी। पूरे चौदह दिन बेहोश पड़ा रहा था। प्लास्टिक सर्जरी से मेरी नाक और हाथों की अंगुलियाँ बहाल कर दी गईं। इस हादसे ने मन को बैराग से भर दिया और मैं घर छोड़कर पानाचीकाट मन्दिर में साधना करने के लिए चला गया। घर एक चिट्ठी लिख दी कि कोई मेरी फ़िक्र न करे। जाते समय मुझे पता नहीं था कि मेरी पत्नी फिर गर्भवती थी। जब सन्देश मिला तो मैं बच्चे के जन्म के समय घर लौटा और छह महीने घर रहकर फिर सूर्य-मन्दिर में साधना करने के लिए चला गया। यह शायद साधना का फल था कि जब सरस्वती मन्दिर से लौटा था, तब पुत्र-जन्म हुआ था और जब सूर्य-मन्दिर से लौटा तो पुत्री-जन्म हुआ।

? : उन दोनों मन्दिरों में किसी ख़ास मन्त्र की साधना की?

मि.: बाला मन्त्रम् की और गायत्री मन्त्रम् की। बाला मन्त्रम् की छह लाख बार करनी होती है और गायत्री मन्त्रम् की चौबीस लाख बार। पर इसके बाद मैं मैसूर राज्य के मोकाम्बिका मन्दिर में लम्बी साधना के लिए चला गया। ऐसा मन्दिर सारे हिन्दुस्तान में एक ही है, जहाँ मन्दिर की देवी सवेरे के समय महासरस्वती होती है, दोपहर के समय महालक्ष्मी और रात के समय महाकाली।

? : फिर इस देवी की आराधना का बीज-मन्त्र भी अलग होता होगा?

मि.: मेरी सबसे बड़ी यही समस्या थी, इस देवी का बीज-मन्त्र सीना-ब-सीना चलता है, कभी किसी ग्रन्थ में नहीं लिखा जाता। यह मन्त्र सिर्फ़ उस मन्दिर के पुजारी के पास था, जिसने मुझे बताने से इन्कार कर दिया। मेरे दिल से यही उठता था कि मैं इसी देवी के बीज-मन्त्र की साधना से अपने पूर्वजन्म के कर्मों से मुक्त हो सकता हूँ।...एक दिन मैंने पुजारी से बहुत अनुनय-विनय

की, पर उसने फिर भी इन्कार कर दिया तो मेरे मुँह से निकला, "ठीक है, मुझे किसी से कुछ नहीं चाहिए। देवी मुझे स्वयं दर्शन देकर यह बीज-मन्त्र बता देंगी।" मैं उस दिन बहुत व्याकुल था। जो अन्न खाना होता था, वह पुजारी के घर का ही खाना होता था, इसलिए मैं भूखा-प्यासा नदी में स्नान करके जंगल में चला गया और गीले कपड़ों में ही केले के एक बड़े पेड़ से पीठ लगाकर बैठ गया और रोने लगा। मुँह से बार-बार यही निकलता रहा, 'देवी!' 'देवी!' न जाने रात कितनी बीत गई थी, जब अचानक एक स्त्री प्रकट हुई...

? : इच्छाशक्ति का यह चमत्कार आपने आँखों से देखा?

मि. : बिलकुल देखा। उसके हाथ में त्रिशूल था। बाल बहुत लम्बे और खुले हुए थे। माथे पर चन्दन और सिन्दूर की विभूति थी। वह एक लाल सन्तरी रंग का कपड़ा पहने हुए थी...

? : उम्र कितनी दिखती थी?

मि. : पच्चीस और तीस के बीच। वह मेरे पास आकर बैठ गई। बोली, "तुम्हें पुजारी ने मन्त्र नहीं बताया..." मैंने घबराकर कहा, "मुझे गुस्से में नहीं आना चाहिए था, पर मेरे मुँह से असम्भव बात निकल गई...।" वह हँस पड़ी, बोली, "इसीलिए तुम्हारी बात रखने के वास्ते मैं आई हूँ। वह बीज-मन्त्र मैं तुम्हें स्वयं बताती हूँ।" और उसने मेरे दाहिने कान में तीन बार वह मन्त्र पढ़ा, ताकि मैं याद कर लूँ। साथ ही मुझसे वचन लिया कि वह मन्त्र किसी को नहीं बताऊँगा।

? : वह मन्त्र कितनी बार पढ़ना होता है? जैसे गायत्री मन्त्र चौबीस लाख बार और बाला मन्त्र छह लाख बार...

मि. : मैं यह बता नहीं सकता, क्योंकि मन्त्र नहीं बता सकता। मन्त्र में जितने अक्षर होते हैं, उतने लाख बार उसे पढ़ना होता है। देवी ने मुझे मन्त्र बताया और अलोप हो गई। मैं दीवानों की तरह उठकर मन्दिर की ओर दौड़ा। पर मन्दिर का दरवाज़ा बन्द हो चुका था। मैं दरवाज़े के बाहर बैठा रहा। प्रभातवेला में जब पुजारी ने दरवाज़ा खोला, मैंने जल्दी से दहलीज़ में जाकर उसकी बाँह पकड़ ली और उसे बताया कि मुझे देवी का बीज-मन्त्र मिल गया है, देवी के मुँह से। उसे यकीन नहीं आता था, इसलिए मैंने मन्त्र पढ़कर सुनाया...

? : पर आपने देवी को वचन दिया था कि आप वह मन्त्र किसी को नहीं सुनाएँगे...।

मि. : पर पुजारी वह मन्त्र जानता था, इसलिए उसे सुनाने से मेरा वचन भंग नहीं होता था। मन्त्र सुनकर उसे यकीन आ गया, तो वह कितनी ही देर तक हैरान होकर मन्दिर की दहलीज़ में ही खड़ा रहा। फिर उसने मुझसे कहा कि मन्दिर की परम्परा के अनुसार, जिसे देवी-दर्शन हो जाता है, उसको पूजन भी करना होता है, और उसे पट भी चढ़ाना होता है...।

? : सो, यह अलौकिक खबर फिर लोगों ने भी जानी?

मि. : यह सन् 1961 का जनवरी का महीना था। पुजारी ने सब मन्दिरों के पुजारी बुलवाए और ढोल बजवाकर मुझे रेशमी वस्त्र पहनाए।

? : इस साधना के लिए आप कितने समय तक घर त्यागकर मन्दिर में रहे?

मि. : चार बरस और पाँच महीने। इस मन्दिर के साथ लगता हुआ एक पहाड़ है, समुद्र से छह हज़ार फूट की ऊँचाई पर। उस कोडाजाद्रि में एक गणपति गुफा है, जहाँ शंकराचार्य ने तपस्या की थी। मैं कोई छह महीने के बाद उस गुफ़ा में चला जाता था, जहाँ इक्कीस दिन ज़रूर रहता था। वहाँ से अट्ठारह मील के अन्दर-अन्दर इंसान की ज़ात नहीं दिखाई देती है।

? : पर वहाँ अन्न का दाना कैसे मिलता होगा?

मि. : कच्चे चावल पीसकर अपने पास रखता था, वही गरम पानी में घोलकर कभी पी लेता था। मिट्टी की एक हंडिया भी थी, पानी गरम करने के लिए, जिसमें कॉफी घोलकर पी लेता था। आग चौबीस घंटे जलती थी गुफा के द्वार में, ताकि रात को जंगली जानवर गुफा के अन्दर न आएँ...

? : उस समय के अलौकिक अनुभव बताए जा सकते हैं?

मि. : बहुत बार ऋषि-दर्शन हुए—पर सबसे बड़ी बात कि जो अनुभव मैंने सुना हुआ था, पर प्राप्त कभी नहीं किया था, वह मैं वहाँ प्राप्त कर सका। वह भौतिक शरीर से निकलकर सूक्ष्म शरीर के द्वारा आकाश के कई क्षेत्रों में विचरने का अनुभव था...

? : सूक्ष्म शरीर को भौतिक शरीर में से कितनी देर तक बाहर रखा जा सकता है?

मि. : ज़्यादा-से-ज़्यादा चौबीस मिनट।

? : जिन क्षेत्रों में आप विचरे, वहाँ कुछ महान् आत्माओं से मुलाक़ात भी हुई होगी...?

मि. : मुलाक़ात भी हुई, प्रवचन भी हुए, पर जब तक कोई स्थायी तौर पर वहाँ नहीं जाता, इस तरह किसी का उनमें जाकर विचरना एक विघ्न समझा जाता है...

? : मेरी समझ में उन्हें मेहमाननवाज़ होना चाहिए। ख़ैर, सूक्ष्म लोक की बात करने का मुझे हक नहीं बनता, इसलिए स्थूल लोक की बात ही करती हूँ। सिद्धियों की इस प्राप्ति में कभी अपनी भवानी की याद आती होगी, तो किसी चीज़ का अभाव नहीं लगने लगता था?

मि. : नहीं। वह मेरी आत्मा में लीन थी, मेरी आत्मा का अंग। शरीर का बिछोह मैंने स्वयं चुना था...

? : फिर इतने सालों के बाद घर-गृहस्थी की ओर लौटने का संजोग कैसे बना?

मि. : मेरा त्याग किसी संन्यासी वाला त्याग नहीं था। मुझे साधना के द्वारा अपने पूर्व कर्मों के भोग काटने थे, काट लिए।

? : आपके पीछे भवानी और बच्चों का गुजर कैसे होता था?

मि. : अपने पिता-दादा वाली सम्पत्ति मैंने त्याग दी थी, पर भवानी तो स्वयं राजघराने से थी...

? : विरहा की अवधि भी शायद किसी पूर्वकर्म का भोग होगी...भवानी को आपकी पुनर्प्राप्ति कैसी लगी?

मि. : मेरे स्वागत में उसने दीपमाला की और दीपकों के थाल से मेरी आरती उतारी।...मैं अपने बच्चों की सूरत भी भूल चुका था। बड़ी बच्ची मंजु जब मेरी गोद में आकर बैठ गई और लाड़ से कहने लगी, "अच्छन! अब मुझे छोड़कर मत जाना", तब मैंने जाना कि वह मेरी बच्ची है। हमारी तमिल भाषा में 'अच्छन' पिता को कहते हैं।

? : सुना हुआ है कि अब कोट्टायम में आपके कांजीरामितम महल में बहुत बड़ा पूजाघर है, जहाँ रोज़ अनेक ज़रूरतमन्द आते हैं और आपसे अपने दुखों और रोगों के लिए विभूति ले जाते हैं...

मि. : पूजा के समय रखा हुआ जल दुखों का दारू होता है, और होम अग्नि की राख भी। आपके लिए मैं मन्त्रपूत सिन्दूर लाया हूँ,

आपकी सरस्वती देवी की ओर से...

? : मैंने अक्षरों की लकीरों में जिसका कण मात्र दीदार पाया है, इस जन्म में मेरा वही वरदान है। उसका पूर्ण दीदार शायद अगले जन्म में होगा।...पर जिस सिन्दूर में आपकी इच्छाशक्ति रची हुई है, उसे माथे पर धारण करना, किसी अच्छे नसीब को माथे पर धारण करने की तरह है। आज्ञा हो तो आपके मोकाम्बिका मन्दिर की देवी के बारे में कुछ कहूँ?

मि. : हाँ, कहिए...

? : वह जो सवेरे के समय महासरस्वती है, दोपहर के समय महालक्ष्मी और रात के समय महाकाली, उसकी त्रिगुणी सूरत ज़िन्दगी में पूरे अर्थों का प्रतीक है। सरस्वती की सूरत में इंसान के इल्म का प्रतीक, लक्ष्मी की सूरत में इंसान की मेहनत का और काली की सूरत में इंसान के बाहुबल का। इन अर्थों में गहरे उतर जाएँ तो यही अर्थ ब्राह्मण, वैश्य और क्षत्रिय होने के अर्थ हैं। मेरी समझ के अनुसार हर इंसान सवेरे के समय ब्राह्मण होता है, क्योंकि पाठ-पूजा की शक्ल में वह ज्ञान प्राप्त करता है, दोपहर के समय रोज़ी-रोटी की मेहनत के कारण वह वैश्य होता है, और रात को अँधेरों के भय को चीरने के समय वह क्षत्रिय होता है...

मि. : और शूद्र?

? : मेरी समझ में यह लफ़्ज़ सिर्फ उसके लिए है, जो किसी गुण का धारक नहीं है, जो अपात्र है। जैसे आपसे देवी ने कहा था कि उसका बीज-मन्त्र किसी को बताना नहीं, उसने ठीक कहा था। उसकी मुराद ज़रूर यह होगी कि जो इस मन्त्र का पात्र नहीं है, उसे उसकी प्राप्ति नहीं होनी चाहिए। किसी भी शक्ति को धारण करने के लिए इंसान को उसका पात्र होना चाहिए।

मि. : मैं आपके विश्लेषण से ख़ुश हूँ...

? : जैसे तन्त्र-शक्ति ग़लत हाथों में आ जाए तो काला जादू बन जाती है...

मि. : आज हर क्षेत्र में पात्रता और अपात्रता का सवाल है...

? : बात चाहे अध्यात्म की हो, चाहे समाज की और चाहे सियासत की, पर बुनियादी सवाल शक्ति के पात्र होने का है...।

मेरी डायरी में से...

1982 का नौ दिसम्बर का दिन था, जब श्री मित्रन नम्बूदरीपाद जी से मेरी तीसरी मुलाकात हुई थी। वह करीब सात दिन मेरे पास रहे थे। उस दिन उन्होंने अपनी उस शक्ति के बारे में बताया था कि वह स्थूल जिस्म में से निकलकर सूक्ष्म जिस्म के रास्ते कहीं भी जा सकते हैं। और उन्होंने कहा था कि आज से तीन हफ़्ते के भीतर-भीतर वह किसी भी रात, दस बजे के बाद, सूक्ष्म शरीर के ज़रिये मेरे पास आएँगे...

फिर तीन और चार जनवरी 1983 के बीच वाली रात थी—जब मैंने नींद के आसमान में उनको प्रत्यक्ष देखा। पहचानने में पल-भर वक़्त लगा, क्योंकि उनके माथे पर चन्दन की लकीरें नहीं थीं। मैंने हर मुलाकात में उनके माथे पर चन्दन-रेखाएँ देखी थीं, और उनके बिना, उन्हें पहचानना, पलभर के लिए मुश्किल हो गया था। पर पहचान आई, पूरी पहचान, और सोई हुई के मुँह से निकला—यह तो मित्रन नम्बूदरीपाद हैं...

मेरा यह सपना 1985 में छपी मेरी डायरी में दर्ज है।

●

अतीन्द्रिय शक्ति

श्री रजनीश ने इंसान के एक शरीर से छः सूक्ष्म शरीरों की जो व्याख्या की है, और जिसे स्थूल शरीर सहित, सात शरीर कहा है, उनमें से चौथे सूक्ष्म शरीर के बारे में उनके शब्द हैं, 'चौथे शरीर में बहुत साइकिक सम्भावनाएँ हैं, ब्रह्मांड की यात्रा की सम्भावना भी इसी में है, और अतीन्द्रिय शक्ति भी इसी में हासिल होती है...'

1982 के दिसम्बर महीने में, दुनिया भर के ज्योतिषियों की दिल्ली में एक कान्फ्रेंस हुई थी। दिल्ली की एक पत्रकार दोस्त लड़की सुरेखा विग आकाशवाणी, दिल्ली की ओर से उस कान्फ्रेंस की रिपोर्ट लिखने के लिए जा रही थी, कि मुझे फोन करके पूछने लगी—"मेरी लिखी रिपोर्ट तो बहुत संक्षिप्त होगी, पर अगर कान्फ्रेंस में मुझे कोई बहुत सयाना वक्ता लगे, तो उसे आपसे मिलवाने ले लाऊँ? आप उससे मिलकर जो बात लिखेंगी, वह एक विस्तृत बात होगी..." मैंने उसके इस नज़रिए का शुक्रिया अदा किया। और फिर दोपहर के समय विज्ञान भवन से उसका फोन आया, "सुबह का सेशन हो चुका है, दोपहर खाली है। डॉक्टर केलकर मुझे बहुत अच्छे लगे हैं, वह आपके घर आना भी मान गए हैं, पर आपने कहा था कि सिर्फ एक व्यक्ति को लाना ताकि इत्मीनान से बात हो सके। अब मुश्किल यह है कि मध्यप्रदेश से एक पंडित कैलाशपति नायक आए हुए हैं, वह तकाज़ा कर रहे हैं कि उन्हें भी ज़रूर आपसे मिलना है। बताइए क्या करूँ? मैंने उन्हें सुना नहीं, पर केलकर साहब ने बताया है कि उनके पास अतीन्द्रिय शक्ति है..."

मैंने सुरेखा से कहा—"यह शायद कुदरत का कोई इशारा है कि उन्होंने खुद मिलने की ख़्वाहिश का इज़हार किया है। इसलिए उन्हें भी ज़रूर ले आओ।"

वह आए। ज़्यादा समय केलकर साहब से बात हुई। इसलिए मैंने

कैलाशपति जी से एक अलग मुलाकात के लिए अगला दिन माँग लिया। उन्होंने कहा कि सुबह ठीक साढ़े छह बजे वह बिरला मन्दिर के दरवाज़े पर खड़े होंगे, मैं उन्हें वहाँ से अपने घर ले आऊँ...

यह उनकी मेहर की नज़र थी कि उन्होंने अगली सुबह वापस जाना था, पर वापसी का समय उन्होंने शाम पर डाल दिया, और अगला सारा दिन मेरे घर गुज़ारना मान लिया।

दिसम्बर के ठंडे दिनों में मैंने पाँच बजे उठकर इमरोज़ को जगाया, चाय पी, और ठीक छह बजे हम दोनों उन्हें लेने के लिए चले गए।

वह सुबह इतनी धुन्ध में लिपटी हुई थी कि इमरोज़ दो बार सड़कों के मोड़ मुड़ना भूल गए। फासला कुछ लम्बा हो गया, कार में से उतर-उतरकर सड़कों के नाम पढ़े, पर ठीक साढ़े छः बजे थे, जब हम बिरला मन्दिर पहुँच गए। यहाँ कैलाशपति जी कहीं नज़र नहीं आए। ख़ैर—इमरोज़ भीतर गए, और अन्य कई साधु-संन्यासियों की बैठक में बैठे हुए उन्हें इमरोज़ ने ढूँढ़ लिया। इमरोज़ को देखते ही वह उठ बैठे—अरे, साढ़े छः बज गए?—और वह जल्दी से बाहर आ गए। मैंने देखते ही उलाहना दिया, "आप तो ईश्वर की तरह सो गए..." वह हँस पड़े। और फिर भीतर अपने कपड़ों की पोटली-सी लाकर कार में बैठ गए।

सुबह के सात बजे से लेकर शाम के पाँच बजे तक मैं एक श्रोता थी, वह एक मेहरबान वक्ता थे। वही, उनके अनुभव की, कुछ बातें यहाँ दर्ज हैं।

? : कैलाशपति जी! आज सवेरे मैंने आपको ईश्वर की तरह सोए रहने का उलाहना दिया था...

कै. : हाँ, वह उलाहना मेरी याद में लिखा गया है। मैंने कहा था कि मैं सवेरे साढ़े छः बजे मन्दिर के दरवाज़े में खड़ा हुआ होऊँगा, पर जब आप लोग, आप और इमरोज़, दिसम्बर की धुन्ध चीरकर आए तो मैं अभी अन्दर ही बैठा हुआ था, ख़्याल भी नहीं आया कि साढ़े छः बज गए थे।

? : अब वह उलाहना उतार दीजिए और ईश्वर की तरह जागकर बताइए कि आपको दिव्य दृष्टि कैसे हासिल हुई? पूना के प्रसिद्ध ज्योतिषी केलकर जी आपकी इस विद्या की बहुत तारीफ करते हैं...

कै. : वह इसे टैलीपैथी कहते हैं। हम इसे अतीन्द्रित शक्ति कहते हैं। साधारण शब्दों में, दिव्य शक्ति। मैंने जो कुछ पाया है, अपने पिता

से पाया है। वो, श्री कमलसिंह नायक, बहुत बड़े तान्त्रिक हैं : उनके पिता हरिसरन आचार्य थे, जो पूरे देश के राष्ट्र-गुरु थे, जिन्हें हर तरह के आचार्य गुरु मानते थे—शंकराचार्य, रामानन्दा, बल्लभाचार्य, मध्वाचार्य और निम्बार्काचार्य भी...उनके पिता देवाचार्य रामप्रसाद थे...

? : आपको साधना का इश्क़ किस उम्र में लगा था?

कै. : सात-आठ साल की उम्र में।

? : कहाँ-कहाँ जाकर साधना की?

कै. : ऋषिकोश के आगे कुछ स्थान हैं...सप्त सरोवर भी, अरावली पर्वत पर भी, पंच खंड पीठ पर जाकर भी...

? : ज़्यादा किस मन्त्र की साधना की?

कै. : ज़्यादा गायत्री मन्त्र की।

? : आपका जन्म?

कै. : महाशिवरात्रि का है, अशोक नगर का। मेरे पुरखों की गढ़ी वहाँ से छः मील दूर है, फुटेरा गाँव में, पर मेरे पिता को एक शाप लग गया था, जिसके कारण गढ़ी छोड़नी पड़ी।...जब किसी गाँव में मेह नहीं पड़ता, खेती सूखने लगती है, तो गाँव का ज़मींदार खेतों मे जाकर हल चलाता है। इससे आसमान मेहरबान हो जाता है और मेह बरसने लगता है। एक बार यही हालत थी, जब सूखा पड़ा हुआ था तो मेरे पिता ने ज़मींदार होने के नाते जब हल चलाया तो हल की नोक से एक साँप कट गया। नाग देवता हमारे कुल-देवता हैं, इसलिए यह पाप हो गया। उस समय एक महाज्योतिषी ने मेरे दादाजी से कहा कि या तो यह बच्चा गाँव छोड़ दे, नहीं तो आपका यह पुत्र नहीं रहेगा...वही दिन था जब मेरे दादाजी ने अपने पुत्र को छः मील दूर अशोक नगर भेज दिया। हम लोग अब वहीं रहते हैं। फुटेरा वाली गढ़ी में नाग-पूजा का चबूतरा बना हुआ है, जहाँ कुल-देवी की पूजा के दिन नाग देवता की पूजा भी हमेशा होती आई है—तीन सौ साल से। वह पूजा मेरे पिता के हाथों छूट गई थी, गढ़ी छोड़ने के कारण, अब मैं वह पूजा करता हूँ, हर बरस गढ़ी में जाकर...

? : यह पूजा कब-कब करनी होती है?

कै. : साल में एक बार कुल-देवी की पूजा के दिन, आश्विन सुदी अष्टमी को...इस दिन को दुर्गा-अष्टमी भी कहते हैं...

? : कुल-देवी का रूप क्या है?

कै. : गायत्री-सावित्री का, महालक्ष्मी यानी महाकाली का। यह चार सौ साल पुराने ताँबे की, चाँदी की और सोने की मूर्तियाँ—हमारे गढ़ी वाले मन्दिर में स्थापित हैं...

? : नाग देवता आप पर मेहरबान हैं?

कै. : इतने मेहरबान कि अशोक नगर में भी मेरी पूजा के समय कई बार पूजा के स्थान पर आ जाते हैं। कई बार छोटे-छोटे और कितने ही, जिन्हें हम पानी की बाल्टी में डालकर, बाहर बहते पानी में बहा आते हैं। बड़े नाग दर्शन देकर आप ही लोप हो जाते हैं। साथ ही यह बात पक्की तौर पर होती है कि जब भी दर्शन देते हैं, कोई-न-कोई आत्मिक सन्देश ज़रूर मिलता है...

? : मसलन?

कै. : अब 1982 में 22 अक्टूबर को किसी के यहाँ सरस्वती पूजन था। कोई बीस-बाईस लोग बैठे हुए थे। उस समय मैंने अतीन्द्रिय शक्ति से जाना कि देश का कायाकल्प होने वाला है और उसी विषय पर मैं कितनी ही देर बोलता रहा। उस समय एक बहुत बड़ा साँप प्रकट हुआ, सब लोगों की उपस्थिति में, जो पूजा-स्थान पर आकर अपनी केंचुली उतारकर चला गया। यह प्रत्यक्ष प्रमाण था कि जैसे उसने कायाकल्प किया है, उसी तरह देश का कायाकल्प होने वाला है।

? : आप अपनी तन्त्र-विद्या को देश के कायाकल्प का साधन बना सकते हैं?

कै. : यही बनाना है। मेरी ज़िन्दगी उसी आदर्श को समर्पित है। मैं पूरे देश की सूरत एक काया के रूप में देखता हूँ और सोचता हूँ कि इन्दिराजी के हाथों तीन पहलुओं से इसका कायाकल्प हो सकता है...

? : वे तीन पहलू कौन से हैं?

कै. : एक, देश की फ़ौजी शक्ति, दूसरी एडमिनिस्ट्रेशन की और तीसरी आध्यात्मिक...

? : और काया के अनुसार?

कै. : काया का मस्तिष्क सबसे तगड़ा होना चाहिए, चिन्तन के पहलू से भी और रक्षा की ओर से भी। वह जम्मू-कश्मीर है...

? : और आँखें?

कै. : आँखें दूर-अन्देश होनी चाहिएँ। उन्हें दूर-दृष्टि मिलनी चाहिए। वह

हिमालय और बंगाल हैं...

? : और कान?

कै. : कानों में वक़्त का शोर नहीं होना चाहिए। मेरे देश के कान हैं—पंजाब और आसाम...

? : और हाथ?

कै. : दोनों हाथों और दोनों बाँहों में शक्ति होनी चाहिए। वह इलाके हैं—बिहार और राजस्थान...

? : और बाकी अंग?

कै. : दोनों फेफड़ों को शुद्ध वायु मिलनी चाहिए। ये हैं—दिल्ली और उत्तरप्रदेश, जहाँ विद्वानों के आदर से, अच्छे चिन्तनशील अख़बारों से और अच्छे सरकारी अमल से एक शुद्ध वायु चलनी चाहिए...

? : और अंग? यानी देश की नाभि?

कै. : मध्यप्रदेश इस देश का पेट है। सारी सेहत का दारोमदार। सब बीमारियों की जड़ यहाँ से पकड़ी जा सकती है—यह मध्यप्रदेश है, और इसकी नाभि है तुम्भ बन्द का इलाक़ा, जो राजा विक्रमाजीत का जन्म-स्थान था...वह नगर ज़मीन के नीचे दब गया है...वही नाभि-केन्द्र है, उसी के अन्दर से कुंडलिनी शक्ति को जगाना है...

? : और बाकी पैर, घुटने और कमर?

कै. : कमर का हिस्सा कसना ज़रूरी है। वह नागपुर पठार का इलाक़ा है, आर.एस.एस. का केन्द्र और नीचे घुटनों से टखनों तक आन्ध्रप्रदेश है, जहाँ इस्लाम के नाम पर खुराफ़ात उठती हैं और तमिलनाडु वह पैर हैं, जिस पर सारे शरीर का भार है। पैरों में गति लाने के लिए, पैरों की सख्त कवायद ज़रूरी है...यह देश की वही जगह है, जो कम्युनिज़्म का गढ़ है—भारत के कायाकल्प में, नसों-नाड़ियों का ज्ञान ज़रूरी है, जिनमें भारतीयता का शुद्ध रक्त बहना चाहिए।

? : और हड्डी ज्ञान?

कै. : उसे विश्वास की ताक़त चाहिए, विश्वास का फ़ास्फ़ोरस। यह कायाकल्प हो जाए तो भारत सोने की चिड़िया नहीं, जवाहरात का गरुड़ हो जाएगा...

? : आपने किसी गुरु से ज़रूर दीक्षा ली होगी?

कै. : हाँ, गोटे गाँव के सरूपानन्द जी से दीक्षा ली थी। उनका गोटे गाँव

में शंकराचार्य ज्योतिष पीठ है...हमारे कुलगुरु नरोत्तमदासजी त्यागी हैं, जिनसे मेरे पिताजी ने दीक्षा ली थी। वह हमारे पास ही रहते हैं, श्री सनकादकाचार्य। वहीं पर हमने सनकादक पीठ बनाया है।

? : आगे आपके पुत्र भी खानदानी रिवायत पर चलेंगे?

कै. : ज़रूर चलेंगे। बड़ा पुत्र शिव का प्रसाद है। विवाह के बाद कोई सन्तान नहीं हुई थी तो मैंने शिव के आगे प्रार्थना की थी कि तेरा प्रसाद चाहिए—अगर पुत्र का जन्म महाशिवरात्रि पर हुआ तो समझूँगा कि वह तेरा प्रसाद है। पत्नी को उम्मीदवारी हुई। पर मैं शिवरात्रि के दिन घर से दूर था। मेरे कुल-गुरु मेरे साथ थे। मैंने उनसे कहा कि चलिए घर चलें। आज शिव का प्रसाद मिलना चाहिए। और ठीक उसी रात जब हम घर पहुँचे, बच्चे का जन्म हुआ—शतभिषा नक्षत्र में...

? : और छोटा पुत्र?

कै. : वह राम है। उसका जन्म स्वाति नक्षत्र में हुआ था, पुरुषोत्तम मास में। पर जब उसकी पत्री बनाई गई तो देखा कि उसकी आयु सिर्फ़ साढ़े चार साल थी। वह साढ़े तीन साल का हुआ तो उसे महामृत्युंजय का मन्त्र सिखाया गया...

? : मौत से बचने वाला मन्त्र?

कै. : हाँ। वह पूरा मन्त्र नहीं पढ़ सकता था, इसलिए उसका भी बीजमन्त्र बताया गया, जिसे वह हर समय खेलते, उठते-बैठते पढ़ता रहता था...

? : लफ़्ज़ सुन सकती हूँ?

कै. : हाँ। वे हैं—ओं हूँ जूँ सः...

? : और पूरा मन्त्र?

कै. : पूरा मन्त्र है—ओं हूँ जूँ सः भूः भुवः स्वः ओं त्रयम्बकं यजामहे सुगन्धिं पुष्टिवर्धनम् उर्वारुकमिव बन्धनान् मृत्योर्मुक्षीय मामृतात्। इस मन्त्र को स्वाहा जूँ हूँ ओं शब्दों से बन्द करना होता है...

? : बच्चा अब कितने साल का है?

कै. : साढ़े पाँच साल का...

? : जिस तरह संस्कृत के बावन अक्षर ख़लाई ताक़तों की बावन शक्तियों के प्रतीक हैं, जिनसे एक-एक शक्ति के अनुसार आप एक-एक अक्षर चुनकर बीज-मन्त्र बनाते हैं, क्या उसी तरह

हिन्दुस्तान में तन्त्र के सारे पीठ चिह्नात्मक नहीं?

कै. : वह सती के अंग हैं, जब सती की मृत्यु के बाद शिव उसकी लाश को कन्धे पर उठाए फिरते थे...

? : हाँ, जहाँ-जहाँ उसके अंग गिरे, वहाँ-वहाँ तन्त्र का पीठ बना...जैसे गोहाटी में योनि मन्दिर है। पर क्या यह अंगों का गिरना भी हर अंग की शक्ति का प्रतीक नहीं?

कै. : हाँ, यह सब कुछ प्रतीकात्मक है। शक्तियों के ज्ञान के लिए मिथिहासिक कथाओं के रूप में बताया गया...

? : आपने अपनी पत्नी का चुनाव किस तरह किया था? क्या इस जन्म के संजोग को किसी पिछले जन्म का संजोग मानते हैं?

कै. : ज़रूर मानता हूँ। मैं बारह साल का था, जब रात को कई बार दिखाई देता था कि मैं बहुत सारी नदियों वाले एक गाँव में एक बहुत बड़े और काले पत्थर को तराशकर एक बुत बना रहा हूँ...

? : कुछ यह अहसास भी होता था कि किसका बुत?

कै. : लगता था कि किसी राजमहल में मैंने एक कन्या देखी है और उसका बुत बना रहा हूँ...

? : फिर?

कै. : गाँव की एक कन्या चुपचाप आती है और रोज़ मेरे पास मेरे खाने के लिए कुछ रख जाती है। मैं उसे देखता था, पर उससे कभी बात नहीं होती थी। न मैं कुछ पूछता था, न वह कभी बोलती थी...और फिर देखता था कि वह बुत बनाते-बनाते मैं बासठ साल का बूढ़ा आदमी हो गया हूँ...

? : और वह कन्या?

कै. : वह भी उसी उम्र की एक बूढ़ी स्त्री हो गई है। उस उम्र में मैंने पहली बार उससे पूछा—"तुम्हारे बाल कैसे सफ़ेद हो गए? तुम यहाँ कब से खड़ी हुई हो?" तो उसने सिर्फ़ यह कहा 'तब से'—और कुछ नहीं कहा। और मैंने हैरान होकर देखा कि मैं काले पत्थर में जो मूर्ति बना रहा था, वह हू-ब-हू उसी की हो गई है जो रोज़ मेरे खाने के लिए कोई फल या खाना रख जाती थी...

? : वह दोनों सूरतें, बड़े होकर याद रहीं? बाल-कन्या के रूप वाली, और साठ बरस की स्त्री वाली?

कै. : दोनों याद रहीं। और एक चमत्कारी घटना घटी कि मैंने गाँव के

भोज में एक लड़की देखी, जिसकी नाक में पड़ी हुई तीली ऐसे चमक रही थी कि मेरा ध्यान उधर चला गया। मैंने उसकी तरफ़ देखा, तो वह ऐसे हँस पड़ी कि बिलकुल वही रूप आँखों के सामने आ गया—बाल-कन्या वाला। उसके बाद मैं कई बार उसे देखने के लिए जाता था, और वह अक्सर अपने घर के दरवाज़े में आकर खड़ी हो जाती थी और हँस पड़ती थी...

? : कभी उससे बात नहीं की?

कै. : नहीं। फिर पता लगा कि वह अपने मामा के यहाँ चली गई। फिर ख़बर आई कि वह मामा के गाँव में मर गई। मैंने जब विवाह किया तो पत्नी को देखकर ही पहचान लिया कि वह ठीक वही स्त्री है, जिसका पिछले जन्म में मैंने बुत बनाया था, जो रोज़ मेरे खाने के लिए फल या कुछ और लाया करती थी...पर यह नहीं समझ सका कि वह तीली पहने हँसने वाली लड़की कौन थी? उसकी सूरत बाल-कन्या जैसी ज़रूर थी, पर उस स्त्री जैसी नहीं, जिसका बुत बन गया था...

? : अभी आपने बताया था कि बुत बनाते समय आपके मन में एक राजकन्या की सूरत थी। आप उस राजकन्या का बुत बनाना चाहते थे, पर जब वह बुत तैयार हुआ, तो उसकी सूरत उससे मिल गई जो स्त्री खाना देने के लिए आती थी। सो ज़रूर यह तीली वाली लड़की राजकन्या होगी, जिसका बुत बनाने के लिए आपने कल्पना की थी।

कै. : मैंने कभी सोचा नहीं, पर यह बात ठीक लगती है...

? : और शायद इस जन्म में भी आपके साथ उसका संजोग नहीं था, इसलिए वह ज़िन्दा नहीं रही...

कै. : यह जन्म उसी के लेखे लग गया जो चुपचाप आती और सेवा करती थी...

? : यह उसका भक्ति-फल होगा, उसकी साधना का फल। पर वह जो छलावा-सी बन गई, राजकन्या के रूप में भी और तीली वाली लड़की के रूप में भी, शायद किसी और जन्म में उसका लेखा भी पूरा होगा...

कै. : हाँ, इंसान कर्म भी है, कर्म का भोग भी। कर्त्ता भी और दर्शक भी...

? : कैलाशपति जी! आपके पास दिव्य दृष्टि भी है और ज्योतिष का ज्ञान भी। मेरे पास एक बच्चे की जन्मपत्री पड़ी हुई है। आप वह देखें और कुछ बताएँ।

कै. : इस पत्री में माँ के घर का स्वामी मंगल, दूसरे घर में जाकर नीच का हो गया है, जिसके अर्थ कई हो सकते हैं, एक यह भी कि एक काली-सी चादर इस बच्चे की माँ के मुँह पर पड़ी दिखाई देती है, जिसके नीचे वह मुँह लोप हो गया है।

? : यह पत्री कई ज्योतिषियों ने देखी है, पर आज तक यह बात किसी ने नहीं बताई। आपने कैसे कही है?

कै. : पत्री बना लेना मुश्किल नहीं, पर उसे पढ़ सकना बहुत मुश्किल है। इसके लिए सिर्फ़ गणित ही नहीं चाहिए...पहले यह बताइए कि मैंने जो कुछ कहा है, ठीक है या ग़लत?

? : ठीक है। इसीलिए हैरान हूँ कि जो बात किसी ज्योतिषी की पकड़ में नहीं आई, वह आपने सहज स्वभाव कैसे कह दी?

कै. : इसके लिए सिर्फ़ ज्योतिष का गणित नहीं, साधना भी चाहिए, अतीन्द्रिय शक्ति।

? : इसी अतीन्द्रिय शक्ति से बताइए कि हमारे देश का कायाकल्प होगा?

कै. : ज़रूर होगा...होने वाला है...

यथार्थ से परे एक यथार्थ

श्री लोकनाथ मिश्रा के साथ एक मुलाकात।

? : मिश्रा जी! लफ़्ज़ों की शक्ति हमारे लिए भी अहमियत रखती है, आपके लिए भी, पर फिर भी बीच में एक फ़ासला है, जो तय नहीं होता। शायद इसलिए कि हम, मेरा मतलब है हम लेखक लोग, इस शक्ति में से ज़िन्दगी के सारे अर्थ ढूँढ़ते हैं, और आप सिर्फ़ एक ही रूहानी अर्थ। आप इसे पूरे वृक्ष का एक बीज में सिमटा हुआ अर्थ कह सकते हैं, पर हम लोगों को बीज के प्रसार के साथ इश्क़ होता है—जड़ों के साथ भी, टहनियों के साथ भी, और वृक्षों के खोल में रहने वाले साँपों के साथ भी...और आपको शायद सिर्फ़ देह की मिट्टी में से उठती आत्मा की सुगन्ध के साथ। यह आपकी मन्त्र-शक्ति क्या चीज़ है?

मि. : कुछ शब्दों की सिद्धि। यह सिद्धि—होली, दीवाली, महाशिव संक्रान्ति, या सूर्य और चन्द्र ग्रहण के वक्त बहुत बड़ी साधना नहीं माँगती।

? : ख़ास दिनों का असर ऐसा होता है कि साधना की राह छोटी हो जाती है। हम लोग जो कलम की साधना करते हैं, उस पर तो किसी ग्रहण या संक्रान्ति का असर नहीं पड़ता...

मि. : सिद्धि-प्राप्ति के लिए आप लोगों को ईश्वर की खास देन है। देखो! हिन्दुस्तान के इतने करोड़ लोगों में से तुम जैसे मुश्किल से पाँच-सात लेखक होंगे—यह खुदा की देन है। आम लोगों की साधना को इसके साथ रखकर नहीं देखना चाहिए!

? : तारों-नक्षत्रों के असर के बारे में बहुत कुछ सुना है, पर मुझे इसका ज़ाती इल्म कोई नहीं। यह विज्ञान मेरे इल्म की महदूद सी हद से बहुत परे है...

मि. : ये वाइबरेशंस होती हैं—पॉज़ेटिव भी और नैगेटिव भी। जिस तरह

उत्साह के सूरज पर अचानक कभी उदासियों के बादल छा जाते हैं... बुरे वक्त के भी आते हैं, अचानक बीमारियों के भी...जैसे बुरे लोगों की संगत में बैठने से नैगेटिव वाइबरेशंस आती हैं...

? : यह मानती हूँ—जैसे बढ़िया किताब की थोड़ी-सी पंक्तियाँ भी पॉज़ेटिव वाइबरेशंस दे जाती हैं...पर ये पर्वतों-झरनों के दृश्य, किसी बढ़िया इंसान की मुलाकात, या किसी अच्छी किताब के पन्ने, हमारे देखने और छूने की हद में होते हैं, उनके असर की बात हमारे तजुर्बे का हिस्सा है, हमारी समझ की हद में। पर...

मि. : वह है—चाहे पाँच तत्त्व की शक्ति के बाहर है, उसे इन्द्रियाँ शारीरिक स्तर पर नहीं ग्रहण करतीं...यानी ग्रहण करती दिखती नहीं...

? : हमारे लिए लफ़्ज़ मंज़िल नहीं होते, वे सिर्फ़ अर्थों तक पहुँचने का माध्यम होते हैं—उनकी गोल या सीधी लकीरों की गम्भीरता का फैसला उनके अर्थ करते हैं—और हमारा मन-मस्तक जो भी उनका प्रभाव कबूलता है, उनके अर्थों के कारण। पर आप—मन्त्रों के अर्थों तक हमें पहुँचायें बिना भी, उनका जाप हमारे लिए काफी समझते हैं—सिर्फ़ काफी नहीं, उनसे हमारे मन का युग पलट सकता है, आप यह भी यकीन रखते हैं। उनकी यह सम्भावना समझ की पकड़ में नहीं आती...

मि. : राग-संगीत में लफ़्ज़ यूँ ही नाम मात्र होते हैं, मुश्किल से एकाध पंक्ति, वे लफ़्ज़ आधार मात्र होते हैं, विस्तार सुरों का होता है, लय का, भाव का, लफ़्ज़ों के माध्यम से स्वतन्त्र...

? : वह सुरों का जादू होता है जो बड़ी हद तक लफ़्ज़ों से स्वतन्त्र होता है। हर मन्त्र में तो सुर भी शामिल नहीं होता, फिर उसका असर कैसे होता है?

मि. : सुरों की वाइबरेशन महसूस होती है, पर मन्त्र वह शक्ति हैं—जिनकी वाइबरेशंस इन्द्रियों की महसूसता के बाहर है—पर है। यह बिलकुल उरा तरह है—जैसे धरती की ग्रैविटी तक हमें—इन्द्रियों के माध्यम से—उसकी खिचन पता लगती है, पर जब इंसान ग्रैविटी की हद से आगे निकल जाता है...

? : ग्रैविटी की हद से आगे जाकर क्या होता है, पता नहीं, पर यह मिसाल ज़रूर समझ की हद में आती है। सो कोई शक्ति है—जो

हमारी समझ से भी चोरी से हम पर असर करती है। आपने यह साधना कितने साल की है?

मि. : नौ साल...

? : कुछ प्राप्ति का अहसास आपको कितनी देर बाद महसूस हुआ था?

मि. : ठीक पहले दिन की साधना के वक्त ही एक चमत्कार हुआ था। आँखों के आगे एक तेज़ रोशनी फैल गई—फ्लड लाइट की तरह, और दिखा कि सामने बहुत-सी सीढ़ियाँ हैं—शायद किसी मन्दिर की ओर आती हुई, और वहाँ आठवीं या नवीं सीढ़ी पर मेरे गुरुजी खड़े हैं, मुझे हाथ के इशारे से बुला रहे हैं—और सीढ़ियाँ चढ़ रहे हैं...

? : मिश्रा जी! मानती हूँ कि कविता का प्रारम्भिक रूप मन्त्र थे, शब्द शक्ति का टोना, पंजाबी में लोकधारा के खोजी वणजारा वेदी ने काव्य-छन्दों के बारे में खोज करते हुए कहा है कि दो पंक्तियों का दोहा छन्द धरती और आकाश के दो पाटों का चिह्न था, इसकी 13 और 11 मात्राएँ भी चिह्नात्मक थीं—यानी 13 मात्राएँ—चार वेदों, छः शास्त्रों, और स्मृति, पुराण तथा तन्त्र-शास्त्र का जोड़ थीं, और 11 मात्राएँ शिव की शक्ति का संयमी रूप, क्योंकि शिव के 11 नाम प्रचलित हैं। इसी तरह चौपाई के चार चरण चारों दिशाओं के सूचक थे : और उसकी हर पंक्ति में आठ और सात मात्राओं का विश्राम होता है—वह आठ की गिनती अष्ट लोक का इशारा थी, सात की गिनती सात ग्रहों का। सो चौपाई में चारों दिशाओं की, आठ लोकों की, और सात ग्रहों की आत्म-शक्ति समाई हुई समझी जाती थी। आपका इस बारे में क्या ख्याल है?

मि. : यह सब मैंने सुना है, पर मैं इसके बारे में कुछ नहीं कह सकता। हमारे मन्त्र छन्दबन्दी में नहीं होते। सो छन्दों का कोई चिह्नात्मक रूप है, मैं इसके बारे में नहीं कह सकता।

? : इंसान के मन का बहुत सारा हिस्सा, जप, तप, नियम-ध्यान के घेरे से बाहर रह जाता है। और वह जो बाहर रह जाता है, वह कभी आपसे भी चोरी, आपको सोया देखकर, धीरे से आपके सपनों में नहीं आ जाता?

मि. : नहीं, मुझे सपने नहीं आते। सुबह-शाम की पूजा तपस्या के वक्त विज़न आते हैं—प्रत्यक्ष आकार भी दिखता है, आवाज़ भी सुनाई

देती है। सो मेरे मन में जिज्ञासा आती है, और कोई बेचैनी जैसी चीज़ नहीं आती...

? : मिश्रा जी! सवाल फिर-फिर मन में से उठते हैं—कि यह शायद आपके मन्त्रों का जो भी दूसरे पर असर होता है, मनोवैज्ञानिक तौर पर होता है। एक साइकिक रियेलिटी, जिसमें से विज़न भी पैदा होते हैं, और दूसरे पर शारीरिक असर भी...

मि. : किसी को साँप का काट जाना, या पागल कुत्ते का, जिसका ज़हर उसके अंगों में फैल रहा है, अगर वह मन्त्र से ठीक हो सकता है—तो यह साइकिक रियेलिटी नहीं है। मैंने साँप या कुत्ते के काटे लोगों को कांसे की थाली से तीन-तीन मिनट में ठीक किया है...

? : कांसे की थाली से?

मि. : ज़हर चढ़े अंग पर कांसे की थाली रखकर—मन्त्र के असर के साथ थाली को जकड़ा जाता है। कोई तीन मिनट थाली बिना किसी आसरे के वहाँ जुड़ी रहती है, फिर सारा ज़हर चूसकर अपने आप परे हो जाती है।

? : और जिसके पास यह मन्त्र होता है...

मि. : उसके अपने नज़दीक दो सौ गज़ के घेरे तक, साँप नहीं आ सकता।

? : आपकी इस शक्ति को समझने के लिए आज अमेरिका की यूनिवर्सिटियाँ आपको बुला रही हैं, आप जाने का सोच रहे हैं या नहीं?

मि. : शायद नहीं जाऊँगा। इसका सच इसकी तपस्या में है, साधना में, प्रयोगशाला में नहीं।

? : वैसे तो साधना भी प्रयोगशाला होती है—पर आम अर्थों में नहीं। मेरे मन में शंका की गुस्ताख़ी नहीं, सिर्फ़ जिज्ञासा है।

मि. : जिज्ञासा को मेरा आशीर्वाद है।

•

चिन्तन के हरे पत्ते

तेरह सितम्बर की रात थी जब सपना आया कि किसी ने एक छोटा-सा गमला लाकर मेरे दरवाज़े की चौखट के पास रख दिया है। सिर्फ़ हरे पत्ते दिखाई दे रहे हैं, लेकिन अहसास होता है कि यह बहुत ही प्यारे फूलों की कोई बेल है।

जो फूल देखे नहीं, उनका अहसास ज़रूर होता है, और उसी के साथ मन खिल उठता है कि किसी ने कितना प्यारा तोहफ़ा भेजा है।

और अगले दिन चौदह तारीख़ की सुबह थी जब मध्य प्रदेश के गुना ज़िले के निवासी श्री कैलाशपति जी का फ़ोन आया कि वह अभी दिल्ली पहुँचे हैं, और पुरानी दिल्ली के किसी परिचित मित्र के घर से फ़ोन कर रहे हैं। उन्होंने कहा कि उन्हें मेरे घर के रास्ते की जानकारी नहीं थी, वर्ना वह स्टेशन से सीधे मेरे घर आ जाते।

इमरोज़ गाड़ी लेकर उनके बताए हुए पते पर चले गए, उन्हें ले आने के लिए, और मुझे अहसास हुआ कि पिछली रात जो हरे पत्तों वाले गमले का सपना देखा था, उसकी हरियाली का संकेत जरूर किसी रूहानी-हरियाली का संकेत है।

मैं कैलाशपति जी के चिन्तन का और उनकी साधना का आदर करती हूँ.। इससे पहले उनसे सिर्फ़ एक मुलाकात हुई थी, आज से लगभग दो साल पहले, लेकिन वह मुलाक़ात बड़ी यादगार थी।

तब सामने एक बच्चे की जन्मपत्री थी जिसे देखते ही कैलाशपति जी ने वह अर्थ बताए थे जो ज्योतिष विद्या से नहीं जाने जा सकते—और वह अर्थ तब तक और किसी ज्योतिषी ने नहीं बताए थे, जिसका कारण ज्योतिष विद्या के साथ मिली हुई उनकी साधना-शक्ति थी, जिससे पैदा हुई अतीन्द्रिय शक्ति से उन्होंने एक गुप्त अर्थ की थाह पा ली थी।

चौदह तारीख़ को जब उनके दिल्ली आने की और मेरे घर पर ठहरने

की सूचना मिली—उसी सुबह मैं एक पुस्तक में चौरासी लाख योनियों का यह फ़लसफ़ा पढ़ रही थी कि सातों ग्रहों को बारह राशियों से गुणा करके जो 84 का अंक आता है, उसी का विस्तार चौरासी लाख योनियाँ हैं।

इसी सिलसिले में काल-खंड की व्याख्या पढ़ रही थी कि कृतियुग यानी सत-युग देवताओं के वर्षों के अनुसार 4800 वर्षों का होता है, त्रेता युग 3600 वर्षों का, द्वापर 2400 वर्षों का और कलियुग 1200 वर्षों का...

यह बात अलग है कि देवताओं का एक वर्ष लोगों के 360 वर्षों के बराबर होता है, और अगर देवताओं के वर्षों को 360 से गुणा किया जाए तो उत्तर अरबों की गिनती में आता है।

यह काल-खंड, यानी चार युग जब चार बार आ जाएँ तो एक महा-युग होता है। और दो हज़ार महा-युग मिलकर एक कल्प बनता है। ऐसे 27 कल्प बीत चुके हैं सृष्टि को बने हुए, और अब 28वाँ चल रहा है।

इसी काल-खंड को समझने के लिए मैं सृष्टि संवत् देख रही थी, जो आज 1 अरब 95 करोड़ 58 लाख 85 हज़ार 85 वर्षों का माना जाता है...

कैलाशपति आए और चाय पीने के बाद, काल-खंड की बातें करते हुए, और हर संवत् का विवरण बताते हुए, जब उन्होंने यह बताया कि संवत् को आरम्भ करने वाला कालजयी होता है, और कालजयी होने का अधिकार उसे होता है जो अपनी सारी प्रजा का कर्ज़ चुका दे...तब जी किया कि इस भारतीय चिन्तन को नमस्कार करूँ। इस चिन्तन ने राज-शक्ति को कैसी आत्मिक शक्ति से जोड़ा हुआ है, जो प्रजा के हर दुख को, और हर कर्ज़ को अपने सिर पर धारण कर सकती है...

कैलाशपति जी का चिन्तन देश की हालत से जुड़ा हुआ है। इतना कि आज से दो साल पहले मेरे साथ बातें करते हुए उन्होंने पूरे देश के हर प्रान्त को देश का अंग मानते हुए कहा था कि आसाम और पंजाब देश के कान हैं जिनमें बड़ा व्याकुल शोर पड़ रहा है...

और मैं नहीं जानती कि उन्होंने अपनी काया में देश की काया का तसव्वुर किस तरह इस हद तक उतार लिया कि उनके दाहिने कान में एक दर्द शुरू हो गया। और जैसे-जैसे पंजाब की हालत बिगड़ती गई, उनके कान का दर्द बढ़ता गया...

और अब जब वह मेरे सामने बैठे थे, मैंने देखा कि वह कान के दर्द से बे-आराम थे...

पंजाब की हालत की ओर से कुछ राहत महसूस कर सकना, और करवा सकना, मेरे बस की बात नहीं थी, इसलिए मैंने अपने डॉक्टर श्री ग्रोवर को फ़ोन किया और बुलाया।

इस बार कैलाशपति जी पूरे चार दिन मेरे पास रहे, रोज़ डॉक्टर ग्रोवर आते रहे, दवा-दारू करते रहे, और कैलाशपति जी उस शारीरिक पीड़ा से कुछ राहत पाकर, सारे समय देश के संकट की बातें करते रहे अपने और हम सबकी आत्मिक पीड़ा की...

उनका चिन्तन जितना भर शब्दों की पकड़ में आ सकता था, मैंने काग़ज़ पर उतार लिया...

यह वही काग़ज़ है—

? : कैलाशपति जी! संकट सामने है। हम सब देख रहे हैं। पर एक बेबसी का आलम है...

कै : मैंने अतीन्द्रिय शक्ति से इस संकट को जिस सूरत में देखा है, बहुत निकट भविष्य में, वह इस संकट से भी कहीं भयानक है। जो हम सब रोज़ अख़बारों में पढ़ते हैं, या निजी जीवन में घटता हुआ देख रहे हैं...

? : कहीं इस दुःख का दारू दिखाई देता है?

कै : दिखाई देता है, इसीलिए इसकी बात कर रहा हूँ। जैसे कोई योगी अपनी सोई हुई शक्ति को जगाता है, यानी अपनी कुंडलिनी को जगाता है, वैसे ही देश की सोई हुई कुंडलिनी को जगाया जा सकता है...

? : पर उसके लिए न राज-सत्ता योगी होती है, न जन-सत्ता...

कै : जो मेरे अख़्तियार में है मुझे वह करना है। नवरात्र अनुष्ठान करना है, उसी समय मेरा जतन मेरी ओर से पूरा होगा—सामने पूरे देश की काया होगी...

? : नवरात्र की शुभता के बारे में जानना चाहूँगी...

कै : यह सीधा और स्पष्ट सूर्य विज्ञान है। साल में दो बार नवरात्र आते हैं, ऐसे नौ नौ दिन, जब काल-उपासना करनी होती है। तब वार्षिक गति के कारण धरती पर दिन और रात बराबर होते हैं। ठीक आमने-सामने होने वाला बिन्दु चाहे क्षण मात्र को ही होता है, पर उसी बिन्दु से नई गति को शुरू होना होता है, इसलिए उस बिन्दु

के प्रभाव में जो काल-उपासना होती है, उसका असर अलौकिक होता है...

? : सो पृथ्वी की वह गति, वर्ष में दो बार ऐसा क्षण देखती है...

कै : एक बार चैत्र सुदी एक से नौ दिन, और फिर आश्विन सुदी एक से नौ दिन।

? : शायद इसीलिए नौ देवियों के नामों पर कन्याओं की पूजा की जाती है...

कै : हाँ, उन देवियों के नाम—कुमारिका, त्रिमूर्ति, कल्याणी, रोहिणी, काली, चंडिका, शांभवी, दुर्गा और सुभद्रा हैं...

? : आप इस नवरात्र में देश के संकट को सामने रखकर खैरियत की कामना करेंगे?

कै : इस बार यही संकल्प है। और जैसे मैंने कहा था कि संवत् का आरम्भ करने वाला कालजयी होता है, उसी तरह सोचता हूँ कि इस समय अगर इन्दिरा जी समय का भारतीयकरण कर दें तो उन्हें कालजयी होने का शुभ फल मिलेगा। देश की रक्षा हो जाएगी।

? : समय के भारतीयकरण से आपकी क्या मुराद है?

कै : हमारा समय रात के बारह बजे से बदलता है। यह बर्तानवी समय है। हमारा समय सूर्य विज्ञान के अनुसार—हमारे देश में होने वाले सूर्य-दर्शन के समय से बदलना चाहिए। सब देशों के समयानुसार वैसे भी घड़ियों को आगे-पीछे करना होता है, उसी तरह तब भी करना होगा, पर अब जैसे सूर्योदय होने तक हमारी घड़ियों में छह बज चुके होते हैं, असल में उस समय ज़ीरो घंटा होना चाहिए, और उसके आगे एक की गिनती शुरू होनी चाहिए। मैं सोचता हूँ कि अगर हम समय का यह भारतीयकरण कर सकें, तो देश की कुंडलिनी जगाने में यह बुनियादी तब्दीली बहुत सहायक होगी।

? : यह राज़ मैं नहीं जानती, लेकिन यह जानती हूँ कि ज्योतिष शास्त्र के अनुसार बच्चे के जन्म का समय सूर्योदय से गिना जाता है...

कै : सांसारिक कामों के लिए भी यही गिनती, उन कामों की तकदीर बदल सकती है। हमारा संवत् भी जनवरी से आरम्भ नहीं होना चाहिए। सूरज जब पहली राशि के पहले अंश में आता है, हमारा संवत् भी उसी दिन से आरम्भ होना चाहिए...

? : इस हिसाब से—अर्थ, धर्म, काम, मोक्ष की प्राप्ति के लिए भी हमारे प्राचीन चिन्तन ने ज़रूर कोई शुभ दिन गिनाए होंगे?

कै : उनकी प्राप्ति के लिए महा-रात्रि, काल-रात्रि, और महा-शिवरात्रि हैं। महा-रात्रि पूजा के समय वृष लग्न होगा। सूर्य तुला राशि में होगा, साथ चन्द्र होगा। वहाँ से सूर्य की पूर्ण दृष्टि पूरे 180 अंश पर मेष राशि पर पड़ेगी, उच्च की दृष्टि...

? : लेकिन अगर वृष लग्न होगा तो तुला राशि, लग्न से छठे स्थान पर आ जाएगी। छठा स्थान तो शत्रुस्थान होता है।

कै : ठीक इसी कारण महारात्रि का महत्त्व है। सूर्य जब शत्रुस्थान पर आ जाएगा तो शत्रु कहीं नहीं रहेंगे। वह सारे वैर-भाव को दबा देगा। चन्द्र तो इस स्थान पर होता ही शत्रुहंता है। महारात्रि की पूजा अर्थ के लिए होती है, आर्थिक दशा की उन्नति के लिए। कालरात्रि की पूजा क्रिया शक्ति को जगाने के लिए होती है। और महाशिवरात्रि ज्ञान-रात्रि होती है, धर्म और मोक्ष की प्राप्ति के लिए। यह रात शिव और शक्ति के मिलन की होती है। इन रातों की 'शुभता' सूर्य-विज्ञान के अनुसार है...

? : इस हिसाब से तो किसी सिद्धि की प्राप्ति का समय भी देखा जा सकता है...

कै : ज़रूर देखा जा सकता है। वह समय गोचर फल से या महादशा में आई अन्तर्दशा से जाना जा सकता है। उस समय सभी नाड़ी-तत्त्व समधर्मी होने चाहिए। उनमें कोई विरोधी तत्त्व नहीं होना चाहिए। अगर कुंडली के नौवें स्थान का राशि-तत्त्व नक्षत्र-तत्त्व से मिल जाए, और साथ ही लग्नेश-तत्त्व से, तो उनका मिलन इड़ा, पिंगला, सुषुम्ना का मिलन है। तीन नाड़ियों का।

? : और अगर यह मुहूर्त्त कहीं नज़दीक काल में न निकलता हो, बहुत दूर पड़ता हो?

कै : तो चन्द्र-ग्रहण का समय तन-मन के मिलन का समय होता है। धरती तन होती है, और चन्द्रमा उसका मन। उस समय मनुष्य एकाग्र-मन होकर आत्मा की ऊँची अवस्था का दर्शन कर सकता है।

यही चिन्तन था कि मुझे लगा—मैंने मन की धरती में कुछ हरे पत्ते उगते हुए देखे हैं।

बाद में

मैं नहीं जानती थी कि चिन्तन के हरे पत्तों को—इन्दिरा जी के बदन से बहते हुए खून में भी भीगना होगा, और इंसान की इंसान के साथ जो नफ़रत है, उस आग में से भी गुज़रना होगा...

लेकिन—यही चिन्तन है, इंसानियत का चिन्तन, जिसे जली हुई धरती ने भी हमेशा हरे पत्तों की सूरत में जन्म दिया है, और देती रहेगी...

●

राज़ोनियाज़ की बात

श्री स.क. केलकर हिन्दुस्तान के माने हुए ज्योतिष शास्त्री हैं। उनसे मेरी पहली मुलाकात 1980 में हुई थी। और फिर जब जनवरी 1985 में उनसे पूना में मेरी मुलाकात हुई, तो उनके लिए मेरे मन में बहुत आदर पैदा हुआ, उनके इल्म की गहराई के कारण भी, और उनके आध्यात्मिक चिन्तन के कारण भी। पूना में करीब ढाई घंटे उनसे बात होती रही, जो बाद में उन्होंने कलमबन्द की और वह मराठी के एक पत्र में प्रकाशित हुई।

केलकर जी की लिखी हुई उस बातचीत को यहाँ दर्ज कर रही हूँ :

"पिछले कितने ही वर्षों से मैं जन्म-कुंडलियों का अध्ययन कर रहा हूँ। कुंडली में से, भविष्य काल का वर्णन, जन्म समय के ग्रहों, गोचर ग्रहों के भ्रमण, ग्रहयोग, और ग्रह दशा के आधार पर किया जा सकता है। इन पर आधारित भविष्य कथन बहुत मात्रा में सच उतरते हैं। हाँ, कुछ अनुमान धोखा भी दे जाते हैं। कुछ भविष्य संकेत इतने अचूक साबित होते हैं कि उन्हें देखकर हमें भी आश्चर्य होता है।

गुर्बत में पड़े हुए इंसान कुछ काल के बाद बहुत अमीर बन जाते हैं, क्लीनर का काम करने वाला साधारण-सा आदमी मोटर का बहुत बड़ा वर्कशाप खोल लेता है, और बहुत धनी कुल में जन्मा व्यक्ति कई बार ज़िन्दगी में कुछ भी करम करने के लिए असमर्थ साबित होता है—इन सब बातों को देखते हुए लगता है कि इनके पीछे कोई सूत्र होगा, और वह सूत्र मनुष्य के पूर्वजन्म और उससे भी पहले के जन्मों से जुड़ा हुआ होगा...

शायर और लेखक बहुत संवेदनशील होता है। अपनी प्रतिभा के बल पर वह किसी वस्तु, स्थिति और भाव का साक्षात् चित्र हमारे सामने पेश करता है। रचना की इस प्रक्रिया में कलाकार का संवेदनशील मन वर्तमान और भविष्य में उलझा हुआ होते हुए भी, कभी पूर्वजन्म को समझने में उलझ जाता है। अमृता प्रीतम लेखिका के रूप में विश्वविख्यात

हैं। उनसे मेरा प्रथम परिचय 1980 में हुआ था। और अब जब पूना में मुलाकात हुई, तो इस दौरान करीब ढाई घंटे बातचीत करने का अवसर मिला।'' उसी बातचीत के कुछ चिन्तन-बिन्दुओं को पेश कर रही हूँ...

अ : केलकर जी! बरसों बाद आपसे मुलाकात हो रही है। इस अरसे में आपने बहुत पहलुओं से चिन्तन किया होगा। मैं आपका लेखन पढ़ती रही हूँ। मराठी में लिखा हुआ तो नहीं पढ़ सकती, लेकिन जो अंग्रेज़ी या हिन्दी में मिला, वह एक जिज्ञासा से पढ़ती रही...

के : ज्योतिष शास्त्र के द्वारा वर्तमान ज़िन्दगी की घटनाओं का बहुत अंश समझा जा सकता है। आने वाली घटनाओं की सूचना भी सम्भव है। यह बहुत मात्रा में गणित शक्ति है। ग्रहों के भ्रमण में भी निश्चितता रहती है, इसलिए जो परिणाम हो सकते हैं, उनमें भी।

अ : गणित बल तो है, फिर भी उसके द्वारा भविष्य कथन करते हुए अन्तर्शक्ति का हाथ है या नहीं? मुझे लगता है कि अन्तर्शक्ति का बहुत बड़ा योगदान है। अगर ऐसा न होता, तो एक ही जन्म-पत्रिका का भविष्य कथन कई व्यक्तियों द्वारा एक ही तरीके से और एक जैसा ही होता। पर ऐसा होता नहीं। इसलिए मुझे लगता है कि इसमें अन्तर्शक्ति का विशेष हाथ है।

के : ठीक है। लेकिन मैं मानता हूँ कि सिर्फ इस विद्या के क्षेत्र में ही नहीं, और क्षेत्रों में भी अन्तर्शक्ति का ख़ास असर रहता है। किसी की चिकित्सा करते हुए किसी वैद्य में जितनी अन्तर्शक्ति होगी, उतनी ही अचूक चिकित्सा वह कर सकेगा। कोई इंजीनियर होगा, तो इस शक्ति से बहुत अच्छा गृह-निर्माण कर पाएगा। लेखक होगा, तो इसके बल से बहुत अच्छा चित्रण कर पाएगा। इसका योगदान तो रहेगा ही। बल्कि ज्योतिष विद्या में कई बार उल्टा भी देखा गया है कि केवल इसी के आधार पर जो कहा जाता है, वह गलत साबित होता है, और उस पर अशास्त्रीय होने का दोष भी लगता है।

अ : आपका कहना बजा है पर यह जो माना जाता है कि जन्म-कुंडली के माध्यम से तीनों काल जाने जा सकते हैं, इसमें सच्चाई किस हद तक है?

के : बीते हुए काल से आपका क्या मकसद है? बीते हुए काल से, यानी पूर्वजन्म में जो कुछ अच्छा-बुरा, पाप-पुण्य किया होगा, उसी के अनुसार वर्तमान काल, और वर्तमान जन्म है। इसीलिए वर्तमान

ज़िन्दगी की कुंडली बन गई, और आगे उसी के आधार पर भविष्य का निर्माण होता है।

अ : वर्तमान ज़िन्दगी में होने वाली कई घटनाओं को देखते हुए, पीछे मुड़कर देखने की इच्छा जाग्रत होती है, और लगता है कि कुंडली के माध्यम से सम्भव हो सकता है।

के : हर एक के जीवन में शुभ और अशुभ बने रहते हैं, और इसी शुभ और अशुभ के योग से इंसान का वर्तमान और भविष्य काल बनता है...

अ : पर शुभ और अशुभ के कुछ तो कारण होंगे ही...

के : हाँ, यह निश्चित है।

अ : फिर इसकी कारण मीमांसा क्यों न हो?

के : हाँ, पर करना ज़रूरी है...

अ : मुझे लगता है कि यह कार्य जन्म-पत्रिका के द्वारा सम्भव हो सकेगा।

के : खास हद तक यह सम्भव हो पाएगा? लेकिन आप जो चाहती हैं, यह जन्म-पत्रिका द्वारा कहाँ तक हो सकेगा, इस बात पर मुझे भी सन्देह है। उसका निश्चित काल-निर्णय वे कर नहीं पाते हैं। एक बार 1947 में मेरे भाई साहब ऐसे ही एक महापुरुष से मिले थे। भाई साहब का उनसे कुछ काम था। मैं साथ था। वे महापुरुष मुझे पूछने लगे—"बेटा! तेरा क्या हाल है?" मैंने बताया—"नौकरी करता हूँ, साथ कॉलेज में भी पढ़ता हूँ, इस समय मेरे सामने कुछ भी समस्या नहीं है।"

उन्होंने बताया, "तुम्हारे शरीर पर मुझे अख़बार का कॉलम दिखाई देता है।" मैंने हँसी-मज़ाक में कहा, "सोते समय अख़बार हाथ में लिया और नींद में वह शरीर पर गिर पड़ा, तो कोई कॉलम भी गिर पड़ा होगा...

वह कहने लगे—"उस कॉलम पर मुझे तुम्हारा नाम लिखा हुआ दिखाई देता है।"

उस महापुरुष का कथन 1961 में सच साबित होने लगा, और आज तक सच साबित हो रहा है। लेकिन—कोई अनुमान सच निकला या झूठ निकला, तो उसका कारण कोई दे नहीं पाता। कोई ऐसा स्पष्टीकरण माँगना भी वे लोग पसन्द नहीं करते। शायद इसलिए कि उनके अहम् को ठेस पहुँचती होगी...

अ : हाल ही में एक घटना हुई, मेरे साथ। मैं 26 जनवरी को सुबह के वक्त कौमी झंडा लहराने की रस्म अदा कर रही थी। जब झंडा लहराते समय उनके दर्शन हुए, जो अब इस दुनिया में नहीं हैं।

के : शायद आत्मीयता के कारण आपने ऐसा महसूस किया...

अ : मैं भी शायद यही सोच लेती, लेकिन कार्यक्रम समाप्त होने पर एक प्रोफेसर जो वहाँ बैठे थे, उन्होंने भी यह देखा, और बाद में मुझे पूछा। इसे आप क्या कहेंगे?

के : आपने परमहंस योगानन्द की आत्मकथा पढ़ी होगी?

अ : हाँ, पढ़ी है।

के : उसमें 'काशी का पुनर्जन्म और शोध' नामक अट्ठाईसवें प्रकरण का यह अंश आपको शायद याद होगा कि वन भोजन के बाद आश्रम के बच्चे योगानन्द जी के इर्द-गिर्द बैठ गए और प्रश्नों की बौछार शुरू हो गई।

"गुरुजी! कृपा करके मुझे बताइएगा..." एक शिष्य ने पूछा, "मैं आपके साथ रह सकूँगा कि नहीं?"

योगानन्द जी ने उत्तर दिया—"नहीं! तुम्हें ज़बरदस्ती घर में वापस ले जाया जाएगा और तुम्हें विवाह करना पड़ेगा।"

कुछ समय के बाद उस शिष्य के विरोध के बावजूद भी उसके माँ-बाप आकर उसे आश्रम से घर ले गए।

काशी नाम का एक विद्यार्थी था, बड़ा तेज़ और सबका प्यारा। उसने पूछा—गुरुजी! मेरे नसीब में क्या है?

"तेरी उम्र बहुत छोटी है"—यह तकदीर थी जो गुरुजी के मुँह से बोल उठी।

काशी नहीं रहा। और बाद की काशी के पुनर्जन्म की कथा बहुत रहस्यमय है। खुद योगानन्द जी को काशी के पुनर्जन्म का पता लगाना बहुत ही मुश्किल हुआ।

कोई महायोगी ही योग-सामर्थ्य के बल पर ऐसा कर सकता है...

हमारा वार्तालाप यहीं पर खत्म हुआ।

घर लौटा तो इत्तफ़ाक से स्पैन का जनवरी 1985 का अंक मेरे पढ़ने में आया। उसमें 'माइंड एंड मैटर' नाम का लेख था जिसने मुझे अपनी ओर खींच लिया। उसे पढ़ने से लगता है कि मनोविज्ञान के विद्वानों

का ध्यान इस आध्यात्मिक विषय की ओर खासतौर पर केन्द्रित हो रहा है, और वे इस गुत्थी को सुलझाने में प्रयत्नशील भी हैं।

मनोविज्ञान के एक जापानी विद्वान 'कामिया' ने इस क्षेत्र में बहुत तारीफ के काबिल यत्न किए हैं। इन सब तत्त्वों के अभ्यास का एक ही सूत्र है कि शरीर पर और मन पर काबू पा सकना और मस्तिष्क में होने वाली प्रक्रिया पर नियन्त्रण कर पाना। भारतीय योगियों की उन्होंने प्रशंसा की है। इस ग्रन्थ की मूल लेखिका माया पाइनस है जो 'साइकोलॉजी टुडे' मासिक पत्रिका की सम्पादिका है।

मैं यह लेख करीब-करीब लिख चुका था जब एक योगी मेरे यहाँ आए। अपने मन की कई शंकाओं को सामने रखते हुए मैंने उनसे बहुत कुछ पूछा, पर उन्होंने भक्ति के सिवाय कोई दूसरी बात नहीं की। कहने लगे—ऐसी कोई शंका पूछने से क्या लाभ! और ज्ञानेश्वरी की दो पंक्तियाँ बताते हुए कहने लगे, "इसे कहा नहीं जा सकता, अनुभव किया जाता है।"

●

लकीरों का अन्दाज़े-बयान बियांड टाईम एंड स्पेस

वीरेन्द्र मागोजी से मेरी पहली मुलाकात राजगिल के घर पर हुई थी। उनके सामने सिर्फ़ एक काग़ज़ था और एक पैंसिल। जिसने भी वह पैंसिल उठाकर उस काग़ज़ पर अपने हस्ताक्षर किए, मागो साहब ने कोई दो मिनट उस हस्ताक्षर की ओर देखा और फिर हस्ताक्षर वाले के व्यक्तित्त्व का राज़ खोलकर रख दिया।

हस्ताक्षर चाहे कोई पंजाबी में करे, या अंग्रेज़ी में, या किसी भी भाषा में—भाषा उनके सामने बाधा नहीं बनती। मुझसे बात करते हुए उन्होंने पहला वाक्य कहा—कहीं कोई घुंडियाँ नहीं, सीधे स्ट्रोक्स हैं, और एक अन्दाज़े-बयान है...

मेरे होंठों पर हल्की-सी मुस्कराहट आई। वह मुस्कराहट सोच रही थी कि क्या ग़ालिब की तरह लकीरों के पास भी अन्दाज़े-बयान होता है।

"सीधे और तीखे स्ट्रोक्स का मतलब है कि आपकी बिलपावर को कोई कहीं से हिला नहीं सकता। साफ़-बयानी भी ज़ाहिर है। और 'टी' के हारिज़ंटल स्ट्रोक ने बाकी अक्षरों को अपने साये में लिया हुआ है, जिसका मतलब है कि आपके साये में कई लोगों को पनाह मिलती है... ।"

और फिर उनके मुँह से निकला—"पिछले दो साल से एक अजीब दौर चल रहा है, एक तरफ़ लोगों की तालियाँ आपके लिए गूँज रही हैं, और दूसरी तरफ आपकी जान पर ख़तरा मंडरा रहा है..."

मैंने हँसकर पूछा—यह चुग़ली मेरे किस अक्षर की कौन-सी लकीर ने की है? तो वह गम्भीर होकर बोले—"हाथ की लिखत को पढ़ना सिर्फ़ एक विज्ञान है। और चेहरे से लेकर किसी की भी आमद को और उसकी हर अदा को पढ़ना एक और विज्ञान है। इस वक़्त मैंने सिर्फ़ यह दो इकट्ठे किए हैं। लेकिन हाथ की लकीरें और नम्बर विज्ञान जैसे और विज्ञान भी

इसमें मिला लूँ तो ऐसी कोई बात नहीं है जो मैं नहीं बता सकता... ।''

एक ज्योतिष विज्ञान शायद उनके अध्ययन में शामिल नहीं है। बाक़ी उनके कहने के अनुसार, 'सहज इंट्यूशन' तक कोई दस विज्ञान उनकी जानकारी में हैं...

और उनके साथ अगली मुलाकात मेरे घर पर हुई। इस मुलाकात को मैंने हैरानी की स्याही में से डोबा लेकर उस रात अपनी नई डायरी में दर्ज किया था, जिस पर 30 मई, 1984 की तारीख पड़ी हुई है। उस डायरी की कुछ पंक्तियाँ यहाँ दे सकती हूँ...''अचानक मेरे हस्ताक्षर का अध्ययन करते हुए मागो साहब ने कहा—आप पिछले जन्म में शाही खानदान में पैदा हुई थीं, आपने एक पतले और लम्बे कद के शाहज़ादे से मुहब्बत की, उससे शादी की, और उसी से हसद की वजह से एक औरत ने आपको ज़हर देकर मरवा दिया था''—

आज मुम्बई के एक फिल्म डायरेक्टर राघव भी मेरे घर आए हुए हैं, जिन्हें मैंने दोपहर के समय अपनी अभी-अभी छपी पिछली डायरी में से वह पन्ना सुनाया था, जिसमें मेरा वह सपना दर्ज था जिसमें मैंने अपना पिछला जन्म देखा था। आज शाम को जब मागो साहब मेरे पिछले जन्म की घटना सुना रहे थे, तो राघव मेरी ओर देखने लगे, और मैं राघव की ओर, क्योंकि ठीक वही घटना थी जो मैंने सपने में पिछले जन्म के बारे में देखी थी। सिर्फ़ इतना अन्तर था—कि मैंने इस घटना में आत्महत्या से अपनी मौत देखी थी, और मागो साहब कह रहे थे कि वह मौत किसी के द्वारा दिए गए ज़हर से हुई थी...

मैंने वह घड़ी देखी है जब मागो साहब 'इंट्यूशन' से ऐसी घटना बयान करते हैं, जब वह समय के पाताल में उतर जाते हैं, और फिर उस परादर्शी पल के बाद वह बिलकुल शक्तिहीन होकर चुप बैठ जाते हैं...

ऐसे चमत्कारी पलों का विज्ञान पकड़ में नहीं आता, लेकिन हस्तलिखित इबारत को पढ़ने वाली और नम्बर विज्ञान को कुछ जान सकने वाली विद्या किसी हद तक पकड़ में आ सकती है, इसलिए कुछ उसकी बात करने के लिए मैंने मागो साहब से फिर एक मुलाकात माँगी और 9 जून को हुई उस मुलाक़ात की बातचीत अपने पाठकों की नज़र करती हूँ—

? : मागो साहब! मेरी सादगी देखिए कि मैं एक सीधा-सा सवाल आपसे पूछ रही हूँ कि वह किसका ख़त था जिसकी लिखावट में

से उसकी रूह का दीदार हासिल करने के लिए आपने इस विज्ञान का अध्ययन शुरू किया था?

मा : सादगी की दाद देता हूँ, लेकिन हक़ीक़त यह है कि किसी का भी ख़त नहीं था। आज से कोई दस बरस पहले मैंने एक आर्टिकल पढ़ा था, इस विज्ञान के बारे में। उस समय लगा था कि मेरे अन्दर कोई जन्मजात इश्क़ था, इस खोज के बारे में। लेकिन वह मेरे मन के अँधेरे में छिपा हुआ था। वह आर्टिकल एक मोमबत्ती की तरह था, जिसकी रोशनी में मैंने अपना इश्क़ पहचान लिया। और जान-पहचान वाले लोगों की लिखी इबारत इकट्ठी करके मैं खोज करने लगा। फिर दुनिया के मशहूर लोगों के हस्ताक्षर इकट्ठे किए, और हर अक्षर की हर घुंडी, गोलाई और उसका कोण सामने रख के अध्ययन करने लगा। इस तरह मैंने अपने तौर पर पहचान के कई उसूल बना लिए, जिन्हें लागू करके मैं हक़ीक़त की चाह पाने लगा।

कमलेश्वर ने मुम्बई टेलीविज़न पर मेरी और प्रसिद्ध ज्योतिषी जगजीत उप्पल की बातचीत प्रसारित की थी। जालंधर टेलीविजन वालों ने मेरी आँखों पर पट्टी बाँधकर बिठाया था, ताकि मैं हस्ताक्षर करने वाले की शक्ल से कोई अन्दाजा न लगा सकूँ? और जब दस व्यक्ति बोर्ड पर अपने-अपने हस्ताक्षर करके चले गए, तो मेरी आँखों से वह पट्टी उतार दी गई। उस समय मैं चेहरा-विज्ञान की मदद भी नहीं ले सका। सिर्फ हस्ताक्षरों के अध्ययन से उन लोगों के चरित्र पेश किए थे...

अब नौबत यहाँ तक आ गई है कि मुझे पूरे हस्ताक्षर देखने की भी आवश्यकता नहीं पड़ती, एक ही अक्षर से इंसान का चरित्र बता सकता हूँ। बस दो मिनट चाहिए होते हैं...

इस विज्ञान में कई लोग मोटी-मोटी बातों का अन्दाज़ा लगा सकते हैं, लेकिन बहुत बारीकियों में नहीं जा सकते। शिकस्ता लिखाई से अकसर यह अन्दाज़ा लगाया जाता है कि वह व्यक्ति अपने बारे में स्पष्टता नहीं देना चाहता। लेकिन यह बात हर व्यक्ति के बारे में सिद्धान्त नहीं बनती। नैपोलियन जैसे किरदार शिकस्ता इसलिए लिखते हैं कि उनके ख़यालों की तेज़ी को उनका हाथ पकड़ नहीं सकता। इसी तरह महात्मा गांधी की लिखावट के बारे में कहा जा सकता है। इस अध्ययन में स्टाइल भी देना होता

है, स्पीड भी, अक्षरों का साइज़ भी, उनके बीच की स्पेसिंग भी, मूवमेंट भी और उनकी स्लांट भी—यानी अक्षरों का झुकाव दाईं ओर है, या बाईं ओर। और एक और बहुत बड़ी बात कि वह आख़री स्ट्रोक कैसे लगाते हैं।

अब मेरी महारत इतनी हो गई है कि मैं अक्षरों से इंसान पर ग़लबा करने वाला प्लैनेट भी बता सकता हूँ। अगर रूलिंग प्लैनेट पकड़ में आ जाए, तो बेइन्तहा बातें बताई जा सकती हैं—यहाँ तक कि उस इंसान की बीमारियों तक के बारे में बताया जा सकता है।

कई तरह के अनुमान यहाँ से भी लगते हैं कि इंसान कलम कैसे पकड़ता है। निब के पास से या बहुत दूर से। और जिन अक्षरों पर बिन्दी लगनी होती है, उससे भी—कि बिन्दी ठीक अक्षर के ऊपर है या कहीं दाएँ-बाएँ—या वह बिलकुल गायब है।

? : एक अक्षर से या दो अक्षरों से किसी का रूलिंग प्लैनेट पकड़ने वाली बात कमाल है। लेकिन आपने कई और विज्ञान भी इस अध्ययन में शामिल किए हुए हैं—कुछ चेहरा-विज्ञान के बारे में बताइए।

मा : चेहरा-विज्ञान का अध्ययन इतना गहरा है कि माथे के बालों से लेकर, माथे का साइज़, लकीरें, नाक और होंठों के बीच की जगह के ग्रूव और जबड़े की लकीरों के बारे में, यानी एक-एक बात के बारे में एक-एक किताब लिखी जा सकती है...

माथे की लकीरें टेढ़ी-मेढ़ी हैं, या सीधी वर्टिकल, या हारिज़ंटल—एक बहुत बड़ा अध्ययन है। वर्टिकल लकीरों वाला इंसान अपने हर मक़सद को हासिल करने की ताक़त रखता है। हारिज़ंटल लकीरों वाला बौद्धिकता के साधनों का मालिक होता है।

पहली बात तो यह कि माथा, बाक़ी चेहरे के मुक़ाबले में छोटा या बड़ा है। बन्दरों का माथा सबने देखा है कि या तो बहुत छोटा होता है, या बहुत बड़ा। चेहरे से सन्तुलन नहीं रखता। ऐसे माथे वाले इंसान ऐनिमल इंस्टिंक्ट वाले होते हैं...

जबड़ों की दो गहरी लकीरें इंसान की बौद्धिकता की गवाही देती हैं। नाक की नोक और होंठों के सिरे के बीच जो ग्रूव होता है, अगर उसकी गहराई हो, और गहराई के दोनों सिरे स्पष्ट हों, साथ ही यह कि वह ग्रूव ऊपर से चौड़ी और नीचे से तंग हो तो वह इंसान खुशनसीब होता है। ग्रूव जितनी ऊपर से तंग और नीचे से चौड़ी

हो, उतनी ही ख़ुशनसीबी कम हो जाती है...

? : यानी चौड़ी जगह से वह ख़ुशनसीबी कहीं बाहर बिखर जाती है। इस चेहरा-विद्या में हाथों का अध्ययन भी शामिल है?

मा : ज़रूर शामिल है। इंसान का हाथ अगर बन्दर के हाथ की तरह बहुत छोटी उँगलियों वाला हो, तो इंसान के हाथ की ख़सलत बन्दर की ख़सलत जैसी होती है। इंसान की हथेली बहुत बड़ी हो, और उँगलियाँ बहुत छोटी, तो वह बदनसीब क़त्ल जैसे जुर्म भी कर सकता है...

इसी तरह अगर किसी का अंगूठा बहुत छोटा हो, अगला हिस्सा बहुत मोटा और चपटा-सा हो, तो नसीबों में भी जुर्म लिखे होते हैं।

मानसिक तौर पर बीमार लोग अपने हाथ का अंगूठा जैसे हथेली में छिपाकर रखते हैं। अंगूठा विल-पावर की बहुत बड़ी गवाही देता है। लम्बा और आगे से कुछ पतला अंगूठा पैनीट्रेटिंग की और इंट्यूइंटिव पावर की निशानी होता है। इसी तरह टेढ़ी उँगलियाँ, मन के अन्दर की ग्रन्थियों का पता देती हैं। मानसिक तौर पर परेशान लोग, आँखें खोलते वक़्त अपनी भौंहों को ज़रूर ऊपर उठाते हैं...

? : यानी आँखों पर जैसे भौंहों का कोई भार पड़ा हो। सो इंसान के अपने अंग ही उसके वस्फ़ों और उसकी ख़ामियों के वायदा-माफ़ गवाह होते हैं...

मा : यह वायदा-माफ़ गवाह का लफ़्ज़ आपने बहुत बढ़िया इस्तेमाल किया है। यहाँ तक कि इंसान कमरे में दाख़िल कैसे हुआ है, उसने कमरे में बैठे हुए लोगों को अदब--व-आदाब कैसे सलीक़े से किया है, अगर हाथ मिलाया है तो अपने हाथ में वह कितना हाज़िर था, और कितना ग़ैर-हाज़िर, फिर अगर वह किसी बात पर हँसा है, तो उसकी हँसी कितनी सहज थी, या वह सप्रैस्ड हँसी थी, या फ़ोर्स्ड हँसी—ये सब बातें उसकी वायदा-माफ़ गवाह होती हैं...

? : हमारे अदब में जो लोग अर्थों को घुमाते हैं, उस दर्द से मैं वाकिफ़ हूँ, लेकिन जो अक्षरों को घुमाते हैं, उनसे भी अपने कुछ वाक़िफ़ करवा दिया, मेहरबानी! ...अब अपने नम्बर विज्ञान पर कुछ रोशनी डालिए!

मा : वैसे तो मैं नम्बर विज्ञान को कई पहलुओं से परख सकता हूँ। एक से नौ तक के बीच किसी को सहज मन उसके होंठों पर आया

नम्बर सुनकर, और उस नम्बर की फ़ितरत समझकर बहुत कुछ बता सकता हूँ, लेकिन इस वक्त आपको जन्म-तारीख के नम्बरों से हासिल हुई काकफ़ियत की मिसाल देता हूँ। आपकी ही मिसाल देता हूँ—जन्म-तारीख़ 31 अगस्त 1919 है। मैं पहले सिर्फ़ तारीख़ देखता हूँ, 31 का पहला अंक अलग और दूसरा अलग है। फिर 31 की विशेषता। इसके अनुसार आपमें इंटलैक्चुअल फ़ोर्स है, साथ ही मेडीटेशन की शक्ति, साथ ही डैथमिस्टरी के बारे में जानने की जुस्तुजू। साथ ही कोई चीज़ बे-तरतीब नहीं होनी चाहिए, नाजायज़ नहीं होनी चाहिए, इस बात की बड़ी पकड़ है। साथ ही यह कि किसी तरह की भी डिस-रैस्पैक्ट आप से बर्दाश्त नहीं हो सकती।

आगे आता है महीना। अगस्त आठवाँ महीना है, इसलिए इसका आठ नम्बर आपके साथ राह-चलती दुश्मनियाँ पैदा करता रहेगा। यह आपकी तक़दीर में लिखा हुआ है। और आगे आ गया साल। 19 अंक का दुहराव। यानि दो बार 19, 19। इसका मतलब है—आसमानी बादशाहत। यह कामयाबी का सूचक है।

इन सब नम्बरों का जोड़ 5 बनता है। यह कल्पना-शक्ति का सूचक है। साथ ही लगातार तर्ब्दाली का। साथ ही शोहरत का और लाजवाब बौद्धिकता का। स्वभाव के लिए कह सकता हूँ कि बाहरी कोई चीज़ आपको अपने असर के नीचे नहीं ले सकती। यह दृढ़ता का सूचक है।

? : मागो साहब! आपका यह सारा अध्ययन, दलील की पकड़ में आता है। लेकिन जो पकड़ में नहीं आता, वह आपकी काल की तहों में उतर जाने वाली शक्ति है। उसके बारे में कुछ कह सकते हैं?

मा : यह ख़ुदा-दाद देन है। मैं इसके बारे में कुछ नहीं कह सकता। यह शक्ति तपस्वियों में सुनी है। लेकिन मैंने ज़िन्दगी में कोई साधना नहीं की है। ज़रूर किसी पिछले जन्म से मुझमें आ गई है, ऐसा लगता है। मैंने चेतन तौर पर इसके लिए कुछ नहीं किया।

मिसाल के तौर पर एक घटना सुनाता हूँ कि एक सरकारी अफ़सर मेरे पास आया कि उसका भाई कुछ दिनों से लापता है। क्या वह ज़िन्दा भी है या नहीं? वह अपने भाई के हाथ की लिखाई अपने साथ लाया था, क्योंकि उसने सुन रखा था कि मैं हाथ की लिखाई से बहुत कुछ बता सकता हूँ। मैंने लिखाई देखी और कहा

कि वह ज़रूर जिन्दा है। आपका शक ग़लत है कि उसने आत्महत्या कर ली होगी। यह बता सकना, उसकी लिखाई से पढ़ा था। लिखाई में, यानी अक्षरों की बनावट में, ज़िन्दगी से मुहब्बत की गवाही स्पष्ट थी और जो ज़िन्दगी से मुहब्बत करता हो, वह आत्महत्या नहीं कर सकता। किसी रौ में करना भी चाहे, तो आज पानी ठंडा है, कल आत्महत्या करूँगा, जैसी कोई बात सोचकर मौत के किनारे से भी लौट आएगा...

लेकिन मैं बात यह बताने लगा था कि इतना कुछ कह सकना वैज्ञानिक बात थी। लेकिन उस समय साथ ही मेरे मुँह से निकला—वह एक सप्ताह तक खुद आ जाएगा, पटना गया हुआ है। यह अगली बात किसी इबारत से नहीं पढ़ी जा सकती। यह उस समय मेरे सामने अचानक मूर्तिमान हुई थी। मेरी यह बात ठीक निकली। उसका भाई सचमुच पटना गया हुआ था। एक सप्ताह बाद ख़ुद वापस आ गया। लेकिन यह किसी घटना को मेरे सामने मूर्तिमान करने वाली कौन-सी दैवी शक्ति है, यह मैं भी नहीं जानता। सिर्फ़ यह जानता हूँ कि ज़ेहन में एक दृश्य पैदा होने से पहले मेरे सारे बदन में एक कम्पन आता है। उस दिन शायद आपने ग़ौर किया हो कि जब मैंने आपको आपके पिछले जन्म के बारे में बताया था, मैंने अपने ज़ेहन में, एक मुग़लिया महल देखा था, जिसके बगीचे में हू-ब-हू आपको देखा था। सिर से पैरों तक सफ़ेद रेशम का लिबास था, सारे ज़ेवरात भी सफ़ेद मोतियों और हीरों के, सिर्फ़ कन्धों पर हल्के नीले रंग का दुशाला-सा था...और वह सब कुछ आपको बताने के बाद, मैं कितनी ही देर तक कुछ नहीं बोल सका था ...ऐसे पारदर्शी पलों के बाद मेरे शरीर की सारी शक्ति मेरे शरीर से निचुड़ जाती है...

? : मागो साहब! अब सातवाँ सवाल नहीं करूँगी। अपनी किसी तमन्ना को ख़ुद ही अपने होंठों पर आने दीजिए।

मा : मैं कोई दस बार मौत से बचा हूँ। हर बार मुझे एक अहसास हो जाता है कि आज कुछ होने वाला है। लेकिन साथ ही यक़ीन होता है कि मैं अभी मर नहीं सकता—जानता हूँ कि मेरी पूरी उम्र 72 या 74 साल है...

पिछले दिनों हम परिवार के सब लोग पहाड़ पर गए हुए थे।

वहाँ एक दिन मेरा लड़का घुड़सवारी करना चाहता था। मैंने दो घोड़े मँगवा लिए। लेकिन जब मेरा लड़का एक घोड़े की रकाबों में पैर रखने लगा तो मुझे अहसास हुआ कि कोई ख़तरा सामने है। मैंने उसी वक़्त अपने बेटे से अपना घोड़ा बदल लिया। और जैसे ही मैंने उस घोड़े पर पैर रखा, जिस पर पहले मेरे बेटे को सवार होना था, तो वह घोड़ा सरपट दौड़ लिया और मैं कोई दो मील उसके साथ ज़मीन पर घिसटता गया...

यह मेरे बेटे को पेश आने वाला हादसा था, जो मैंने अपने ऊपर ले लिया था...

इस तरह मैं कोई दस बार मौत की दहलीज़ों को हाथ लगा आया हूँ। लेकिन चाहता हूँ अन्त में जब मुझे वह दहलीज़ लाँघनी हो, उससे पहले मैं किसी विज्ञान की कोई ऐसी थाह पा लूँ जो आज तक किसी ने नहीं पाई है...

कोई तपस्या मैं नहीं करूँगा, जो कुछ पाना है अपने इसी अध्ययन से पाना है। मेरी एक ही लगन है—टु रीच बियांड टाईम एंड स्पेस...

और इस घटना के बाद मागो साहब के साथ कई बार मुलाकात हुई है, जो हर मुलाकात अपने आप में किसी महाशक्ति की गवाही बन गई है।

एक बार वह आए, तो मैंने एक लड़की का ख़त उन्हें दिखाया कि ख़त की लिखाई से वह क्या और कितना कुछ जान सकते हैं। ख़त अंग्रेज़ी में था। मागो साहब ने अक्षरों की बनावट में से न जाने किस ग़ैबी शक्ति के द्वारा लड़की का पूरा हुलिया बयान कर दिया, और कहने लगे—जिसका भी यह ख़त है, वह बड़ी एक उदास रूह है, जन्म से अपने माँ-बाप से बिछड़ी हुई...

ख़त में किसी उदासी का कण मात्र भी ज़िक्र नहीं था, न ही किसी ऐसे हादसे का इशारा। बल्कि वह ख़त एक पहाड़ी सैर के दौरान लिखा हुआ था, जिसमें अगर कोई ज़िक्र था तो पहाड़ी हरियाली का...

इसके बाद एक दिन फिर ऐसी ही एक घटना हुई, मेरी मेज़ पर मसऊद मुनव्वर का ख़त पड़ा हुआ था, उर्दू में लिखा हुआ। मागो साहब उर्दू नहीं जानते, पर दावा करते हैं कि कोई भी

लिखाई चाहे किसी भी ज़ुबान में लिखी हो, उनके दैवी इल्म में ज़ुबान (भाषा) को जानने या न जानने वाली बात रुकावट नहीं बनती। इसलिए मेरी बेटी ने वह मसऊद मुनव्वर का ख़त मागो साहब के सामने रख दिया और पूछा कि इस खत को लिखने वाला इंसान कैसा हो सकता है? मागो साहब एक गहरी नज़र से उस ख़त की लिखाई की ओर देखते रहे, फिर कहने लगे—"जो भी है वह इस वक्त जलावतन है, अपने वतन से 'एग्ज़ाइल्ड' हो चुका, और अपने बीवी-बच्चों से बिछड़ा हुआ..."

मैं नहीं जानती—वह कौन-सी शक्ति है जो अक्षरों की बनावट में से सूरतें भी दिखाती है और उनके हाल-हवाल भी बताती है...

फिर इन बातों से भी अचम्भे वाली एक और घटना हुई—मेरे घर पर ही—एक उस लड़की की मुलाक़ात मागो साहब से हुई जो अपने खाबिन्द से तलाक ले रही थी और कइयों के समझाने पर भी अपनी जिद्द पर अड़ी हुई थी कि उसने तलाक ज़रूर लेना है।...

मागो साहब से पूछा गया कि उस लड़की को तलाक लेना चाहिए या नहीं? क्या किसी तरह उस तलाक को रोका नहीं जा सकता है? तो उन्होंने क्षणभर को अन्तर्धान होकर कहा—"एकदम तलाक लेना चाहिए। नहीं तो उसके पति के घर मैं उसकी लाश देख रहा हूँ।"

लड़की ने एक बारगी कहा—मैं अपने घर सबको कह चुकी हूँ कि अगर मैं वहाँ रहूँगी तो मेरी मौत हो जाएगी। यह मुझे पक्का मालूम है।"

इसके बाद मागो साहब ने कहा—"इसके पति को मैंने कभी देखा नहीं, पर यह देख रहा हूँ कि उसके हाथ इसकी गर्दन की ओर बढ़ रहे हैं, जैसे अभी गला घोंट देंगे..."

लड़की ने उस वक्त फिर कहा—"मैंने आज तक किसी को बताया नहीं, पर मुझे यह सपना आ चुका है कि वह मेरा गला दबाकर मुझे मार रहा है। मैं बोलना चाहती हूँ—कि किसी को मेरी चीख़ सुनाई दे जाए, पर मेरे गले से आवाज़ नहीं निकलती...यही सपना था जिसके बाद मुझे पता चल गया था कि अगर मैं और कुछ दिन भी उसके पास रहूँगी, वह मुझे मार देगा..."

और फिर एक दिन हेमेन्द्र जी मिलने आए। हेमेन्द्र भगवती

ज्योतिष विद्या के बहुत अच्छे जानकार हैं। मैंने उनसे मागो साहब का ज़िक्र किया, और वह घटना सुनाई जो मागो साहब ने मेरा पिछला जन्म किसी अन्तर्दृष्टि द्वारा देखकर बताया था और मुझे इसलिए वह बात बिलकुल सही लगती थी क्योंकि ठीक वही घटना मैं सपने में देख चुकी थी और अपनी डायरी में लिख चुकी थी। उस वक्त हेमेन्द्र जी कहने लगे, "वह शायद कोई ऐसा इल्म हो जो उस काग़ज़ को ही पढ़ सकता हो जो सामने हो। आपने डायरी में जो कुछ लिखकर अपने पास रखा हुआ था, शायद उन्होंने किसी शक्ति से पढ़ लिया हो, पर मैं अपना पिछला जन्म जानता हूँ, मेरे गुरु ने वह मुझे दिखाया था। मैं उस जगह पर भी गया था जहाँ पिछले जन्म में मेरी मौत हुई थी। अगर मागो साहब मुझे मेरा पिछला जन्म बता दें तो मैं उनका कायल हो जाऊँगा। मैंने यह बात कहीं भी लिखकर नहीं रखी हुई। अभी आपको भी नहीं बताऊँगा, पर अगर मागो साहब ने ठीक वही घटना सुना दी, तो मैं उस दिन विस्तार से आपको बताऊँगा।"

और फिर यह मुलाकात हेमेन्द्र जी और मागो साहब की, मेरे घर पर हुई, और मैंने दोनों का परिचय करवाते वक्त मागो साहब का नाम हेमेन्द्र जी को बताया, पर हेमेन्द्र जी का नाम मागो साहब को नहीं बताया। हेमेन्द्र जी रेडियो के महकमे से स्टेशन डायरेक्टर के ओहदे से रिटायर हुए हैं, यह बताने का तो सवाल ही नहीं पैदा होता था, पर मागो साहब उन्हें देखकर कहने लगे—"देख रहा हूँ, जहाँ आप सारी उम्र काम करते रहे, वहाँ किसी अच्छी पदवी पर थे, साथ ही एक एरियल सा दिखता है, जैसा रेडियो का एरियल होता है।"

ज्योतिष विज्ञान हेमेन्द्र जी का बड़ा गहरा शौक था, पर उसका ज़्यादा अध्ययन उन्होंने नौकरी की रिटायरमेंट के बाद किया है। यह मैं जानती थी, पर मागो साहब नहीं। मागो साहब ने कहा—"पर अब आप बहुत कुछ गिनते हुए दिखाई देते हैं। बड़ा ही हिसाब-किताब करते हुए। क्या आप ज्योतिषी हैं?"

यह सब कुछ ठीक था, पर हेमेन्द्र जी पिछले जन्म वाली बात जानना चाहते थे। उन्होंने यह सवाल किया तो मागो साहब क्षणभर किसी अदृश्य की ओर देखते रहे। फिर कहने लगे—"नर्मदा नदी

का पानी बहुत चढ़ा हुआ दिखाई दे रहा है। आप एक नाव में बैठकर नर्मदा के पार जाना चाहते हैं। आपकी पत्नी आपको रोक रही है, लोग भी मना कर रहे हैं, पर आप नाव में बैठ जाते हैं। हारकर आपकी पत्नी भी आपके साथ बैठ जाती है। दो आदमी और दिखाई देते हैं, जो नाव में बैठ गए हैं। पत्नी का गोरा और गोल-सा चेहरा है। पर नाव जब नदी के बीच पहुँचती है, उलट जाती है, और आप सब पानी में डूब जाते हैं...''

उस वक्त हेमेन्द्र जी की हालत देखने लायक थी। उन्होंने आदर से दोनों हाथ जोड़कर कहा—''यह बिलकुल ठीक है। मैं नर्मदा नदी पर गया था, उस जगह पर, जहाँ नाव उलट गई थी। मेरे गुरु बहुत साधना वाले हैं, उन्होंने ही मुझे वह जगह दिखाई थी। यह घटना ठीक इसी तरह घटी थी, जिस तरह आज आप बता रहे हैं।''

मेरे लिए मागो साहब के साथ हर मुलाकात एक अचम्भा होती है। जब 1984 के सितम्बर में मध्य प्रदेश के तपस्वी श्री कैलाशपति जी मेरे घर रहे, मुझे बिलकुल ख्याल नहीं आया था कि मागो साहब की उनसे मुलाकात करवाऊँ, पर एक दिन अचानक दोपहर के वक्त मागो साहब का फोन आया, पूछने लगे—क्या कर रहे हैं? तब मैंने बताया—''श्री कैलाशपति जी आए हुए हैं, उनसे बातें कर रही हूँ।'' कहने लगे—''इस वक्त पौने तीन बजे हैं, मैं सवा तीन बजे आपके घर पहुँचूँगा। मैंने कैलाशपति जी से मिलना है।''

वह आए, कैलाशपति जी को नमस्कार करके बैठ गए, और कुछ देर बाद कहने लगे—''गुरुजी! मुझे पहचाना नहीं? मैं पिछले जन्म में आपके आश्रम में था।''

कैलाशपति जी ने हामी नहीं भरी, हँस पड़े।

मागो साहब फिर कहने लगे, ''उस आश्रम में आपके चार चेले थे जो मेरे साथ हसद करते थे। एक दिन आपकी गैरहाज़िरी में उन्होंने मुझे मरवा दिया था। वो आपके चार चेले इस जन्म में भी आपके इर्द-गिर्द हैं, आपके साथ वैर भाव रखते हैं...''

उस वक़्त कैलाशपति जी ने कहा, ''उन्हें मैं जानता हूँ, कई दुख दे चुके हैं।'' तब मागो साहब ने अचानक कहा—''मुझे सामने एक दूध का गिलास दिख रहा है। वे आपको ज़हर वाला दूध पिलाना चाहते हैं। उनके हाथों से कभी दूध का गिलास मत पीना।''

कैलाशपति जी ने एक घटना सुनाई, जब उन्होंने फलों के रस का एक गिलास ज़बरदस्ती पिलाना चाहा था, पर उन्होंने पीया नहीं था। मागो साहब ने फिर कहा—"गुरुजी! मैं फलों के रस की बात नहीं कर रहा। मुझे सामने दूध का भरा हुआ एक गिलास दिखाई दे रहा है..."

हम, जो भी पास बैठे थे, एक अजीब हैरानी में डूब गए, जिस वक्त कैलाशपति जी ने कहा—"वह दूध का गिलास मैं पी चुका हूँ। मन ने बहुत इन्कार किया था, पर उन लोगों का, कई और लोगों के सामने, ऐसा इज़हार था कि मुझे वह गिलास पीना पड़ा। मैं जान चुका था कि इसमें ज़हर मिला हुआ है, फिर भी पी गया। और पीकर वहाँ से चला गया। पास ही एक मन्दिर था, जहाँ पहुँचते ही मैं बेहोश-सा होने लगा। काफी रात गुज़र चुकी थी। मन्दिर में पहुँचते ही दिल बहुत घबराया और कै हो गई। ज़हर का बहुत सारा असर बेकार हो गया।"

फिर एक दिन मागो साहब मेरे घर आए हुए थे जिस वक्त डॉ. मनजीत सिंह और डॉ. अमर भारती आए। डॉ. मनजीत सिंह एक युवक डॉक्टर हैं, सफदरजंग अस्पताल में काम करते हैं। उनकी ओर देखते मागो साहब कहने लगे—"आप मन से संन्यासी हो चुके हैं। पिछले जन्म से वैरागी हो। इस जन्म में बहुत जगह घूम रहे हो, और किसी ऊँची आत्मा वाले गुरु की तलाश में हो।" साथ ही कहने लगे—"डेढ़-एक साल और रह गया, जब 34 साल हो जाएँगे, अलौकिक शक्ति हासिल कर लोगे। अगर अभी शादी नहीं करवाई तो अच्छा है, न करवाओ। आपने और दो सालों में घर-घाट सब कुछ त्याग देना है।"

डेढ़-दो साल बाद जो कुछ होना है, उसके बारे में कुछ नहीं कहा जा सकता था कि वह किस हद तक ठीक होगा, पर इस वक्त जो डॉ. मनजीत सिंह के मन की तलाश है, वह मुझे मालूम थी, इसलिए उस बात की ताकीद की जा सकती थी कि उन्होंने ठीक कहा है।

आगे मागो साहब ने यह भी बताया, "डॉक्टर साहब! आप पिछले जन्म में भी डॉक्टर थे पर आपके हाथों एक मरीज़ की मौत हो गई थी, आपकी गलती से, जिसके पछतावे में आपको बैराग हो गया था। यह आज का आपका डॉक्टरी का पेशा भी

पिछले जन्म का है, और वैराग्य भी पिछले जन्म का...''

ख़ैर, इस बात को आज़माने का कोई रास्ता नहीं था, इसलिए इसके बारे में कुछ नहीं कहा जा सकता था, पर डॉ. अमर भारती बुज़ुर्ग हैं, गले में साधारण सफेद कपड़े पहनते हैं और सिर पर जोगिया पगड़ी बाँधते हैं। जब मागो साहब ने उनकी ओर देखकर कहा, ''आप डॉक्टर साहब, देखने में तो पूरी तरह साधु-संन्यासी दिखते हो, पर आपके इर्द-गिर्द मुझे घुँघरुओं की आवाज़ आ रही है, किसी नर्तकी के पैरों में पड़े घुँघरुओं की, जिसका दृश्य मुझे भी अजीब लग रहा है। यह राज़ आप ही बताओ कि आपके इर्द-गिर्द किसी नर्तकी का नाम मुझे दिखाई दे रहा है।''

डॉ. अमर भारती जी के बचपन में जिस तरह गीता बाली की मित्रता समा गई थी और आज तक समाई हुई थी, यह बात मुझे मालूम थी, इसलिए मैंने भारती जी की ओर देखा, और उन्होंने मेरी ओर देखकर कहा—''इन्हें सब कुछ पता है। आपका कहना बिलकुल दुरुस्त है मागो साहब!''

मागो साहब कहने लगे—''अगली बात भी आपकी सूरत के साथ नहीं जुड़ती, पर मुझे दिखाई दे रहा है कि आपने तीन विवाह किए हैं...''

यह बात मुझे भी मालूम थी, डॉ. मनजीत सिंह को भी, इसलिए हम दोनों ने हामी भरी कि यह बात ठीक है।

आगे मागो साहब ने जो बात कही, वह मुझे मालूम नहीं थी। उन्होंने कहा, ''भारती जी! आपकी दूसरी पत्नी ने आपको मारने का यत्न किया था?'' भारती जी ने हामी भरी, कहा, ''यह शक मुझे हमेशा रहा है, पर यह बात मैं कभी जुबान पर नहीं लाया। आज आपने यह बात कही है।''

मागो साहब कहने लगे, ''एक सफेद कपड़ा दिखाई देता है, आपकी गर्दन के गिर्द लिपटा हुआ, जिसे कसकर, आपको मारने का यत्न किया जा रहा है।'' उस वक्त भारती जी ने कहा, ''मेरी जागती हालत में यह नहीं घटा, पर शादी के ठीक दूसरे दिन मुझे सपना आया था कि कोई यह सफेद कपड़ा मेरी गर्दन के गिर्द लपेटकर ज़ोर से खींच रहा है, और मेरी साँस रुक रही है। मैं घबराकर जाग पड़ा था। पर जागती हालत में कुछ भी नज़र नहीं आया था।''

मेरे लिए मागो साहब का बताया यह वर्णन भी एक बहुत बड़ा अचम्भा है।

एक दिन फिर ऐसा अचम्भा हो गया। मागो साहब ग्रीन पार्क में कहीं किसी के घर आए थे, जहाँ से मेरा घर नज़दीक था, इसलिए मिलने आ गए। उस दिन और किसी के साथ मागो साहब की मुलाक़ात करवाने का ख्याल तक नहीं था। हम साधारण बातें करते रहे—देश के बारे में, देश के हालात के बारे...। अचानक एक लड़की मुझे मिलने आ गई। फोन करके नहीं आई थी, इसलिए एक घंटा बाहर वाले कमरे में बैठी मेरा इन्तज़ार करती रही। और जिस वक्त मागो साहब जाने लगे, मैंने लड़की को कमरे में बुला लिया।

मैं लड़की का नाम यहाँ लिखना मुनासिब नहीं समझती, सिर्फ घटना बताती हूँ। मागो साहब उठते-उठते-से फिर बैठ गए, और लड़की की ओर देखकर कहने लगे—"कोई तकलीफ है? शारीरिक बीमारी या मानसिक चिन्ता?"

लड़की ने इन्कार कर दिया—"कोई नहीं। मैं न बीमार हूँ, न फिकरमन्द।"

"यह हो नहीं सकता..." मागो साहब ने एक यकीन के साथ कहा पर लड़की ने फिर इन्कार कर दिया। इस पर मागो साहब कहने लगे—"छुपाने का कोई फ़ायदा नहीं। मैं दो हाथ देख रहा हूँ, जो तेरे गले की ओर बढ़ रहे हैं, गला दबाने के लिए..."

उस वक्त लड़की ने कहा, "यह बात कई सालों से हो रही है। मैं जब अधसोई-सी हालत में होती हूँ, लगता है—कोई कमरे में आया है। मेरे सारे बदन पर एक दबाव पड़ता है, और कोई अदृश्य हाथ मेरा गला दबाने लगते हैं..."

मुझे यह सब कुछ मालूम नहीं था, पर लड़की ख़ुद इसका इकबाल कर रही थी, इसलिए मैं सिर्फ़ हैरान थी।

मागो साहब कहने लगे—"तेरे घर में भी कुछ होता है? कई बातें अजीबो-गरीब?"

उस वक्त लड़की ने बताया, "जो मुझे होता है, वह मेरी सब बहनों को होता है।"

मागो साहब ने फिर ज़ोर दिया—"इसके अलावा भी कुछ होता है जो सब को दिख सकता है?"

लड़की ने कहा, "हाँ, कई सालों से यह हो रहा है कि अचानक घर में एक जगह लहू के छींटे पड़े हुए दिखते हैं। कई बार मांस की बोटियाँ भी बिखरी दिखाई देती हैं...खास-खास मौकों पर वह ज़रूर होता है, और जो काम होने वाला होता है, वह अचानक रुक जाता है। पिछले दिनों में मेरी शादी की बात तय हो गई थी। तारीख़ भी करीब-करीब पक्की हो गई थी, पर अचानक मेरी चारपाई की चादर पर लहू के छींटे पड़ गए और अचानक शादी वाली बात टूट गई..."

मागो साहब ने पूछा, "तेरा कोई भाई है?"

लड़की ने कहा, "नहीं, हम सिर्फ बहनें हैं।"

मागो साहब ने कहा, "तेरा भाई होने नहीं दिया जा रहा। यानी तुम्हारे घर एक लड़का न पैदा हो जाए, यह सारा यत्न इसीलिए है। माँ को पूछकर बताना—कुछ बार बच्चे की उम्मीद हुई होगी, पर किसी-न-किसी तरह गर्भ गिर गया होगा। उन बार जरूर लड़के की पैदाइश होनी थी, जो होने नहीं दी गई।"

लड़की ने जवाब दिया, "मैं जानती हूँ, यह तीन बार हो चुका है।"

यह सब कुछ मेरे लिए वह अचम्भा है जो किसी पकड़ में नहीं आता।

और अब नवम्बर की 15 तारीख़ को जब तन्त्र-विद्या के ज्ञाता डॉ. ललिन प्रसाद सिंह जी मुझसे मिलने आए, तो मैंने उनसे मागो साहब का ज़िक्र किया। ललिन प्रसाद जी किसी से मिलने के लिए कभी उत्साह नहीं दिखाते पर कहने लगे, "उनसे मिलने जाऊँगा।"

20 नवम्बर की शाम मेरे घर उनकी मुलाकात हुई। इस बार मैं कुछ फिकरमन्द थी कि ललिन प्रसाद जी खुद बहुत बड़े साधक हैं। क्या उनके सामने मागो साहब का इल्म उसी ताब में ठहर सकेगा? साथ ही तसल्ली भी हुई कि अगर श्री कैलाशपति जी के सामने ठहर सका है, तो उनके सामने भी ठहर सकता है...

इस मौके पर भी मैंने मागो साहब का नाम ललिन प्रसाद जी को बताया पर उनका नाम मागो साहब जी से नहीं बताया। उन्होंने कहा, "आप जो भी हो, कई जन्मों से तपस्वी हो। आपके कई जन्म मेरे सामने आ रहे हैं, हर जन्म में वही पतला शरीर साधना में बैठा दिख रहा है। मुझे दिखता है कि प्राचीन काल में आप दधीचि ऋषि

थे, जिसने इन्द्र को हड्डियाँ दान दी थीं...''

ललिन प्रसाद जी हँस पड़े, ''यह तो मालूम नहीं कि मैं दधिचि ऋषि था या नहीं, पर यह पता है कि मैंने पिछले जन्म में तपस्या की थी...''

''एक और बात बताता हूँ। इस जन्म में आप रात के बारह बजे से प्रभात के चार बजे तक किसी पहुँची हुई अवस्था में होते हो...'' मागो साहब ने कहा।

''यह ठीक है। ठीक यही वक्त होता है जब मैं किसी और दुनिया में प्रवेश कर जाता हूँ।'' ललिन प्रसाद जी ने बात की हामी भरी।

''आप चाहें तो किसी भी शरीर में प्रवेश कर सकते हैं।'' मागो साहब ने कहा, पर ललिन प्रसाद जी चुप रहे।

मुझे यह पता था कि ललिन प्रसाद जी कभी अपनी किसी प्राप्ति की बात नहीं करते। इतना-सा मैंने उनके मुँह से सुना हुआ था, ''राह में कई छोटी-छोटी सिद्धियाँ मेरी मंज़िल नहीं...'' इसलिए उनकी चुप को मैं समझ सकती थी। पर उस वक्त मागो साहब ने कहा, ''मैं आपके लिए एक ख़तरा देख रहा हूँ, कोई वैली है, चम्बा वैली जैसी, वहाँ एक छोटा-सा दरिया भी दिखता है, और दिख रहा है कि कुछ लोग आपको किसी तरह घेरकर वहाँ ले गए हैं। आपको गायब कर देना चाहते हैं...बस इस बात का ध्यान रखना...''

यह वक्त मेरी घबराहट का वक्त था। लगा—ऐसी घटना ललिन प्रसाद जी के साथ नहीं हो सकती, पर ललिन प्रसाद जी ने कहा, ''यह हादसा हो चुका है'' और मुझे हैरान देखकर कहने लगे, ''मैंने कभी इसका ज़िक्र नहीं किया, क्योंकि बहुत दुखदायी है...''

यह कौन-सी महाशक्ति है, जिससे मागो साहब इस तरह रूबरू हो जाते हैं? मैं तो क्या जानूँगी, वह खुद भी नहीं जानते। वह सिर्फ़ इतना जानते हैं कि वह लोगों के पूर्वजन्म के और इस जन्म के कई दृश्यों के दर्शक हो जाते हैं।

मैंने यहाँ किसी भी उस घटना का ज़िक्र नहीं किया जो मागो साहब से मैंने सुनी है, सिर्फ वही दर्ज कर रही हूँ जो मेरे अपने कमरे में, मेरे दोस्तों और परिचितों के साथ हुई हैं, और मैंने आँखों से देखी हैं।

हेमेन्द्र भगवती जी से मुलाकात

? : आपके नाम से मेरी वाक़फ़ियत बहुत पुरानी है, पैंतीस साल पुरानी, जब 'आकाशवाणी दिल्ली' अभी 'आल इंडिया रेडियो दिल्ली' हुआ करता था। मैं पंजाबी सैक्शन में स्टाफ़ आर्टिस्ट थी और आप हिन्दी टाक्स के इंचार्ज होते थे। उसके बाद इतना जानती हूँ कि आप स्टेशन डायरेक्टर होकर हिन्दुस्तान के कई स्टेशनों पर रहे। लेकिन इस जानकारी की हदें सिर्फ़ यहीं तक महदूद हैं। आपके परा शक्तियों के तजुर्बे के बारे में मैं बिलकुल नावाक़िफ हूँ...

हे : मैं खुद ज़िन्दगी के एक लम्बे अर्से तक इस शक्ति से नावाक़िफ़ रहा था। क़ुदरत, मेरे जन्म से ही मुझ पर किस तरह मेहरबान थी, मैं नहीं जानता था। मेरे पिता पी. सी. एस. थे। उन दिनों एक पी. सी. एस. का ठाठ आज के कमिश्नर से भी ज़्यादा होता था। वह बताया करते थे कि मेरे जन्म पर किसी संन्यासी ने उनसे कहा था कि यह बच्चा भविष्य-वक्ता होगा। एक बार उनके सामने किसी के क़त्ल का बहुत पेचीदा मुक़दमा पेश हुआ था। उस समय उन्हें संन्यासी की कही हुई वह बात याद आ गई। तब मैं मुश्किल से चार बरस का रहा होऊँगा। वह प्यार से मुझे गोद में बिठाकर पूछने लगे, ''बेटा! यह जो मेरे पास क़त्ल का मुक़दमा आया है, क्या यह क़त्ल उसी आदमी ने किया है जिसे हिरासत में लिया गया है, या किसी और ने?''

मैं बिल्कुल नहीं जानता कि वह कौन-सी शक्ति थी जिसने मेरे बाल-मुँह से यह कहा, 'नहीं, उस आदमी ने क़त्ल नहीं किया। जिसने किया है वह अपने गाँव में बैठा हुआ है। आप उस गाँव जाएँ तो वह आपको चारपाई पर बैठा, हुक्का पीता हुआ मिलेगा।'

मुझे यह सब-कुछ याद नहीं, पिताजी बताते थे कि तब वह

मेरठ में पोस्टिड थे। मैंने जिस गाँव का नाम लिया था, वह पुलिस को लेकर उसी गाँव गए थे और तफ़तीश करके उस आदमी को तलाश कर लिया जिसने क़त्ल किया था। वह जिस समय पकड़ा गया था, सचमुच एक चारपाई पर बैठा हुआ हुक्का पी रहा था।

मुझे अपने पिता का वह आलिंगन भी याद नहीं, जो वापस आकर उन्होंने मुझे किया था, और कहा, "बेटा! तुम नहीं जानते, लेकिन आज तुमने एक बेगुनाह आदमी को फाँसी लगने से बचा लिया है..."

? : फिर वह पहला वाक़या कौन-सा था, किसी परा शक्ति का गवाह, जो सुना-सुनाया नहीं, आपका आँखों-देखा वाक़या था?

हे : अमृता जी! मेरा बचपन बड़ा दुर्भाग्यपूर्ण था। मैं कोई दो साल का था, जब माँ नहीं रही। मेरे पिता ने दूसरा विवाह कर लिया। मैं छोटा-सा था जब मुझे होस्टल में डाल दिया गया था। मैं अपनी दूसरी माँ का मंजूरे-नज़र नहीं था...

स्कूल की छुट्टियों का समय भी मुझे होस्टल में बिताना पड़ता था और सबसे कठिन समय वह होता था जब छुट्टियाँ ख़त्म होने पर सारे बच्चे घरों से लौटते थे तो अपने-अपने घरों से कई तरह की मिठाइयाँ, मेवे और फल लेकर लौटते थे...मैं तब होस्टल का वह सुनसान कोना ढूँढ़ लेता था जहाँ मुझे कुछ भी दिखाई न दे...

आँखों के इस संयम ने धीरे-धीरे मेरे मन को भी मना लिया था कि मुझे न मिठाई अच्छी लगती थी, न कोई गिरि-मेवा और न कोई फल। मुझे याद है, जब एम.ए. कर लेने के बाद, मेरी नौकरी लगी थी, तब मैंने जिन्दगी में पहली बार कोई फल मुँह से लगाया था...

आदम ने तो फल चख लिया, जब बहिश्त से निकाला गया था, लेकिन मैं उसे चखने से पहले ही बहिश्त से निकाल दिया गया था...

तब छठी या सातवीं में पढ़ता था, जब कई बार कमरे के अकेलेपन से डरकर मैं अपने स्कूल के वार्डन के पास जाकर सो जाता था। उन दिनों की एक रात को, जब सोए-सोए रोने लगा था, वार्डन ने मुझे जगाकर चुप कराया और बहुत पूछा कि मैं सोते-सोते क्यों रोया। लेकिन मैंने उसे कुछ नहीं बताया। आज आपको बताता हूँ कि उस रात मुझे एक सपना दिखाई दिया था कि माँ दुर्गा शेर

पर सवार होकर मेरे पास आई हैं, और मुझसे कह रही हैं—"बेटा! मेरे पास आ जा।" मैं उनके पास नहीं जाता, कहता हूँ, 'मेरी कोई माँ नहीं।' वह शेर से उतरकर मेरे पास आ गईं और मुझे गले से लगा लिया। बोलीं, "तुम्हें जितना रोना है, आज रो लो! आज के बाद तुम कभी मत रोना! मैं तुम्हारी माँ हूँ..."

अमृता जी! वह वाक़या मेरा आँखों-देखा है। वह रोना भी मेरा आख़िरी रोना था। उसी रात से मैंने मान लिया कि माँ दुर्गा ने मुझे अपना पुत्र स्वीकार कर लिया है...

? : हेमेन्द्र जी! क्या देवी-देवताओं के सब आकार इंसान की साइकिक रिऐलिटी नहीं होते?

हे : नहीं! मैं मानता हूँ कि जिन ऋषियों-तपस्वियों ने यह आकार वर्णन किए थे, यह उनकी कल्पना के चमत्कार नहीं थे; उन्होंने मन की एकाग्र अवस्था में जो दर्शन किया था उसी का वर्णन किया था...

मैंने खीरभवानी से लेकर कन्याकुमारी तक माता के मन्दिर देखे हैं। आसाम में कामाख्या मन्दिर तक भी गया हूँ। मुझे इन जगहों पर अलौकिक अनुभव हुए हैं। कन्याकुमारी के मन्दिर में इतनी भीड़ थी कि केवल दूर से ही देवी के दर्शन हो सकने सम्भव थे। लेकिन मैं दूर खड़े-खड़े इतना बेचैन हो गया था, मुँह से निकला, "माँ! मैं तुम्हें माँ नहीं मानता, तुमने पास बुलाकर मुझे आशीर्वाद नहीं दिया ..." और अमृता जी! उस समय मेरी पीठ को एक अदृश्य हाथ ने छुआ—"आओ! पास आओ!..." और मैं इस तरह आगे होता गया, इर्द-गिर्द की भीड़ देखती रह गई। मुझे जैसे कोई हाथ पकड़कर आगे ले जा रहा था...मैंने देवी के बिलकुल सामने बैठकर 'सप्त श्लोकी' का पाठ भी किया, बीज मन्त्र का भी...पुजारी भी देखते रह गए...

इसी तरह खीरभवानी के मन्दिर में मैंने नौ दीपक जलाए थे। जब वहाँ पहुँचा था, मेंह बरस रहा था, तेज़ हवा चल रही थी, और उस हवा में दीपक नहीं जलाए जा सकते थे। पुजारी ने कहा कि मैं बिना-जलाए-दीपक ही अर्पित कर दूँ। लेकिन मैं आराधना में खड़ा हो गया। और आश्चर्यजनक घटना यह घटी कि पल मात्र के लिए आँधी के समान चल रही हवा थम गई। मैंने पूरे नौ दीपक जलाए और देवी को अर्पण कर दिए। तब चकित पुजारी ने मेरी बाँह पकड़ ली—"आप कौन हैं?" मैंने विनम्रता से कहा, "मैं अपनी

माँ का एक गरीब बेटा हूँ, और कुछ भी नहीं...''

? : आपने ज्योतिष शास्त्र का ज्ञान किससे पाया है?

हे : वैसे तो सिर्फ़ साधना से पाया है, फिर भी बीकानेर के आचार्य राज को मैं अपना गुरु मानता हूँ। वह दिव्य व्यक्तित्त्व के मालिक हैं। उनके सात पुत्र हैं, सातों बहुत अच्छे पदों पर हैं, लेकिन आचार्य, किराए के एक कमरे में रहते हैं, और ज़मीन पर सोते हैं। उन्हें आदेश हुआ था कि ''जिस प्रकार सूरज के रथ के सात घोड़े होते हैं, तुम्हारे घर सात पुत्र होंगे, लेकिन किसी पुत्र से किसी तरह का सुख स्वीकार मत करना।'' मैं अपनी ज़िन्दगी का देनदार हूँ, जिसने मुझे कई दिव्य व्यक्तित्त्व के मालिक संन्यासियों का सम्पर्क करवाया है...कामाख्या के एक तान्त्रिक ने मुझसे कहा था कि तुम तन्त्र-शक्ति कभी नहीं पा सकोगे, इसलिए सिद्धियाँ हासिल करने वाले रास्ते पर मत पड़ना। तुम्हें जो कुछ पाना है, माँ के पूजन से पाना है। तुम ज्योतिष शास्त्र के ज्ञाता होगे, लेकिन सिर्फ़ माँ के पूजन से। इसलिए मैंने कभी तन्त्र-शक्ति के लिए साधना नहीं की। मेरे पास कोई सिद्धि नहीं है। जो कुछ है वह स्वतः प्राप्त हुआ है...

एक बार रेलगाड़ी की प्रतीक्षा में मैं एक बैंच पर बैठा हुआ था कि एक आदमी मेरे पास आकर खड़ा हो गया। मेरे हाथों की ओर देखता रहा, फिर बोला—''आपका नाम हेमेन्द्र है?'' मैंने 'हाँ' कहा तो वह बोला, ''आपकी हथेली पर स्वस्तिक का जन्म से चिह्न है?

मैं उस समय तक नहीं जानता था कि मेरे हाथ पर हाथ की लकीरों ने स्वस्तिक का चिह्न बनाया हुआ है। मैं हैरान हुआ तो उसने कहा—''मेरे सिर पर हाथ रखें! मैं बरसों से बीमार हूँ, आप हाथ रखेंगे तो मैं अच्छा हो जाऊँगा...''

उसी आदमी ने मुझे बताया कि नागपुर के निकट किसी मन्दिर के संन्यासी ने उससे कहा था कि जाओ! रेलवे स्टेशन के एक बैंच पर बैठा हुआ तुम्हें एक आदमी मिलेगा, जिसका नाम हेमेन्द्र है, जिसके एक हाथ में अंगूठा नहीं है, और जिसकी एक हथेली पर स्वस्तिक का चिह्न है। उसे यह वरदान है कि वह सात इंसानों के सिर पर हाथ रखकर उन्हें निरोग कर सकता है, सात में से तीन मर्द होंगे, दो औरतें और दो बच्चे।

वह रेलवे स्टेशन पर मिलने वाला पहला आदमी था, जिसके सिर पर मैंने हाथ रखा था और वह स्वस्थ हो गया था। उसके बाद मैं इस शक्ति को पाँच बार और आज़मा चुका हूँ। सब मिलाकर छः बार। अब सिर्फ़ सातवीं बार बाकी है, किसी बच्चे को निरोग करने वाली...

? : हेमेन्द्र जी! श्री अरविन्द की जीवनी में रूहों को बुलाकर उनसे बात करने के तजुर्बे का ज़िक्र आता है। किसी बैठक में लोकमान्य तिलक तक की मौजूदगी का ज़िक्र भी है, और यह भी कि एक बार परमहंस रामकृष्ण की आत्मा को भी बुलाया गया था। किसी परा शक्ति का यह पहलू आपके तजुर्बे में भी शामिल है?

हे : शामिल है नहीं, शामिल था। मैं लोगों की मुश्किलों को हल करने के लिए यह साधन इस्तेमाल किया करता था, लेकिन धीरे-धीरे मेरा सिर भारी रहने लगा था। एक दिन महाशिव की आराधना करके, उन्हें बुलाना चाहा था। वह आए भी और कमरे की हवा का एक टुकड़ा जैसे हवा से अलग होकर एक आकार धारण करता हुआ लगा था, जब अपने अन्तर से यह अहसास हुआ कि मुझे इस रास्ते पर नहीं पड़ना चाहिए। बाद में किसी संन्यासी ने मुझे देवी माता की शपथ दिलाई थी कि मैं यह रास्ता त्याग दूँ। अपनी शक्ति को इस राह पर लाना, शक्ति का दुरुपयोग है...

मैंने तो अपना नाम भी माँ को अर्पण कर दिया है—अब सिर्फ़ एच.एन. भगवती कहलाता हूँ। किसी की जन्म-पत्री बाँचता हूँ, पहले देवी माता को सम्बोधन करता हूँ—माँ! तुम्हारी शक्ति का अगर मुझसे दुरुपयोग हो जाए, तो मुझे क्षमा कर देना...

? : हेमेन्द्र जी! मेरी ज़ात क़लम है। सो, जिनकी भी ज़ात क़लम है, उनके बारे में जानना चाहूँगी कि शायरों और अदीबों के कौन-से घर में कौन-से ग्रह होते हैं, या किन घरों पर किन ग्रहों को दृष्टियाँ, जो उनके मन-मस्तक को हमेशा के लिए क़लम से जोड़ जाती हैं?

हे : अमृता जी! मेरे अनुभव में यह आया है कि राशि अनुसार अक्सर वृषभ, कर्क, तुला धनु और मीन राशि वाले शायर या शायराना स्वभाव के होते हैं। और इसी तरह वृषभ, मिथुन, कर्क, धनु और तुला लग्न वाले शायर और अदीब होते हैं। लेकिन राशि में या लग्न में, बुध या बृहस्पति या चन्द्र जरूर हो। राशि या लग्न पर शुभ ग्रहों

की दृष्टि भी बहुत महत्त्व रखती है। पुरुष राशि में बुध ग्रह हो तो इंसान लेखक, प्रकाशक या संपादक बनता है।

तीसरे घर में बुध, दूसरे में शुक्र हो, और इन दोनों घरों में से किसी एक घर में सूर्य हो और धनु, कर्क या कन्या लग्न हो, तो इंसान ज्योतिष शास्त्र में या लेखन-क्षेत्र में प्रवीण होता है।

चौथे घर का बुध भी लेखक बनाता है। पर छठे घर में अगर स्त्री राशि का बुध हो तो इंसान को उम्र के आखिर में दिमाग़ी तकलीफ़ हो जाती है। बुध ग्रह पर अगर किसी क्रूर ग्रह की दृष्टि हो, तब भी ऐसी तकलीफ़ का संकेत होता है।

जिसके नौवें घर का बुध, मिथुन, तुला या कुम्भ राशि का हो, वह सम्पादक, प्रकाशक या लेखक बनता है, और जीवन-पर्यन्त अपना अध्ययन जारी रखता है।

बारहवें घर के बुध पर अगर किसी नीच ग्रह की दृष्टि न हो, तो वह इंसान बहुत विद्वान होता है। शायरी या संगीत में नाम पैदा करता है—इतना, कि मृत्यु के बाद भी उसका नाम अर्से तक जीवित रहता है।

सूर्य और बुध अगर इकट्ठे हों और साथ ही उन पर किसी नीच ग्रह की दृष्टि न हो, तो इंसान को अपने और दूसरे देशों में भी मान-सम्मान मिलता है। पाँचवें और नौवें घर का बृहस्पति भी बहुत सम्मान दिलाता है। दसवें घर का बृहस्पति शुभ दशा में हो तो कवि, साहित्यकार और विद्वानों के रूप में व्यक्ति को राज दरबार से आदर मिलता है।

लग्न में, या सातवें, या बारहवें घर में चन्द्रमा हो तो वह कल्पनाशील कवि या विद्वान बनाता है।

इसके अतिरिक्त दसवें घर का बृहस्पति अगर लग्न में आ जाए तो कल्पना-शक्ति देता है। ऐसे कल्पनाशील कवि पर, बड़ी उम्र में लक्ष्मी भी मेहरबान होती है। दसवें घर का स्वामी लग्न या पंचम में हो और पंचमेश से उसका सम्बन्ध भी हो तो संसार का यश उनके घर चलकर आता है...

और बारहवें घर का स्वामी अपने ही घर में हो, खासकर चन्द्रमा, तो वह मनुष्य, चाहे किसी जाति का हो, महान पंडित बनता है...

? : यानी बारहवें घर में कर्क राशि हो और कर्क राशि का मालिक चन्द्र भी वहीं बैठा हो, तो इंसान की ज़ात कलम की ज़ात हो जाती है ...अब, हेमेन्द्र जी! मैं सातवाँ सवाल नहीं पूछूँगी। चाहूँगी कि आपकी आराधना के समय जो भी कोई सवाल आपके मन में कभी जागा है, आप वही सवाल सामने रखकर उसका जवाब दे दें!

हे : इससे पहले सवाल के जवाब में इतना ज़रूर कहना चाहता हूँ कि मैंने जितने भी ग्रहों का सम्बन्ध कलम से जोड़ा है, वह मैंने सैकड़ों पत्रियों के अध्ययन से प्राप्त अनुभव कहा है। इसके भी कई अपवाद हो सकते हैं। ज्योतिष शास्त्र का सम्बन्ध इतना पढ़ने से नहीं, जितना गुणने से है। इस गुणने में जीवन का आचरण भी शामिल होता है और किसी देवी-देवता की आराधना भी। साथ में यह भी कहना चाहूँगा कि विद्या की इस शक्ति के आगे एक परा शक्ति है जिस तक किसी ज्योतिषी की पहुँच नहीं होती।

और अब सातवाँ सवाल। याद आता है कि मैं रोज़ चालीस सिगरेट पिया करता था। धीरे-धीरे छाती में कुछ भारीपन रहने लगा था। ऊपर से रिटायर हो गया तो सिगरेट का ख़र्च फ़िज़ूलखर्ची लगने लगा था। मैंने कई बार मन में सोचा कि सिगरेट नहीं पीना चाहिए, लेकिन आदत छोड़ी नहीं जा रही थी। एक बार वैष्णो देवी गया तो वह चढ़ाई चढ़ना कठिन हो गया। मेरा साँस बहुत फूल गया था...

फिर एक दिन छाती में इतनी पीड़ा हो रही थी कि मैं डॉक्टर से दवा लेने गया हुआ था, जहाँ बैठे हुए मैंने देवी का चिन्तन किया और कहा—"मैंने मन में कई बार जो कुछ सोचा था, लगा था कि आप सुन लेंगी। लेकिन आपने सुना नहीं। आप मेरा सिगरेट पीना क्यों नहीं छुड़ा देतीं? आज आप से सीधे कह रहा हूँ।"...अमृता जी! वह घड़ी, वह पल, न जाने कैसा था, मेरे अन्दर एक अजीब शक्ति की लहर आ गई, जो लहू की तरह मेरी नसों में चलने लगी, और मेरा हाथ अपने आप मेरी जेब में से सिगरेट की भरी हुई डिबिया निकाल लाया, और उसने वह डिबिया खिड़की के बाहर फेंक दी। उस घड़ी के बाद आज तक मैंने सिगरेट नहीं पी है...यह एक सवाल था जो मैंने अपनी देवी के सामने रखा था, पर इसका जवाब मिल चुका है। वैसे भी यह बहुत छोटा-सा और निजी सवाल था। मेरा

असल सवाल वह है जो मेरी आराधना के समय अब कई बार मेरे सामने आ खड़ा होता है। ख़ासकर रात को दस बजे के बाद की आराधना के समय। वह मेरे देश की हालत का सवाल है। उसका जवाब मुझे एक दृश्य की सूरत में दिखाई देता है—वह दृश्य उस समय मेरे ज़ेहन में एक आकार धारण कर लेता है—नहीं जानता, उसका ज़िक्र मुझे करना चाहिए या नहीं...लेकिन इस समय उसका ज़िक्र अगर अचानक मेरे होंठों के पास आकर खड़ा हो गया है, तो ज़रूर देवी माँ की इच्छा होगी कि मैं उसका ज़िक्र कर दूँ...

मैं जब अपने देश की हालत से बहुत परेशान हो जाता हूँ, तब आराधना के समय मुझे एक अहसास होता है कि हिन्दुस्तान और पाकिस्तान फिर एक हो जाएँगे। साथ ही दिखाई देता है कि एक बहुत सुन्दर आकृति वाला ब्रह्मचारी संन्यासी है जो राज्य का अधिकारी बनेगा और हिन्दुस्तान का प्राचीन और गम्भीर फ़लसफ़ा सारी दुनिया में सम्मानित होगा...

यह सवाल भी मेरा है, जवाब भी मेरा। लेकिन यह सच होगा कब? मैं नहीं जानता...

बाद में

हेमेन्द्र जी की ज़िन्दगी का एक बड़ा ही निजी वाक़या, मेरे पास उनकी अमानत की तरह पड़ा हुआ था, जिसे लिखने की उन्होंने इजाज़त नहीं दी थी। इसीलिए मेरी किताब 'सात सवाल' में उनके साथ की ऊपरी बातचीत दर्ज है, पर यह वाक़या दर्ज नहीं। अब जब खोज के पहलू से कई अलौकिक अनुभव इकट्ठे कर रही हूँ तो उन्होंने इजाज़त दे दी है, उस वाक़या को लिखने की...

यह वाक़या उनकी ज़िन्दगी में आज से लगभग ग्यारह-बारह साल पहले घटा था, जब स्टेशन डायरेक्टर के तौर पर उन्होंने छतरपुर में एक नया रेडियो स्टेशन खोलने के लिए सर्वे करना था, और उस बन्दोबस्त के सिलसिले में वह वहाँ पहाड़ी की चोटी पर बने सर्किट हाउस में ठहरे हुए थे।

इलाके में मच्छर बहुत थे, इसलिए जब एक रात वह मच्छरदानी तानकर कमरे में सो रहे थे, उस वक्त मच्छरदानी का पल्ला एक तरफ से उठाकर एक जवान लड़की वहाँ आई, जिसने तड़पकर

हेमेन्द्र जी के गले लगते हुए कहा—"पाँच जन्मों से आपसे मिलने को तड़प रही हूँ...आपकी मुहब्बत थी, जिसके लिए मुझे कत्ल कर दिया गया था...मेरी लाश ठीक इसी कमरे के नीचे दफ़न है..."

हेमेन्द्र जी वह वाक़या सुनाते वक़्त—कई बार इतने ख़ामोश हो गए, जैसे यह वाक़या अभी भी उनके बदन में से गुज़र रहा हो... उस सर्किट हाउस के बारे में वह इतना ही जानते थे कि किसी समय वह एक राजा के महल्ल का हिस्सा था...

यह घटना कब हुई थी? उनका या उस लड़की का राजघराने के साथ क्या सम्बन्ध था? उस समय के राजा ने उस लड़की को क्यों मरवाया था? यह सब कुछ एक सवालिया फ़िकरा था जो कमरे की हवा में खड़ा रहा...और उस लड़की ने कहा—"आज की रात पाँच जन्मों के बाद मेरी ज़िन्दगी में आई है...यह सिर्फ आपका सम्भोग है, जो मेरी तड़पती आत्मा को चैन दे सकता है..."

और उस रात हेमेन्द्र जी उस कौतुकी अनुभव के किरदार भी थे, पर उससे भी ज़्यादा एक दर्शक थे...

और सुबह वह सिर्फ़ दर्शक थे, जब देखा कि चढ़ते सूरज की लौ कमरे में छन रही है, और वह अपने बिस्तर में अकेले हैं...कमरे के दरवाज़े उसी तरह बन्द थे, जैसे रात को बन्द थे।

वह अभी मन के अचम्भे में लिपटे हुए थे, जिस वक्त कमरे का दरवाज़ा खटका। उन्होंने उठकर दरवाज़ा खोला, सोचा शायद खानसामा सुबह की चाय लेकर आया है। पर वहाँ दरवाज़े पर एक लड़की खड़ी थी, जो मुलाकात का वक्त लेने आई थी—नौकरी की तलाश में। उस वक्त हेमेन्द्र जी मन में चौंक गए। उस मुलाक़ाती लड़की की सूरत हुबहू वही थी, जो रात को बन्द दरवाज़ों में से लाँघकर उनके पास आई थी—

घबराहट-सी में हेमेन्द्र जी ने कहा, "अभी बहुत सवेर है। आप अपने सर्टिफिकेट वगैरह लेकर दस बजे के करीब आना...उस वक्त नौकरी की सम्भावना के बारे में देख सकूँगा..."

उस मुलाकाती लड़की ने हाथ का लिफाफा सामने कर दिया—"अपनी पढ़ाई के सारे सर्टिफिकेट लेकर आई हूँ। बैठने के लिए नहीं कहेंगे?"

हेमेन्द्र जी ने संकोच से कहा—हाँ बैठो...

इतने में खानसामा चाय लेकर आ गया। हेमेन्द्र जी ने लड़की को चाय का प्याला भी दिया, और उसकी पढ़ाई की डिग्रियाँ भी देखीं। नये रेडियो स्टेशन के लिए कुछ नये मुलाज़िमों को रखने की गुंजाइश थी, इसलिए लड़की को नौकरी मिल सकती थी...

उसे कुछ सालों के बाद नौकरी मिली, उस स्टेशन पर नहीं, किसी दूसरे स्टेशन पर, पर यह सम्बन्ध सिर्फ़ मुलाज़मत का बना रहा, इससे ज़्यादा किसी तरह के भी ज़ाती सम्बन्ध तक नहीं पहुँचा। वर्षों बाद जब यह पता लगा कि उस लड़की ने शादी करवाने से इन्कार कर दिया है—तो हेमेन्द्र जी ने उसे बुलाकर उसके घर वालों की परेशानी बताई, और पूछा कि वह शादी क्यों नहीं करवाना चाहती? उस वक्त लड़की ने निस्संकोच कहा, "मेरी शादी आपके साथ हो चुकी है. ..जब पहली बार आपको देखा था, तभी जान लिया था कि जन्म-जन्म से मुझे जिस मर्द की तलाश है, वह आप हो..."

हेमेन्द्र जी ने परेशान होकर कहा, "पर मेरी शादी हो चुकी है, मेरे बच्चे हैं। मैं अपनी पत्नी को कभी नहीं त्यागूँगा..."

उस लड़की ने उसी शान्ति से कहा, "मैं जानती हूँ, मैं आपकी ज़िन्दगी में दख़लन्दाज़ नहीं होऊँगी। पर आपको देख लिया है, मेरी भटकन खत्म हो गई है..."

और आज भी वह लड़की अपने मन के उसी इतकाद पर जी रही है। हेमेन्द्र जी का जल्दी ही उस स्टेशन से तबादला हो गया था, इसलिए कोई मुलाकात भी सम्भव नहीं थी। और अब वह रिटायर हो चुके हैं, किसी मुलाक़ात की सम्भावना भी नहीं बनती। पर वह लड़की है, उसका यकीन उसी तरह है।

और किसी-किसी पल हेमेन्द्र जी कुदरत के इस राज़ से हैरान होकर रह जाते हैं कि क्या यह लड़की उसी का पाँचवाँ जन्म है, जिसकी बात उसने की थी, जो रात को उनके कमरे में आई थी? और क्या इसी लड़की की वह सूक्ष्म काया थी, जो उसकी स्थूल काया में से निकलकर उस रात बन्द दरवाज़ों को लाँघकर आई थी? और क्या पाँच जन्म पहले वह इसी लड़की की स्थूल काया थी, जिसे कत्ल करवाया गया था?

●

रजनीश-चिन्तन

श्री रजनीश 'कृष्ण मेरी दृष्टि' में लिखते हैं, ''उन आत्माओं के साथ, जिनके शरीर तो छोड़े जा चुके हैं पर जो अभी सागर-रूप नहीं हुईं, सम्बन्ध जोड़े जा सकते हैं। जो आत्माएँ शरीर छोड़ चुकी हैं, जिनकी शख़्सियत अशरीरी है, उनके साथ ताल्लुक पैदा किया जा सकता है। इसमें कोई मुश्किल नहीं। जो आत्माएँ शरीर से बाहर हैं, और नए जन्मों की तलाश में हैं, उनके साथ सम्बन्ध जोड़ना बड़ी सरल बात है। उनके पास शरीर रूपी यन्त्र नहीं रहा, बाकी उनके पास सारे यन्त्र हैं। इसलिए आपको उनके साथ सम्बन्ध जोड़ने का थोड़ा-सा भी ख्याल हो तो बड़ी आसानी से जोड़ सकते हैं।

यहाँ हम इतने लोग बैठे हैं, पर यह बात नहीं कि सिर्फ़ उतने ही बैठे हैं जितने दिखाई देते हैं, जो नहीं दिखाई देते, वे भी मौजूद हैं और उनके साथ अभी सम्बन्ध पैदा किया जा सकता है। सिर्फ आपको 'रिसेपटिव' होने की ज़रूरत है। कमरा बन्द कर लो, और तीन आदमी कमरे में सिर्फ़ आँखें मींचकर, हाथ जोड़कर बैठ जाओ, और इतनी ही प्रार्थना करो कि इस कमरे में कोई आत्मा हो, तो वह अपनी खबर दे! आप जो इशारा देने के लिए कहेंगे, वह वापसी पर वही इशारा देगी। आप इतना ही कह दो कि उस मेज़ पर पेपरवेट पड़ा हुआ है, वह हिलकर जवाब दे, तो दो-चार दिनों में ही आप देखोगे कि आपका पेपरवेट आपको जवाब दे रहा है। आप यह कह सकते हैं कि दरवाज़े पर दस्तक देकर, किसी तरह दरवाज़े को खटखटाकर वह आत्मा अपने होने का सुबूत दे, तो दरवाज़े पर आवाज़ पैदा हो जाएगी। इसी तरकीब को आप आगे बढ़ा सकते हैं। यह मुश्किल बात नहीं, क्योंकि आत्माएँ हर वक्त हर

तरफ़ मौजूद हैं। कई ऐसी आत्माएँ भी, जो हमेशा रज़ामन्द रहती हैं कि आप उनके साथ किसी तरह का सम्बन्ध जोड़ो। वे कुछ कहना चाहती हैं, पर उन्हें कहने की राह नहीं मिल रही क्योंकि उनके बीच और आपके बीच शरीर का कम्यूनिकेशन वाला जो माध्यम था, वह टूट गया है..."

●

एक ख़त–एक हवाला

स्वर्गीय श्री रामचन्द्र वर्मा को एक पत्र देशपूज्य राष्ट्रपति राजेन्द्र प्रसाद ने लिखा था। उसकी अविकल अनुकृति यहाँ दी जाती है। मौलिक पत्र वर्मा जी के निवास स्थान, 47 लाजपत नगर, मल्दहिया वाराणसी-2 में सुरक्षित है।

राष्ट्रपति भवन, नई दिल्ली
3 जनवरी, 55

प्रिय श्री रामचन्द्र जी वर्मा,

आप द्वारा अनुदित और मेरे पास भेजी हुई पुस्तक 'देवलोक' के लिए धन्यवाद स्वीकार कीजिए। इधर मुझे लिखने-पढ़ने का समय नहीं के बराबर मिलता है, तो भी इस पुस्तक को पाकर मैंने इसे बहुत चाव से पढ़वाया (महीन टाइप की वजह से पढ़वाकर सुना) और प्रायः तीन चौथाई समाप्त करने के बाद आपको धन्यवाद दे रहा हूँ। इसमें लिखे वर्णन चाहे प्रचलित भौतिक विज्ञान के प्रमाणों द्वारा अप्रामाणिक माने जाएँ, पर मेरा विश्वास है कि उनका आधार सत्य है।

मेरी दिलचस्पी इस पुस्तक में कुछ हाल के निजी अनुभवों के कारण हुई है। आत्म-विज्ञान (Spiritualism) सम्बन्धी पश्चिमी देशों में भी आजकल बहुत अनुसन्धान हो रहा है और अंग्रेज़ी में भी ऐसे ग्रन्थों का एक अच्छा समूह बन गया है। मैंने जो स्वयं देखा और अनुभव किया है उसका थोड़ा ज़िक्र आपसे कर देना अच्छा होगा।

एक सज्जन हैं जिनके माध्यम से कोई महान आत्मा अपना सन्देश दिया करती है और वे सन्देश अद्‌भुत रीति से आते हैं जिनको किसी तरह

धोखा या इन्द्रजाल नहीं कहा जा सकता। अपने प्रश्नों को लिखकर कुछ सादे कागज के साथ लिफ़ाफ़े में बन्द करके और अगर चाहें तो उस पर मुहर लगाकर, जिसमें यह सन्देह न होने पाए कि लिफ़ाफ़ा खोला गया है, आप वहाँ रख दीजिए। जब वह महान आत्मा उस माध्यम द्वारा अपने को व्यक्त करना चाहती है, लिफ़ाफ़ा ज्यों-का-त्यों बन्द रहेगा और उसके अन्दर रखे हुए सादे कागज पर प्रश्नों के उत्तर लिखे मिलेंगे। इस तरह के लिफ़ाफ़े एक साथ कई एक रख दिए जाते हैं और एक-एक को उठाकर देखा जाता है तो उन पर कुछ संकेत लिखा मिलता है जिससे मालूम हो जाता है कि इसका काम पूरा हो गया है या इसे फिर किसी दूसरे समय पेश करना, ऐसा आदेश लिखा होता है। लिफ़ाफ़ा खोलने पर लिखनेवाले को उत्तर मिलता है।

यही नहीं, जब किसी जिज्ञासु पर कृपा होती है और माध्यम प्रार्थना करता है और प्रार्थना करने के समय कुछ फूल, अक्षत, धूप इत्यादि वहाँ रखा जाता है और वहीं सादे कागज और पैंसिल रख दी जाती हैं। माध्यम और जिज्ञासु कुछ दूरी पर बैठे या खड़े रहते हैं और देखते-देखते फूल हिलने लगते हैं, पैंसिल उठकर खड़ी हो जाती है और कागज पर चक्कर लगाने लगती है तथा कागज फिर कुछ देर के बाद उलट जाता है। अगर सन्देश पूरा नहीं हुआ रहता तब या तो कागज फिर कुछ देर के बाद स्वयं उलट जाता है और उस पर पैंसिल लिखती है या अगर कागज नहीं रहा तो पैंसिल नहीं उठती तो फिर दूसरा कागज रख दिया जाता है और उस पर पैंसिल उठती है और सन्देश लिख देती है। सन्देश समाप्त हो जाने पर पैंसिल फिर नहीं उठती, यह स्वयं मैंने कई बार अपनी आँखों से देखा है। वहाँ बैठे-बैठे सामने कुछ चीज स्वयं आ के टपक पड़ती हैं या आस-पास में पाई जाती हैं जैसे मूँगा, छोटे-छोटे जन्त्र, ताबीज और कभी-कभी मणि भी जैसे नीलम, पुखराज इत्यादि।

कभी-कभी फूलों में से एक महात्मा का चित्र भी आँखों के सामने खड़ा होता है जिसमें एक जटाधारी योगी आसन लगाए बैठे हुए होते हैं और आँखों में एक सुन्दर सहृदयता और करुणा देखने में आती है। कभी-कभी यह चित्र ज्यों-का-त्यों स्थायी रह जाता है, और कभी जैसे आता है, वैसे ही लोप हो जाता है। इसी प्रकार देवी-देवताओं के चित्र भी

जैसे राम-कृष्ण के भी सामने आते हैं। इससे भी अद्‌भुत बातें देखने में आती हैं। इसे मैंने स्वयं देखा है और मेरे पास दी हुई वस्तुओं में से कुछ मौजूद हैं; चित्र भी मौजूद हैं।

यह सब चूँकि मैं जानता था, मेरी दिलचस्पी इस पुस्तक में हुई और मैंने इसे पढ़ी।

आशा है आप अच्छे होंगे।

आपका, राजेन्द्र प्रसाद

(हवाला : डॉ. बृजमोहन की पुस्तक 'भटकती आत्माएँ' सफ़ा 143)

●

सलाखों का रिश्ता

पिछले दिनों अखबारों की एक खबर थी कि राजस्थान यूनिवर्सिटी से वह बहुमूल्य और असाधारण कागज़ात अलोप हो गए हैं जो अनेक वर्षों की निरन्तर मेहनत से डॉक्टर बैनर्जी ने इकट्ठे किए थे और जिनके आधार पर वह जन्मों की थ्यूरी के बारे में खोज कर रहे थे।

मैं एक प्यारी-सी लड़की को जानती हूँ जो चढ़ती जवानी में अपनी उम्र के वर्षों के मुकाबले में बहुत गम्भीर है, और उसकी गम्भीरता में एक उदासी भी मिली हुई है, क्योंकि उसे अपने पिछले जन्म की वह घटना याद है, जिससे पिछले जन्म में उसकी मृत्यु हुई थी।

उस प्यारी लड़की कमल इकार्शी की ज़बानी मैं उसकी याददाश्त के कुछ टुकड़े कलमबद्ध कर रही हूँ ताकि जन्मों की थ्यूरी पर खोज करने वालों के काम आ सकें।

"मेरी धुँधली-सी स्मृति को कई बार एक भरी दोपहरी का सेंक लगता है और उन पलों के पारदर्शी चेहरे पंक्ति बाँधकर मेरे सामने आकर खड़े हो जाते हैं।

जब पहली बार उन पलों से परिचित हुई थी, तब मेरी उम्र कोई चार बरस की रही होगी। गर्मियों के दिन थे, मैं अपनी ननिहाल के गाँव बदोवाल आई हुई थी। मेरी दोनों बड़ी बहनें ननिहाल के गाँव में ही पढ़ती थीं। मैं इतनी शरारती थी कि एक मिनट भी टिककर बैठना मेरे बस की बात नहीं थी। कभी कोई किताब उठा लेती और पन्ने पलटती रहती, कभी किसी बहन के बस्ते में से कलम-दवात निकालकर फर्श पर लकीरें खींचने लगती, कभी कुछ करती, कभी कुछ। इसलिए दोनों बहनें स्कूल का काम करने के लिए अपने बस्ते उठाकर ऊपर चौबारे में ले गई थीं। कोई दो बजे के

करीब 'बीजी' ने चाय बनाई और जब उन्हें देने के लिए ऊपर जाने लगीं तो मैं भागकर उनके आगे-आगे सीढ़ियाँ चढ़ गई। मुझे देखते ही मेरी सबसे बड़ी बहन हरिन्दर ने कहा, "बीजी, आप इसे नीचे ले जाइए, यह हमें पढ़ने नहीं देगी।" बीजी ने कहा, "पहले चाय पी लो, फिर मैं इसे अपने साथ ही नीचे ले जाऊँगी।" वे दोनों चुपचाप चाय पीने लगीं। लेकिन मुझमें टिकाव कहाँ था? मैंने जल्दी से एक किताब उठा ली और तेज़ी से उसके पन्ने पलटने लगी, जैसे कोई बेसब्री से खोई हुई चीज़ ढूँढ़ता है। बहन ने झट मेरे हाथ से किताब छीन ली और माँ ने झिड़की दी, "मरजानी, पहले स्कूल में तो दाखिल हो जा, फिर किताबें भी पढ़ लियो।"

माँ का फिकरा खत्म हुआ तो कयामत का शुरू हो गया। वक्त की कब्रों में सोए हुए पल बेचैनी से अँगड़ाइयाँ लेने लगे। मन के पानियों में एक अजीब-सी हलचल शुरू हो गई। पानी में भँवर-से पड़ने लगे, लहरों का शोर और फिर पानी मेरे सिर के ऊपर से बहने लगा। फिर सब कुछ शान्त और निश्चल हो गया और वक्त के फड़फड़ाते हुए पन्नों में से वह पन्ना मिल गया...और पन्ने के अक्षर, बेचैनी से करवटें लेते हुए पल, उठ खड़े हुए और शब्द बनकर मेरी ज़बान पर आ गए।

"यह सारी किताबें मेरी पढ़ी हुई हैं। मैं नौवीं कक्षा में पढ़ता था और बॉजी (मेरे पिता) तीसरी कक्षा में। मैं रोज बॉजी को अपनी साइकिल के पीछे बिठाकर स्कूल ले जाता था।" बीजी चौंक पड़ीं, उन्होंने जल्दी से पूछा, "फिर?"

"फिर क्या?...मैं रोज दोपहर को स्कूल से लौटता तो नहर के किनारे साइकिल खड़ी करके नहर में दो-तीन डुबकियाँ ज़रूर लगाता था। लेकिन एक दिन...एक दिन...।" आगे मुझसे बोला नहीं गया। "एक दिन क्या हुआ?" बीजी ने मेरा कन्धा झकझोरा। मेरी दोनों बहनें बुत बनी मेरी ओर देखे जा रही थीं। मैं कुछ देर चुप रही। फिर बोल पड़ी, "एक दिन स्कूल से लौटते हुए हमेशा की तरह नहर के किनारे मैंने साइकिल खड़ी की और बॉजी को उसके पास खड़े रहने के लिए कहकर जल्दी-जल्दी कपड़े उतारे और नहर में कूद पड़ा। उस दिन नहर बहुत ज़्यादा भरी हुई थी...मैं डूब गया।" इतना कहकर मैं भागकर सीढ़ियों से नीचे उतर गई।

उस दिन बॉजी मामा जी के साथ शहर गए हुए थे। जब शाम को वह घर लौटे तो बीजी ने उन्हें वह सब कुछ सुनाया, जो मैंने उनसे कहा

था। सुनकर पहले तो बहुत हैरान हुए, फिर कुछ देर चुप रहने के बाद बोले, "यह सब एक-एक अक्षर सच है। मैं अपने गाँव से तीन मील दूसरे गाँव में पढ़ने जाता था। हमारे गाँव का एक लड़का जो उस स्कूल में नौवीं कक्षा में पढ़ता था, मुझे अपनी साइकिल पर बिठाकर स्कूल ले जाता था। रोज़ दोपहर को पूरी छुट्टी होने पर वह नहर के पास पहुँचकर शीशम के पेड़ के नीचे साइकिल खड़ी कर देता और मुझे वहीं बिठाकर नहर में नहाने लगता। दो-तीन डुबकियाँ लगाए बिना वह कभी घर नहीं लौटा। रोज़ मुझसे पक्का वादा कराता था, "मेरे घर जाकर मत बताना, नहीं तो रोज़ पैदल आना पड़ेगा, कभी नहीं बिठाऊँगा साइकिल पर।" एक दिन उसने नहर में छलाँग मारी और डूब गया। बॉजी ने कुछ उदास होकर कहा।

घर में सब हैरान थे कि यह कैसे हो गया? उसकी आत्मा मेरे अन्दर कैसे आ गई? बाजी कह रहे थे, "इस घटना को हुए पच्चीस बरस हो गए हैं, शायद बरसों बाद उसने मेरे घर जन्म ले लिया है।"...वक्त गुजरता गया और धीरे-धीरे सब इस घटना को लगभग भूल गए थे। लेकिन मेरे मन से कभी पूरी तरह इसकी परछाईं नहीं मिट सकी। जब भी किसी नहर या तालाब के पास से गुज़रती तो मन को एक अजीब-सा खिंचाव महसूस होता, एक ज़बरदस्त कशिश, जैसे कोई अपनी तरफ बुला रहा हो।

अब भी कभी-कभी बहुत उदास हो जाती हूँ, हर चीज़ से उपराम। और अगर ऐसी हालत में किसी नहर के किनारे चली जाऊँ तो पानी की तरफ देखते-देखते मेरे सारे ख़्याल जैसे रुक जाते हैं। उस समय मन की जो हालत होती है, उसको बयान नहीं किया जा सकता, सिर्फ महसूस किया जा सकता है। पानी में से उठती हुई लहरों की भेद-भरी आवाज़ अपनी तरफ बुलाती है। तब मन और शरीर दोनों कोई हरकत करने में असमर्थ हो जाते हैं, जैसे किसी ने दोनों पर कोई टोना कर दिया हो। कई बार लगता है कि यह घर मेरा नहीं है, यह माँ-बाप मेरे नहीं हैं। बहुत जी करता है, कभी अपने पिछले जन्म के माता-पिता के पास जाऊँ, उन्हें देखूँ और कहूँ, "मैं ही आपका वह पुत्र हूँ जो नहर में डूबकर मर गया था।" लेकिन फिर सोचती हूँ, "वह तो बॉजी से भी बड़ा था, अब तो उस बात को चवालीस-पैंतालीस बरस हो चुके हैं।...लेकिन एक दिन मेरे अन्तरतम से अपने अनदेखे और काल- मुक्त माता-पिता के लिए अति

का मोह जाग उठा और जी किया कि अभी इसी पल उनके पास जाऊँ। और उस दिन मैंने बॉजी से पूछ ही लिया, "बॉजी, वह लड़का जो आपको रोज़ साइकिल पर बिठाकर स्कूल ले जाया करता था और एक दिन नहर में डूबकर मर गया था, उसके माता-पिता के बारे में आपको कुछ पता है? गाँव में ही होंगे (मेरे ददसाल के गाँव)?" बॉजी ने हैरानी से एक पल मेरी तरफ देखा और फिर बोले—"नहीं, वह उनका इकलौता बेटा था, उसकी मौत के बाद वे गाँव ही छोड़कर चले गए थे। कहाँ गए, यह कोई नहीं जानता।"

जानती हूँ, अब कुछ नहीं हो सकता। पल बिखर चुके हैं, चेहरे गुम हो चुके हैं, लेकिन अक्सर मेरे मन में एक ऐंठन-सी पड़ती रहती है, एक अजीब-सी बेचैनी ...एक अधूरेपन का अहसास...एक बेबसी...तड़प... अगले दरवाज़े से लेकर पिछले दरवाज़े तक के सफ़र के लिए।

मेरा पिछला जन्म पिछले दरवाज़े की तरह मेरे सामने खड़ा हुआ है, लेकिन वक़्त की सलाखें बहुत मज़बूत हैं। मैं इसे सिर्फ़ देख सकती हूँ, इसमें से गुज़र नहीं सकती। हैरान हूँ, मकानों के आगे और पीछे के दरवाज़े साधारण मिस्त्री बना लेते हैं, लेकिन एक जन्म के अगले दरवाज़े को दूसरे जन्म के पिछले दरवाज़े में बदल देना सिर्फ़ वक्त की कारीगरी है, वक्त के बस की बात।

सोचती हूँ, जो इस जन्म का अगला दरवाज़ा है। अगले जन्म में पिछला दरवाज़ा बन जाएगा...सलाखों वाला दरवाज़ा और फिर एक बार पिछले दरवाज़े में से गुज़र न सकने की बेबसी में से गुजरना पड़ेगा...और फिर आगे भी इसी तरह...फिर इसी तरह...अगले दरवाज़े हमेशा सलाखों वाले पिछले दरवाज़े में बदलते रहेंगे...लेकिन पिछले दरवाज़े का मोह शायद कभी नहीं टूटेगा।

●

ख़िलायी शक्तियों के इशारे

आज के पश्चिमी चिन्तक, वक्त को एक शक्ति मानकर कह रहे हैं, अगर वक्त की शक्ति-लहरों को समझ लिया जाए, तो भविष्य के बारे में कई पेशीनगोइयाँ की जा सकती हैं। साइंटिफिक खोज से पश्चिम में जिन शक्तियों को आज ढूँढ़ा जा रहा है, उनका मिथहास और इतिहास सदियों से हिन्दुस्तान की हवा में मिला हुआ है। भृगु, पराशर, आर्यभट्ट, वराहमिहिर, भास्कराचार्य और दूसरे अनेकों विद्वान शक्ति-लहरों के बहुत बड़े ज्ञाता हुए हैं।

अब जब मैं मास्को में 'साइकिक डिस्कवरीज़' के बारे में किसी कान्फ्रेंस की रिपोर्ट पढ़ रही हूँ, तो एक उस लड़की का बयान सामने है, जिसकी हाथों की अंगुलियों की देखने की शक्ति को एक हकीकत माना गया है। और याद आ रहा है कि बहुत देर हुई, मैंने डॉक्टर शुकदेव दूबे की एक किताब पढ़ी थी, जिसमें पन्द्रहवीं सदी के ग्रह गणित के विद्वान गणेश दैवज्ञ का ज़िक्र था, जिसके पैरों की अंगुलियों में दृश्य-शक्ति थी।

इसी तरह मास्को कान्फ्रेंस की रिपोर्ट में एक वह हक़ीक़त भी मानी गई है कि इस धरती के ऊपर आसमान के कुछ ऐसे मंडल हैं, जहाँ वैज्ञानिक तौर पर बड़े उन्नत लोगों की आबादी है, और जिनके ख़िला में उड़ने के वसीले (फ्लाइंग सासर्ज़) ख़िला में देखे गए हैं। और किसी हादसे से टूट गए ऐसे हवाई जहाज़ के कुछ टुकड़े साइबेरिया में गिरे हुए, एक हकीकत बताए जाते हैं। कोलिन विल्सन ने अपनी किताबों में उन सब मिथहासिक कहानियों को सच माना है, जिनमें अर्श से उतरे 'देवताओं' का ज़िक्र आता है, और जिनकी इस धरती के लोगों के साथ कभी राहोरस्म होती थी। तब याद आता है, जब मैं वराहमिहिर की ज़िन्दगी के बारे में पढ़ रही थी, और एक ज़िक्र आया था कि वराह एक ब्राह्मण लड़का था, जिसके माथे में पता नहीं कैसी जिज्ञासा भरी हुई थी कि एक

दिन सूरज उसके सामने प्रत्यक्ष होकर पूछने लगा—तुझे क्या वर चाहिए? उस वक्त वराह ने कहा, "मैं सारे नक्षत्र और ग्रह-मंडल प्रत्यक्ष देखना चाहता हूँ"—सूरज वराह को अपने साथ आकाश में ले गया, जहाँ वह एक वर्ष रहकर ख़िलायी शक्तियों का अध्ययन करता रहा। मिहिर चूँकि सूरज को कहते हैं, इसलिए एक वर्ष की आकाश-लोक की तालीम करने से वराह का नाम वराहमिहिर हो गया।

आकाश-लोक की रहाइश, इल्म की प्राप्ति के पहलू से चिह्नमयी हो सकती है, और कोलिन विल्सन की खोज के मुताबिक किसी ऊँचे लोक के वासियों से मेल-मुलाकात की हकीकत भी।

मिथहासिक कहानियों की थाह नहीं पाई जा सकती, क्योंकि हर दलील अपने-अपने तजुर्बे की बुनियाद पर बनती है; और आम इंसान का तजुर्बा बड़ा महदूद होता है।

साधना के साथ प्राण-शक्ति को अपने अधीन कर लेने वाले कई तपस्वियों को आज अमेरिका और सोवियत रूस में बुलाकर यह खोज की जा रही है कि साइंस की मदद के साथ आम आदमी में सोई उन शक्तियों को कैसे जगाया जा सकता है, जो अभी तक अप्रयुक्त पड़ी हुई हैं।

इन शक्तियों के कोई इशारे शायद हममें से कइयों ने देखे होंगे, पर हमारी किसी दलील की पकड़ में नहीं आए होंगे, और हमने उन इशारों को अपनी तापमयी कल्पना कहकर टाल दिया होगा। मैंने आज के कुछ कलाकारों के तजुर्बे इकट्ठे किए हैं, जिन्हें चेतन तौर पर किसी शक्ति को जान लेने का दावा नहीं, पर इनका संग्रह किसी आने वाली खोज के सम्मुख है।

चित्रकार हरकिशन लाल की ज़ुबानी

मेरे पिता मिलखीराम पी.डब्ल्यू.डी. में डिविज़नल अकाउंटेंट थे। वह 25 फरवरी 1954 को इस दुनिया में नहीं रहे थे। मेरी उम्र उस वक्त 33 साल थी। मेरे पिता ने बड़ी सिफारिशें लगाकर जो मेरी सगाई की थी, वह टूट चुकी थी। उस वक्त पिता के हाथों की लिखी हुई एक डायरी मेरे हाथ आई, जिसमें पिछली पाँच पीढ़ियों की एक अजीब दास्तान लिखी हुई थी कि इस घराने के एक पुत्र के घर हमेशा दो पुत्र पैदा होते हैं, और उनमें से छोटे के घर कोई पुत्र नहीं होता, सिर्फ़ बड़े के घर एक पुत्र जन्मता है। आगे उस एक पुत्र के घर दो पुत्र पैदा होते हैं, जिनमें से फिर

छोटे के घर कोई पुत्र नहीं होता, और बड़े के घर सिर्फ एक पुत्र होता है। और आगे फिर उसी तरह—उस एक पुत्र के घर दो पुत्र जन्मते हैं, जिनमें से छोटे के घर कोई पुत्र नहीं होता...

यह वो वक्त था, जब मैंने जान लिया कि अगर कभी मैंने विवाह कर भी लिया, तो मेरे घर कोई पुत्र नहीं जन्मेगा, क्योंकि मैं अपने पिता के दो पुत्रों में से, छोटा पुत्र हूँ...

आज मेरी उम्र 63 साल की है। मैंने विवाह नहीं किया। और जानता हूँ कि सिर्फ मेरे बड़े भाई की औलाद से यह वंश चलेगा...

पंजाबी लेखिका दलीप कौर टिवाणा की कलम से

पुरानी बात है। मन जब कभी उदासी के अँधेरों में घिरने लगता, ज़िन्दगी के अर्थ धुँधले हो जाते। रिश्तों में से विश्वास खो जाता। भूत और भविष्य कोई राह न देते। दम घुटने लगता। उस घड़ी आत्महत्या, गहरी नींद, घनी छाँव, अपने आप से पार निकल जाने का वसीला और सुख-शान्ति का मुकाम दिखने लग जाता।

कुछ देर बाद आत्महत्या का ख्याल जैसे पनाह बन गया। सारे दुखों का दारू और अनखर्चे धन की तरह धरवास भी। "जब पानी सिर से निकल गया, नींद वाली गोलियों के एक की ही तो बस बात है", सोचकर अपने मन को सहज करने की कोशिश करना।

पर अचानक एक रात सपना आया कि मैं आत्महत्या करके मर गई हूँ। मरने के बाद इस देह की जगह मैं सफेद धुएँ की बनी हुई थी। ड्राइंग-रूम में वीरा और एक बहन बैठे बातें कर रहे थे। बेजी आकर कुछ कहते हैं और बीच में कोई बात मैं करती हूँ।

मेरी बात की ओर किसी ने ध्यान नहीं दिया। हुंकारी नहीं भरी। मेरी ओर कोई झाँका भी नहीं। शायद मेरी बात उन्होंने सुनी ही नहीं, शायद मैं उन्हें दिख ही नहीं रही। मैं तो सिर्फ़ सफेद धुएँ की बनी हूँ।

"बेजी, मुझे प्यास लगी है" मैं बेजी से कहती हूँ। वह बोलते ही नहीं। मेरी बात पर उन्होंने गौर ही नहीं किया। मेरी ओर देखा ही नहीं। मैं बेजी की बाँह हिलाकर ज़रा गुस्से से कहती हूँ, "बेजी, मुझे प्यास लगी है" पर लो मैं जो धुएँ की बनी हुई थी, बेजी की बाँह को जब हिलाती हूँ तो आधा धुआँ बेजी के आगे की ओर से और आधा पीछे से लाँघ जाता है। बेजी को कुछ पता नहीं लगा।

उस घड़ी घबराकर मुझे जाग आ गई। मैंने डरकर शुक्र किया कि यह सिर्फ़ सपना था। उस घड़ी मैंने जाना, आत्महत्या से हम सिर्फ अपनी देह को खत्म करते हैं, अपने आप को नहीं। बाकी उम्र बिना देह के जीते हैं। शायद इसी को भूत-प्रेत की जून कहते हैं।

मराठी शायरा सुशील पगारिया की ज़ुबानी

हैरानी और खौफ़ की एक कँपकँपी महसूस की। जब देखा कि सामने कुछ दूर मेरा जिस्म गड़ा हुआ है, और मैं उसे देख रही हूँ। समझ में नहीं आ रहा कि अब मैं अपने जिस्म में दाखिल हो सकती हूँ या नहीं। इसी घबराहट में एक दीवार पर हाथ पड़ गया, और मेरी नींद खुल गई...

इसी से मिलता-जुलता सपना फिर आया कि घर के बाहर से एक बारात गुज़र रही है। मैं बाजों की आवाज़ सुनकर घर से बाहर निकली, और सामने वाली सड़क की ओर चली गई। बारात पता नहीं किसकी थी, शहनाइयाँ बजाती निकल गई, तब मैं घर को लौटी। पर घर के सामने आकर देखती हूँ कि घर के सारे दरवाज़े बन्द हो गए हैं। पता नहीं लगता—अब घर के अन्दर किस तरह जाऊँ। इतने में देखती हूँ कि लोग इकट्ठे हो रहे हैं, मेरे घर के सामने। सबकी आँखें गीली हैं, अफसोस से भरी हुई और कह रहे हैं—सुशील बेचारी की कोई उम्र थी मरने लायक। यह तो कुसमय की मौत है। और मैं ऊँचे-ऊँचे कहने की कोशिश करती हूँ कि मैं ज़िन्दा हूँ, यह देखो! मैं ज़िन्दा हूँ। पर मेरी आवाज़ किसी को सुनाई नहीं देती। न कोई मुझे देख सकता है। और में अफसोस से भर जाती हूँ कि मेरा जिस्म तो घर के अन्दर रह गया है, जिसका अब कोई दरवाज़ा खुला नहीं। मैं अन्दर जाकर अपने जिस्म में प्रवेश किस तरह करूँगी...

बहुत थोड़े दिनों की बात है—एक रात देखा कि जहाँ खड़ी हूँ, चारों तरफ गुफा ही गुफ़ा हैं। एक गुफ़ा के अन्दर जाती हूँ तो देखती हूँ कि बहुत सारी मूर्तियाँ हैं जो बड़ी ज़िन्दा लग रही हैं। उनकी आँखें मेरी ओर गौर से देखती हैं, एक डर का अहसास आया, और मैं घबराकर गुफा में से बाहर आ गई। बाहर एक तरफ बहुत बड़ा पहाड़ है, जिसकी ढलान में एक नदी बह रही है। मैं नदी की ओर उतरना चाहती हूँ, पर वह डंडी बहुत छोटी और फिसलनी है। इतनी छोटी कि पूरा पैर भी उस पर नहीं टिकता। मैं थोड़ा-सा उतरकर, फिर वापस आती हूँ कि ग़ैबी आवाज़

आती है, "गुफ़ा की मूर्तियाँ तुझे बुला रही हैं"—अब डर नहीं लगता, और गुफा में दाखिल हो जाती हूँ...

अपनी सोच और सपनों का कोई पार नहीं पड़ता। मैं इनका कोई विश्लेषण नहीं कर सकती। सिर्फ़ यह बता सकती हूँ कि जो सपना मुझे बार-बार आता है, वह ऊँचे-ऊँचे पहाड़ों में बनी हुई सीढ़ियों का है। मैं सीढ़ियाँ चढ़ते-चढ़ते हाँफ जाती हूँ, पर वह खत्म नहीं होतीं...वहाँ खाली आसमान दिख रहा है, और किसी की कोई झलक तक भी नहीं...और उस पर्वतीय स्थान पर मैं अकेली, वह न खत्म होने वाली सीढ़ियाँ चढ़ रही हूँ...

●

रूमा की डायरी

रूमा धर चौधरी (अब रूमा शर्मा) हुनर की तरफ से कमर्शियल आर्टिस्ट हैं। उन्होंने आध्यात्मिक रुचियाँ अपनी माँ नमीता धर चौधरी से, और नानी सुर बाला दत्त से विरसे में पाई हैं। रूमा का ख़ानदानी इतिहास है कि उनकी माँ नमीता धर चौधरी सुभाषचन्द्र की हमख़्याल थीं और मुल्क की आज़ादी के लिए उनके साथ मिलकर काम करती रहीं। रूमा के नाना जी श्री धीरेन्द्र नाथ दत्त थे जो गांधी जी के साथी थे। वह बाद में पाकिस्तान के स्वास्थ्य मन्त्री रहे। पर बंगलादेश में जब चुन-चुनकर वहाँ के विद्वानों-आलमों का कत्ल किया गया था, धीरेन्द्र नाथ जी का कत्ल पहला कत्ल था।

रूमा के बारे में कहा जाता है कि वह जब बच्ची थी, उसे कृष्ण की बाँसुरी सुनाई देती थी। रूमा की डायरी में से मैं यहाँ कुछ पृष्ठ, बंगला भाषा में अनुवाद करके, शामिल कर रही हूँ, ताकि पराशक्तियों के बारे में कुछ हवाले खोज की नज़र हो सकें!

मैं बहुत कम बोलना चाहती हूँ। किसी ख़ास मकसद के लिए बोलना हो तो और बात है, नहीं तो बोलना नहीं चाहती। अपना आप भी कई बार असह्य लगता है। जी चाहता है—कहीं बाहर चली जाऊँ। कभी ऐसा भी लगता है कि जी खोलकर हँसूँ, खूब ऊँचा गाऊँ, और कुदरत को जी भरकर देखूँ। पर यह देखने के लिए कौन-सी राह है, मैं नहीं जानती। मैं तो चारदीवारी में घिर गई हूँ। कई बार बहुत रोती हूँ। कई बार चीखकर किसी से पूछना चाहती हूँ—कहाँ जाऊँ? मन का चैन कहाँ मिलेगा? जिस तरफ देखती हूँ—दर्द और गरीबी छाई हुई दिखती है, और साथ ही उसके साथ मिली हुई हिंसा है। लोभ भी है, और लगता है मैं किसी दोज़ख़ में आ गई हूँ। ऐसा भी लगता है—इस दोज़ख़ में जो भी पड़े हुए हैं, उन सबको

इस दोज़ख़ में से निकलना है। भगवान से बिनती भी करती हूँ कि वह मुझे यह शक्ति दे!

कभी सोचती हूँ—मैं कौन हूँ? मैं कहाँ हूँ? मैं क्या हूँ? मैं क्यों हूँ! और तब मैं शीशे के पास दौड़ती जाती हूँ। वहाँ खड़े होकर ज़ोर से हँसना चाहती हूँ। कभी लगता है कि मेरा सिर फट रहा है। वह दर्द सहा नहीं जाता। सिर को ज़ोर से झटकती हूँ। शायद कोई भी यकीन नहीं करेगा, पर यह सब कुछ मैं अपने पर झेलती हूँ। ऐसा कोई भी नहीं, जिससे अपनी पहचान की बात पूछूँ। कभी ख़्याल आता है कि शायद मेरी माँ मेरे प्रश्नों का उत्तर दे सकती है। पर मैं माँ से यह पूछना नहीं चाहती। अन्दर के अहसास का इज़हार कर सकना कितना मुश्किल है...

29 अगस्त, 1966।

मुझे बहुत अजीबोगरीब सपने आते हैं...

1963 में जब मैं हरिद्वार गई थी, हर की पैढ़ी के काले-सफेद पत्थरों पर पैर रखते ही लगा कि यह जगह मैंने देखी हुई है। मैं इस जगह से वाक़िफ़ हूँ। शायद मैं पहले यहाँ आई हूँ। सोचने लगी—कब आई थी? तब मैंने माँ से पूछा कि हम पहले यहाँ कब आए थे? माँ ने कहा—हम पहली बार आए हैं। इससे पहले कभी नहीं आए।

ख्याल आया—शायद मैंने यह जगह अपने सपने में देखी है। साथ ही लगा—शायद मैं अभी भी सपने वाली हालत में हूँ और इस जगह को देख रही हूँ। सब कुछ धुन्ध-सी में लिपटा हुआ दिखने लगा।

26 नवम्बर, 1966 को स्कूल का हाऊस फंक्शन था। मैंने शरद् ऋतु को एक नाच द्वारा पेश करना था, पर स्कूल जाते ही ख़बर मिली कि एक काव्य-नाटक में मुझे एक पुजारी का किरदार पेश करना है। जिस किसी और लड़की ने नाटक में काम करना था, वह आई नहीं थी, इसलिए उसकी जगह अब मुझे नाटक में काम करना है। ठीक वही किरदार पेश करने के लिए मुझे पहले भी कहा गया था, पर पढ़ाई का ज़ोर होने की वजह से मैंने कुछ भी नाटक के बारे में नहीं सोचा था। आज अचानक कहा गया तो मैं जमात छोड़कर घर चली गई, और घर जाकर उसकी कुछ तैयारी की। फिर किसी घर से भी पुजारी के वस्त्रों जैसे वस्त्र नहीं मिले, तो स्कूल में बिस्तर की एक चादर-सी का बन्दोबस्त किया गया जिसे पहनकर मैंने मंच पर पुजारी का किरदार पेश किया।

हैरान हुई कि वह देखने वालों को बड़ा मकबूल हुआ। पर जब घर

आई तो लगा—हैरानी वाली कौन-सी बात है? यह किरदार तो मैं पहले भी पेश किया करती थी। कब? पता नहीं। पर लगा—यह घटना पहले भी घट चुकी है। साथ ही लगा—मैं अभी भी उसी अवस्था में हूँ। एक स्वप्नमयी अवस्था में और मेरे इर्द-गिर्द पुजारी-वस्त्र लिपटे हुए हैं...

मैं जब आठवीं में पढ़ती थी, 1964 में एक अद्‍भुत सपना देखा—गर्मियों के दिन थे, जब दिल्ली में लोग खुले बरामदों में सोते हैं। सवेरे का वक्त था, करीब चार बजे का, जब एक संन्यासी हमारे घर आए। हाथ में कमंडल पकड़ा हुआ था। पैरों में खड़ाऊँ पहनी हुई थीं। चेहरा दाढ़ी में ढका-ढका-सा। गेरुए वस्त्र। पर देखा—चेहरे पर एक आलौकिक नूर है। मुझे लगा—मैं घर में अकेली हूँ। इसलिए मैंने संन्यासी जी को अपने कमरे में लाकर बिठा दिया। कमरे में दीवार की अलमारी में भगवान की मूर्ति थी, और पूजा का सामान। उसी अलमारी के सामने मैंने संन्यासी जी का आसन बिछा दिया। कुछ फल और मिठाई लाकर सामने रख दिए। उनके साथ मैं बहुत बातें करती रही। यह भी पूछा कि मैं इम्तहान में पास हो जाऊँगी?

उस वक्त संन्यासी जी ने मेरा बायाँ हाथ अपने हाथ में लेकर लाल स्याही से मेरी बाँह पर लिख दिया कि मैं हमेशा, हर इम्तिहान में सफलता लेती रहूँगी...

उसी वक्त मेरी आँख खुल गई, और मैंने अपनी बाईं बाँह को जल्दी से देखा, जहाँ गहरे लाल रंग की स्याही में सचमुच कुछ लिखा हुआ था। मैंने खुद पढ़ा। और फिर वो सारे अक्षर धीरे-धीरे मिटने लग पड़े...

उसी संन्यासी जी को मैंने दोबारा भी सपने में देखा था, जब नवीं या दसवीं में पढ़ती थी। तब मेरी माँ बहुत बीमार थी। उसकी बाईं तरफ कान से लेकर कन्धे तक एक ज़ख्म-सा हो गया था, जिसका मुझे हर वक्त फ़िक्र रहता था। मैं कई बार भगवान के आगे प्रार्थना करती थी कि मेरी माँ बहुत जल्दी ठीक हो जाए। तभी संन्यासी जी का सपना देखा कि मैं स्कूल के बस स्टैंड पर खड़ी बहुत रो रही हूँ, और उस वक्त वह संन्यासी जी मेरे पास आए। देखा—उनके हाथ में एक बहुत बड़ा-सा झोला है, और वह मुझसे पूछते हैं कि मैं क्यों रो रही हूँ?—मैं उनको माँ की बीमारी के बारे में बताती हूँ, और वह अपने झोले में से एक पीले रंग का मरहम जैसा कुछ निकालकर मुझे देते हैं, कहते हैं—इसे माँ के ज़ख्मों पर लगा देना!

साथ ही देखती हूँ कि वह खुद मेरी माँ की चारपाई के पास खड़े होकर मरहम मेरी माँ के ज़ख़्मों पर लगा रहे हैं...

सपने से जागी तो पीले रंग की मरहम के बारे में सोचती रही कि वह क्या चीज थी। फिर माँ के पास गई, तो मुँह से निकला—माँ! आप ज़ख्म पर बरनॉल क्यों नहीं लगाते?

बरनॉल घर में थी। माँ ने मेरे कहने पर वह लगा ली। और माँ जो पूरे बरस से चारपाई पर पड़ी हुई थी, कुछ दिनों में अच्छी हो गई...

संन्यासी-दर्शन एक बार फिर हुआ। तब मैं कॉलेज में पढ़ती थी। स्कैचिंग करने लगी थी। मैं और मेरी एक दोस्त लड़की रीना, हम दोनों अकसर खुली, वीरान जगहों में चली जाती थीं, स्कैचिंग करने के लिए।

एक रात सपने में देखा कि मैं और रीना दोनों एक बस में बैठ जाती हैं, कहीं जाने के लिए। बस बिरला मन्दिर के पास से गुज़रती है। हम उतरना चाहती हैं पर बस रुकती नहीं। आगे पता नहीं कहाँ, एक मकबरा दिखाई देता है, जहाँ हम बस वाले से कहती हैं कि हमने यहाँ उतरना है। बस रुकती है, हम दोनों उतर जाती हैं। वहाँ रीना कहती है, सामने जो पेड़ और सफेद-सफेद मकान दिखाई दे रहे हैं, उनके पीछे एक लाल पत्थर का बना हुआ मन्दिर है, तूने देखा है? मैं कहती हूँ—नहीं। हम दोनों उस मन्दिर की तरफ चल पड़ती हैं कि वहाँ जाकर हम स्कैचिंग करेंगी। सामने कोई सीढ़ियाँ दिखाई देती हैं, जहाँ बहुत-से लोग हैं। हम उनके पास से निकलकर मन्दिर में जाती हैं—जहाँ एक बहुत बड़ी मूर्ति है।

और देखती हूँ कि वहाँ पुजारी-औरत मूर्ति की आरती उतार रही है। उसने सफेद धोती पहनी हुई है और माथे पर बहुत बड़ी लाल बिन्दिया। मैं मन में खुश होती हूँ कि माँ को बताऊँगी। माँ हमेशा कहती है कि औरत को भी पूजा का वही हक है जो मर्द को, पर मन्दिरों में औरत को पुजारी नहीं रखा जाता...

उस वक्त देखती हूँ कि मूर्ति के पैरों के पास एक संन्यासी खड़ा है, जिसकी लम्बी जटाएँ उसकी सारी पीठ पर फैली दिखाई देती हैं। मैं संन्यासी की पीठ की तरफ भी देखती हूँ और सामने वाली दीवार की तरफ भी, जहाँ पूजा के धुएँ में लिपटे हुए कुछ अक्षर दिखाई देते हैं। मैं पढ़ने की कोशिश करती हूँ कि यह मन्दिर किसी बोस ने बनवाया था, जिसे किसी सेठ ने पैसे की बड़ी मदद दी थी...

इतने में संन्यासी जी, वहाँ मूर्ति के पैरों में बैठकर समाधि में मग्न

हो जाते हैं। मैं देखती हूँ—वही मेरे पहचाने हुए संन्यासी जी हैं। वह एक बार आँखें खोलकर देखते हैं, पर लगता है कि उनकी नज़र, किसी और दुनिया में से आ रही है...इस तरह जैसे वह अब इस दुनिया में नहीं, किसी और दुनिया में हैं और वहाँ से देख रहे हैं...

इतने में देखा कि मन्दिर की पुजारी-औरत हरेक दर्शक के माथे पर चन्दन का टीका लगा रही है। उसने जब मेरे माथे पर वह टीका लगाया तो मैं कुछ बेहोश-सी हो गई। उसी बेहोशी की हालत में सुना कि संन्यासी जी कह रहे हैं—"इस आत्मा ने यह नया जन्म लिया है..."

मैं बेहोश-सी, मूर्ति के सामने, ज़मीन पर गिर पड़ती हूँ। उस वक्त सारे बदन पर एक विशाल शक्ति का दबाव महसूस हुआ, और सारे बदन में एक आनन्द का अहसास...

वेदना के आनन्द का यह क्षण लफ़्ज़ों की पकड़ में नहीं आता।

साथ ही सोचती हूँ—आसपास के लोग मुझे देख रहे होंगे, पता नहीं, वो क्या सोचते होंगे। यह भी अहसास होता है कि मैं जब बेहोश-सी ज़मीन पर गिरने लगी थी, पुजारी-औरत ने मुझे थाम लेना चाहा था, पर फिर शान्त होकर मेरे पास बैठ गई थी। वही मेरे माथे पर अब पानी की कुछ बूँदें टपका रही है, और कह रही है—"इसके अन्दर एक आत्मिक सत्ता है। धर्म की शक्ति।"

मैं धीरे-धीरे होश में आ गई, और उठकर रीना के पास खड़ी हो गई। फिर हम दोनों उस मन्दिर से बाहर आ गईं और उसकी सीढ़ियाँ उतरने लगीं...

आज 30 अप्रैल, 1973 को मैं, हरि और मेरी माँ हैरान हो गए, जब मैंने जनवरी में देखा एक सपना उनको सुनाया।

सपना यह था कि मेरी माँ हर वक्त मेरे विवाह की बातें करती। एक जूट-इंजीनियर के साथ मेरे विवाह की बात पक्की करने लगती है, तो मैं इन्कार कर देती हूँ कि मैंने विवाह नहीं करना। इस वक्त मेरी माँ कहती है—अच्छा, तू मेरे साथ कहीं जाएगी? मैं सोचती हूँ कि किसी संन्यासी-दर्शन के लिए जाना होगा, इसलिए कहती हूँ—अच्छा चलूँगी।

माँ और मैं दोनों स्कूटर में बैठकर कहीं जाती हैं। बड़ा ही लम्बा रास्ता है। फिर एक बड़े-से सफेद मकान के सामने स्कूटर रुक जाता है। माँ और मैं उतरकर देखती हैं कि घर के सामने बहुत सुन्दर घास लगी हुई है। कई जगह फूल भी खिले हुए हैं। माँ उस मकान के बुगनवेलिया

की बेल से ढके बाहर वाले दरवाज़े में से निकलकर सीढ़ियाँ चढ़ने लगती है। उसके पीछे-पीछे जाते हुए मैं सोचती हूँ कि माँ कहीं मुझे दिखाने के लिए किसी के घर तो नहीं ले आई?

माँ उस घर का दरवाज़ा खटखटाती है। एक बुजुर्ग औरत दरवाज़ा खोलती है, और हमें अन्दर ले जाती है। अन्दर एक बरामदा है, जिसकी दाईं तरफ भी एक कमरा है, और बाईं तरफ भी। हम दाईं तरफ वाले कमरे में जाकर, सब बैठ जाते हैं। वहाँ कुछ गद्‌दे लगे हुए हैं, एक तरफ कपड़े सिलने वाली मशीन है, और एक तरफ सिंगार मेज़ पड़ी हुई है।

माँ और वह बुजुर्ग औरत बातें करने लगती हैं। मैं उठकर बाहर आ जाती हूँ। बाहर बाईं तरफ एक दरवाज़ा दिखाई पड़ता है जिसे खोलती हूँ तो ऊपर जाने वाली सीढ़ियाँ दिखाई देती हैं। मैं ऊपर चली जाती हूँ। वहाँ एक कमरा है जहाँ बैठ जाती हूँ। साथ ही एक और बड़ा कमरा दिखाई देता है, जिसे देखकर सोचती हूँ कि यहाँ बहुत अच्छा नाच का रियाज़ किया जा सकता है।

फिर वहाँ बैठी सोचने लगती हूँ कि इतने बड़े घर की जो कोई बहू होगी, उसकी पता नहीं क्या हालत होती होगी! घर कुछ अमीराना भी दिखाई देता है और खायती ढंग का भी।

सारा घर अन्दर-बाहर से सफेद है, पर सारे दरवाज़े और खिड़कियाँ हरे रंग के हैं।

मैं कमरे में से उठकर फिर सीढ़ियाँ उतरकर नीचे आ जाती हूँ, और बाहर का दरवाज़ा खोलकर वहाँ बरामदे में पैर लटकाकर बैठ जाती हूँ।

उस वक्त एक छोटा-सा सफेद कुत्ता मेरे पास आया, और मुझे देखने लगा। मैंने उसकी ओर देखा। वह जैसे मुझसे कह रहा था—"तू क्या सोच रही है? कुछ मत सोच! मैं हमेशा तेरे साथ रहूँगा।"

यही सपना था जो मैंने जनवरी में देखा था, और आज जब 30 अप्रैल को मैंने यह सपना माँ को सुनाया, हरी को भी, तो हरी से पूछा—"आपके पास कोई छोटा-सा सफेद कुत्ता भी है?" हरी ने बताया कि नहीं। पर बाद में हरी की माँ ने बताया कि उनका पालतू कुत्ता कोई नहीं, पर एक सफेद कुत्ता होता था, जो हमेशा उनके घर आ जाया करता था।

सपने वाला मकान ठीक वही था जो जयपुर में हरी का था, और मैंने कभी देखा नहीं था। आज 30 अप्रैल को मेरे माँ-बाप हरी के घर जाकर उसके साथ मेरी सगाई की रस्म अदा करके आए हैं...

1974 में हरी के साथ मेरा विवाह हुआ, 1975 में मैं जयपुर थी, जब अपनी एक सहेली इला का विवाह सपने में देखा। और यह भी कि विवाह के वक्त बड़ा हंगामा हो रहा है। जिसके साथ विवाह हो रहा है, मैंने उसकी सूरत भी देखी, और सारा लड़ाई-झगड़ा भी। उस वक्त इला अमेरिका में थी, और मैं उसके बारे में कुछ नहीं जानती थी—यह बाद में पता चला कि वहाँ अमेरिका में इला ने एक कायस्थ लड़के के साथ विवाह कर लिया था, जबकि वह खुद ब्राह्मण घराने में से थी। और इसलिए विवाह पर बड़ा हंगामा हुआ था।

इला और उसका खाविन्द जब उससे अगले साल हिन्दुस्तान आए, उन्होंने दोस्तों को अपने विवाह की दावत दी। मैं उस दावत में जब शरीक हुई तो देखा कि जिसके साथ इला ने विवाह किया था, मैंने ठीक उसकी सूरत सपने में देखी थी।

1981 की 23 जून वाली रात थी, यानी 23 तारीख की सुबह होने वाली थी, पर अभी रात के साढ़े तीन बजे थे, रोज़ की आदत के मुताबिक़ पाँच बजे के करीब उठना था, इसलिए साढ़े तीन बजे जागकर भी फिर सो गई और एक भयानक सपना देखा—हवाई जहाज़ के क्रैश का।

आँखों के आगे एक बहुत बड़ा पेड़ छा गया, बिलकुल हरा, पर बुरी तरह टूटा हुआ। उसी के साथ हवाई जहाज़ टकराया था, और उसी पेड़ के साथ लिपटा हुआ वह ज़मीन के अन्दर की ओर धँस रहा था। चारों तरफ धूल ही धूल थी, पर इतना दिखाई दे रहा था कि एक आदमी है जिसने सफेद पाजामा और सफेद कुर्ता पहना हुआ है और वह टूटे हुए जहाज के टुकड़ों में फँसा हुआ है...

फिर देखती हूँ—चारों तरफ लोग जमा हो रहे हैं। और मैं सोचती हूँ—यह आदमी कौन है? यह कौन है जो इस हवाई जहाज़ के टुकड़ों में ऐसी हालत में पड़ा है?

सपने में मैंने अपनी हालत इस दृश्य से इतनी तड़पती देखी कि घबराकर भगवान के आगे प्रार्थना करने लगी...

आँख खुली तो सुबह होने वाली थी। पर दिल इतना भरा हुआ था कि मुँह से कुछ न बोला गया। उठकर घर का काम करने लगी। अपने खाविन्द को नाश्ता दिया। वह दफ़्तर चले गए, तो मैं किसी काम से बाज़ार गई, जहाँ से लौटते हुए नौ बजे के करीब का वक्त था, जब पड़ोसिन ने, घर का दरवाज़ा पार करती हुई से कहा—रूमा! गज़ब हो

गया। अभी रेडियो पर ख़बर आई है कि संजय गांधी के हवाई जहाज़ का क्रैश हो गया है...

मेरा दिल ज़ोर से धड़कने लगा। शाम के वक्त मेरे खाविन्द ईवनिंग न्यूज़ लाए, संजय गांधी की मौत की खबर से भरा हुआ, पर उसमें कोई तस्वीर नहीं थी। तस्वीर अगली सुबह के अख़बार में थी, ठीक उसी जगह की, उसी पेड़ की, और ज़मीन में धँसी हुई जहाज़ की उसी नोंक की, जो सब कुछ मैंने सपने में देखा था...

●

मैं—एक क्षण की दर्शक

ख़िलायी शक्तियों का विज्ञान क्या है, यह जानने का मुझे कोई दावा नहीं है। यह सिर्फ़ मेरी कल्पना का जादू था, जो अचानक मेरे इर्द-गिर्द लिपट गया, और लगा—मैं अपने जन्म वाले क्षण की दर्शक हूँ। और मेरे मन की यही हालत एक कागज़ पर एक नज़्म की सूरत इख़्तियार करती गई—

जब सूरज की एक किरन को अचानक एक ख़्याल आया था

मैंने अम्बरी धूल को झटक दिया, और कर्म-धूल को माथे पर लगाया था

मैं—उस क्षण की दर्शक हूँ...

और जब कर्म-धूल का कण, कण का रिश्ता ढूँढ़ने चल दिया

और मांस की एक कोख में जाकर, संकल्प की तरह भर गया

मैं—उस क्षण की दर्शक हूँ...

और जब सूरज की किरण मसलकर, उसने मांस में बो दी

और जब एक नक्षत्र ने हँसकर, उस बीज की व्याख्या की थी

मैं—उस क्षण की दर्शक हूँ...

एक कण का इश्क था, और वही जब हावके की जून में आया

और हावका जब छाती में से निकला, मैंने तिलक की तरह माथे पर लगाया

मैं—उस क्षण की दर्शक हूँ...

फिर पता नहीं कितनी देर मैं हैरान होकर इस नज़्म के अक्षरों की ओर देखती रही, और नज़्म के अक्षर भी हैरान होकर मेरी ओर देखते रहे।

पिछली आधी सदी में मैंने जितनी भी नज़्में लिखी थीं, यह नज़्म उन सारी नज़्मों से अलग होकर मेरे काग़ज़ों में बैठ गई।

अकेली—एक दर्शक की तरह।

इस नज़्म वाला हादसा मेरे साथ 1984 के अगस्त में गुज़रा था।

शायद इसलिए कि वह महीना मेरे जन्म वाला महीना था। और फिर अक्तूबर आ गया, हमारे इतिहास के माथे पर लग गए ज़ख़्म की तरह, जब इन्दिरा जी नहीं रहीं। पर 19 नवम्बर को उनकी ग़ैरहाजिरी में जब टेलीविज़न वालों ने उनका जन्मदिन मनाना चाहा, मुझसे कुछ लफ़्ज़ माँगे तो सहज मेरे मुँह से निकला—"ख़िलायी शक्तियों का अन्तर्संगीत एक वैज्ञानिक सच्चाई है। कौन-सी घड़ी, कौन-सा पल, कौन-से अन्तर्संगीत को धारण करता है और कौन-सी आत्मा, कौन-से क्षण में काया धारण करती है, इसे कुछ समझ सकना ब्रह्मांड को समझ सकना है, आत्मा को समझ सकना है...आज के दिन जब इन्दिरा जी का जन्म हुआ, पता नहीं सूरज की कौन-सी किरन थी, ब्रह्मांड का कौन-सा संगीत, जो उनके मन-मस्तक में अंकित हो गया था..."

जानती थी—ख़िलायी शक्तियों के विज्ञान को जानने का मेरा कोई दावा नहीं, और शायद उसकी बात करने का भी मुझे हक नहीं बनता, पर जो कुछ मुँह से निकलता गया, लगा, वह विज्ञान के पहलू से उसमें कोई ख़ामी हो सकती है, पर इतक़ाद के पहलू से नहीं।

और फिर उसी साल के उसी महीने की 27 तारीख थी, जब मैंने रात को नींद में एक इलाही नाद-सा सुना, और साथ ही एक ग़ैबी आवाज़ सुनी, "तूने ख़िलायी शक्तियों के अन्तर्संगीत की बात की थी, पर वह संगीत सुना नहीं। सुनो! यह वही संगीत है...

और साथ ही किसी ख़िलायी शक्ति ने मेरी आँखों पर एक कर्म किया, और मेरे सामने रोशनी का एक बहुत बड़ा दायरा बन गया, पूरे आसमान पर बना हुआ दायरा, और मैंने देखा—वह दायरा बड़े रोशन ज़र्रों की सूरत में गोल घूम रहा है, और उसी में से एक ख़िलायी नाद उठ रहा है...

मैं मन्त्रमुग्ध होकर वह संगीत सुनती रही।

सामने किसी की सूरत नहीं थी। सिर्फ़ रोशनी का एक अखंट दायरा था। मुझसे दूर नहीं। एकदम सामने। जैसे मैं भी आसमान में उसके सामने खड़ी होऊँ। उसकी दर्शक।

आवाज़ चुप हो जाती है, पर रोशनी का वह दायरा उसी तरह दिखता रहता है। कितनी देर? वक्त मेरी पकड़ में नहीं आता। पर साथ ही अहसास होता है कि संगीत बदल रहा है...

देखती हूँ...दृश्य भी बदल रहा है। रोशन कणों की सूरत में जो दायरा था, वह दायरा कायम रहता है, पर रोशनी के ज़र्रे चिंगारियों जैसे

हो जाते हैं, और उनमें से विस्फोट की आवाज़ें निकलने लगती हैं। ये आवाज़ें भी एक लय में बँधी हुई हैं, एक संगीत में, पर सारा संगीत भयानक सुरों का संगीत हो जाता है...

मैं इस दृश्य से और इस भयानक संगीत से चौंक जाती हूँ—यह क्या हो गया है? कैसे हो गया है?—कि वही अम्बरी आवाज सुनाई देती है, ''यह उस क्षण का संगीत है, जिस क्षण इन्दिरा जी को गोलियाँ मारी गई थीं।''

फिर सामने आसमान नहीं रहता। समुद्र बहता दिखाई देता है जिसके किनारे खड़ी मैं आसमान की तरफ देखती हूँ, और बहुत दूर से आ रहे ख़िलायी संगीत की कुछ आवाज़ कानों में सुनती हूँ। पर आवाज़ इतनी मद्धिम है कि इलाही नाद जैसे संगीत का, और विस्फोट जैसे गरजते संगीत का फ़र्क पहचाना नहीं जाता...

मैं कुछ देर उसी तरह समुद्र के किनारे खड़ी रहती हूँ। वक्त शाम का लगता है, पर दूर पार तक फैला समुद्र इस तरह दिखता है, जैसे एक अँधेरा, जल थल बहता हो...

मैं इलाही नाद जैसी आवाज़ को एक बार फिर सुनने की तमन्ना में आसमान की तरफ देखती हूँ, कान लगाती हूँ, उस नाद का कुछ अहसास-सा भी होता है, पर वह पहले की तरह सुनाई नहीं देता। लगता है—वह कहीं बहुत दूर है...

मैं बढ़ते अँधेरे के साथ समुद्र की ओर से लौटती हूँ। सामने कुछ चढ़ाई दिखती है, जिस पर चढ़ती हूँ और देखती हूँ कि मैं किसी किले की छत पर पहुँच गई हूँ—जिसकी एक ओर, एक जगह पर नीचे को जाती सीढ़ियाँ दिखाई देती हैं। बहुत लम्बी सीढ़ियाँ हैं, पता नहीं कितनी सौ सीढ़ियाँ। मैं छत पर, सीढ़ियों के सिरे के पास खड़े होकर, नीचे सीढ़ियों की ओर देखती हूँ, कि सीढ़ियों के बीच में, आधे से कुछ इस तरफ, इन्दिरा जी खड़ी दिखाई देती हैं। कुछ इस तरह जैसे अभी दाईं तरफ वाले किसी कमरे में से निकलकर सीढ़ियों में आई हों...

मेरे आँसू बहने लगते हैं। मुँह से कुछ बोला नहीं जाता। पर इन्दिरा जी ऊपर सीढ़ियों के सिरे की ओर देखती हैं, और कहती हैं, ''देख! रोना नहीं! तुमने लिखना है। अभी तुमने जो ख़िलायी संगीत सुना था, वह भी लिखना है...'' मैं तड़पकर कुछ कहना चाहती हूँ, पर इन्दिरा जी का वजूद मेरे देखते-देखते वहाँ से अलोप हो जाता है, और सामने खाली सीढ़ियाँ रह जाती हैं। नीचे किसी पाताल की ओर उतरती हुई...

सत्ताइस और अट्ठाइस नवम्बर की रात जब मैं इस सपने से रोम-रोम अचम्भित हुई, जागी, तब रात का डेढ़ बजा था। और इस सपने को अक्षर-अक्षर अपनी डायरी में लिख लेने के सिवाय मेरे पास इसके सच की और कोई तसदीक नहीं थी।

सितम्बर में जब कैलाशपति जी दिल्ली आए थे, 14 सितम्बर की शाम मैं कुछ घबराकर उनको इन्दिरा जी के पास ले गई थी। कैलाशपति जी का कहना था कि उन्हें बहुत निकट भविष्य में इन्दिरा जी के लिए ज़ाती खतरा दिखाई दे रहा है।

उस शाम इन्दिरा जी ने कोई डेढ़ घंटा कैलाशपति जी को दिया था जिस दौरान वक्त का भारतीयकरण कर देने की बात उन्होंने इन्दिरा जी से कही थी। साथ ही यह कि उन्हें एक बार अशोक नगर आना चाहिए, जल्दी, जहाँ उनकी हाज़िरी में ख़िलायी शक्तियों का पूजन होना चाहिए ...अशोक नगर को कैलाशपति जी पूरे देश की नाभि मानते हैं, और इसीलिए उनका तकाज़ा था कि पूजन अशोक नगर में होना चाहिए।

उस रात कैलाशपति जी उदास थे, और ख़तरे की पेशीनगोई करते हुए बार-बार कह रहे थे कि 13 नवम्बर तक कुछ भी हो सकता है। मेरी घबराहट को वो कुछ दिलासा-सी भी दे रहे थे कि इसी महीने वो नवरात्र पूजन करेंगे, और पूरे देश की ख़ैरियत के साथ इन्दिरा जी की ख़ैरियत भी पूजा के वक्त सामने रखेंगे।

इन्दिरा जी ने इस ख़तरे की सम्भावना के सामने बार-बार यही लफ़्ज़ रखे थे, "ख़तरा तो है ही। ज़ाती भी है, पर ख़तरा तो पूरे देश को है..."

और फिर—जब 31 अक्तूबर वाला हादसा हो गया, मेरी उदासी को कोई राह नहीं मिल रही थी। मैंने भरे मन से कैलाशपति जी को ख़त लिखा था, "किसी ईश्वर ने हमारी बात नहीं सुनी। कोई पूजा कुछ नहीं कर सकी..."

कैलाशपति जी ने मेरा उलाहना सह लिया था। पर यह बाद में पता चला कि ठीक 30 अक्तूबर की सन्ध्या के समय उन्होंने एक भयानक दृश्य देखा था। वहाँ संयोग से कुछ ऐसे सियासी नेता उनके पास बैठे हुए थे, जिनसे उन्होंने कहा था, "अभी, इसी वक्त दिल्ली खबर करो! उन्होंने इन्दिरा जी के घर—एक दायरे में गुज़रती हुई मौत को देखा है..." और उन्होंने हाथ से एक गोल दायरे के आधे हिस्से की लकीर-सी बनाते हुए कहा था, "यहाँ—इस जगह से मौत गुज़र रही है..."

यह बात मुझे बाद में पता लगी, इन सियासी नेताओं से, कि उस रात सम्बन्धित जगहों पर वो फ़ोन करते रहे थे, पर किसी जगह उनको फ़ोन का कनेक्शन नहीं मिल सका था, किसी जगह कोई वो नहीं मिल सका था जिसके द्वारा वो खबर दे सकते। और कुछ अवहेलना जैसा उनका यह ख्याल भी रहा था कि इस वक्त रात को अगर ख़बर नहीं दी जा सकती, तो कल सवेरे, दोपहर किसी वक्त दे दी जाएगी। पर वह 'कल' 31 अक्तूबर की सुबह थी, जिसकी फिर कोई दोपहर नहीं थी...

और इसके बाद नवम्बर दिसम्बर के हादसों के बाद, नये साल की तीन तारीख़ थी, जब हेमेन्द्र जी का फ़ोन आया कि कैलाशपति जी दिल्ली आए हुए हैं, पर उन्हें मेरा फ़ोन नहीं मिल रहा। वो दोपहर तीन बजे मेरे पास आएँगे।

पता लगा कि मध्य प्रदेश के कुछ सियासी नेता उनको एक दिन के लिए किसी तरह मनाकर दिल्ली लाए हैं, और जिस वक्त में से उन्होंने, एक घंटे के करीब, मेरे पास ठहरना मान लिया हुआ है। इसलिए वही तीन बजे के करीब उन्हें मेरे पास लाए...

अच्छे ।मित्र दिखते लोग थे, और चाय का घूँट पीने के बाद जब वह जाने के लिए तैयार हुए, तो मेरे मुँह से निकला—"कैलाशपति जी आज की रात आपके पास नहीं ठहरेंगे, मेरे पास ठहरेंगे।" कैलाशपति जी भी हँसकर उनसे कहने लगे, "यह अमृता पिछली बार भी मुझसे कहती थी कि सियासी लोगों की ज़्यादा संगत न किया करो! सो ठीक है, आज की रात मैं यहीं ठहरना चाहूँगा...बहुत बातें करनी हैं..."

सो वह शाम और वह रात, और अगली सुबह मैं कैलाशपति जी के ज्ञान में से कण मात्र हासिल करने के लिए कई सवाल पूछती रही। जिनमें से एक सवाल यह भी था कि मैंने इलाही नाद जैसे जिस संगीत को सुना था, और फिर उसे भयानक आवाज़ों में बदलते देखा था—क्या वह मेरी तापमयी कल्पना है या उस क्षण का कोई यथार्थ है? और वह नज़्म भी सुनाई—जो मैंने अपने जन्म वाले क्षण की दर्शक होकर लिखी थी...

"यह सचमुच दर्शन है—उन क्षणों का" कैलाशपति जी ने मुझे यकीन दिलाया, और कहा, "तुमने यह लिखना है। ख़िलायी संगीत जैसा सुना, और जैसे बदलते हुए देखा..."

मेरे मुँह से निकला—यही बात इन्दिरा जी ने कही थी...

फिर मेरी जिज्ञासा की प्यास थी, कि कैलाशपति जी ने उस क्षण की

व्याख्या की, जिस क्षण को ब्रह्मदर्शन कहा जाता है। मैंने पूछा—क्या उस क्षण को किसी खास वक्त के आधार से भी ढूँढ़ा जा सकता है?

मेरा पूरा ध्यान ख़िलायी शक्तियों ने घेरा हुआ था, शायद इसीलिए यह सवाल मेरे होंठों पर आया।

कैलाशपति जी ने तुलसीदास जी की वो पंक्तियाँ दोहराईं जिनमें राम, सीता और लक्ष्मण को ब्रह्म, माया और जीव के प्रतीक कहा गया है। और साथ ही ख़िलायी शक्तियों के पहलू से तुलसीदास जी की वो पंक्तियाँ भी दोहराईं जिनमें इन त्रिमूर्ति के दर्शन को बुध ग्रह, चन्द्र ग्रह और रोहिणी नक्षत्र का मिलन कहा गया है।

सातों ग्रहों को सात मुसाफिर बताकर वह कहने लगे, "अनादि काल से ये सात मुसाफ़िर पथ पर पड़े हुए हैं। इसी राह के तीन सौ साठ डिग्री वाले घेरे को सत्ताईस नक्षत्रों में बाँटा हुआ है, पथ का लेखा-जोखा रखने के लिए। उन सत्ताईस नक्षत्रों में से जो रोहिणी नक्षत्र है, जब बुध ग्रह उसके ऊपर से गुज़रता है, अगर साथ ही चन्द्र भी उस समय गुज़रे, तो वह क्षण ब्रह्मदर्शन का होता है..."

कमरे में अँधेरा जब गहरा होने लगा तो बत्ती की रोशनी को प्रणाम करके कैलाशपति जी ने अगरबत्ती जलाई। तब मेरा मन उनकी शुद्ध आत्मा के लिए आदर से भर गया, जब मेरे हाथ के सिगरेट की तरफ देखकर उन्होंने कहा, "अगरबत्ती के धुएँ को सिगरेट का धुआँ किसी तरह भी नागवार नहीं। असल बात मन की जिज्ञासा में से उठते धुएँ की है जो कमरे को पवित्र कर रहा है..."

पिछले दिनों में जो भयानक हादसे दिल्ली में हुए थे, और देश के कुछ और शहरों में, उनकी बात करते हुए कैलाशपति जी कहने लगे, "जहाँ भी किसी का कत्ल, खून होता है, वह हिन्दू हो तो भी मैं उसके साथ गरता हूँ, वह सिख हो तो भी मैं उसके साथ मरता हूँ, वह मुसलमान हो तो भी मैं उसके साथ मरता हूँ।" और ख़िलायी शक्तियों के धर्म की बात करते हुए वो कहने लगे—इंसानों के रंग अलग हैं, भाषाएँ अलग हैं, रीति-रिवाज अलग हैं, राजनीति की शैलियाँ अलग हैं, पर ख़िलायी शक्तियाँ एकता की बुनियाद हैं। अम्बरी ग्रहों ने सबको एक रूप में कुबूल किया हुआ है। तुलसीदास ने अम्बरी शक्तियों के जिस क्षण को ब्रह्मदर्शन कहा है, मुहम्मद ने उसी क्षण को नूरे-इलाही कहा है...

मैंने हँसकर पूछा—क्या नूरे-इलाही वाले क्षण में बुध और चन्द्र,

रोहिणी नक्षत्र से गुज़र रहे थे?

कैलाशपति जी मुस्करा दिए, कहने लगे—बैसाख के शुक्ल पक्ष की तीज अखह तीज कहलाती है। चन्द्रमा का जलाल उस रात देखने लायक होता है। वह अक्सर रोहिणी नक्षत्र से गुज़रता है। अगर कभी बुध भी तभी रोहिणी नक्षत्र से गुज़रे तो वह क्षण इलाही नूर का हो जाता है। ब्रह्म-दर्शन का। वही तुलसीदास की चौपाई का अर्थ हो जाता है। मुहम्मद साहब ने भी वही क्षण देखा था, तभी बुध के हरे रंग वाला झंडा अपनी कौम को दिया था, जिस पर तीज के चन्द्र की फाँक है और ऊपर बुध का सितारा...

और कैलाशपति जी क्षण की व्याख्या में लीन से होकर कहने लगे—ग्रहों के इस मिलन का निश्चित बिन्दु एक घटना है, इंसानों के हर सामाजिक, मज़हबी और सियासी मतभेद से ऊँची घटना—सर्वव्यापक...

लगा...माथे में अनेकों सवाल थे, पर वे सारे बुझे हुए अक्षरों जैसे हो गए हैं, और एक सवाल गहरे अक्षरों में हो गया है—मैं उस क्षण की दर्शक कब हूँगी?

•

मेरी 1985 की डायरी में से

आज का तजुर्बा लफ़्ज़ों की पकड़ में नहीं आ रहा। पर अपने बदन के रोम-रोम में उसका अहसास धड़कता सुन रही हूँ...

महाराष्ट्र के लोगों ने फिर एक बार ऐसे प्यार से आवाज़ दी कि मैं लम्बे सफ़र से इंकार नहीं कर सकी...

औरंगाबाद की ऐलोरा गुफ़ा के हुनर से आँखें चुंधियाई हुई थीं कि सोनाई कस्बे में रात गुज़ारते वक्त मुझे बताया गया कि कल 26 जनवरी वाले दिन सुबह के साढ़े आठ बजे मैंने इस इलाके में कौमी झंडे को लहराने की रस्म अदा करनी है...

आज जिस वक्त मैंने झंडा लहराया, होम गार्ड की ओर से सलामी देने की रस्म अदा हो रही थी, उस वक्त आँखों को एक अलौकिक दृश्य दिखाई दिया कि मंच पर मैं नहीं खड़ी थी, इन्दिरा जी खड़ी थीं...और उस सारी रस्म में से मैं नहीं गुज़र रही थी, इन्दिरा जी गुज़र रही थीं...

उसके बाद माइक सामने था, मैं आज के दिन के बारे में बोल रही थी, उनके बारे में भी जिन्होंने आज के दिन देश की स्वतन्त्रता का सपना मन-मस्तक में धारण किया था, और जिनकी कुर्बानियों की वजह से आज का दिन हमारी ज़िन्दगी में आया, और इन्दिरा जी की बातें कर रही थी, जिन्होंने अखंड भारत का सपना आँखों में बसाया हुआ था—कि लगा, लोग जो कुछ इस वक्त मेरे मुँह से सुन रहे हैं, वह इन्दिरा जी की आवाज़ है...

मेरे रोम-रोम में एक थरथराहट उतर गई। मैं देख रही थी कि माइक के सामने मैं नहीं खड़ी थी, इन्दिरा जी खड़ी थीं...

मैं माइक के सामने खड़ी हुई भी एक दर्शक थी...

फिर आँखों में इस तरह पानी भर-भर आया, कि लगा—आवाज़ रुक जाएगी, बोला नहीं जाएगा। पर आवाज़ रुकने की बजाय, आवाज़ में एक

बल आता गया। और फिर एक तीखा अहसास हुआ कि यह बल इन्दिरा जी की आवाज़ का है...

26 जनवरी 85 दोपहर के वक्त

इस सारी यात्रा में अरुण शेवते मुख्य मेज़बान हैं, पर सारा वक्त उनके मित्र रमेश दनयाते भी साथ रहे हैं। वह अहमदनगर कॉलेज में अंग्रेजी के प्रोफेसर हैं। 26 जनवरी की शाम, अहमदनगर वाले समागम के बाद उन्होंने मुझसे कहा कि कल सुबह-सुबह मैं कुछ देर अकेले में मिलना चाहूँगा...

सुबह पूना जाने से पहले, करीब सात बजे वह उस मेहमान घर में आए जहाँ मैं और इमरोज़ ठहरे हुए हैं...

और अभी जब वह मिले, उन्होंने कल के 26 जनवरी वाले कौमी झंडे को लहराने के वक्त की बात करते हुए कहा—"मैं अपना एक अलौकिक अनुभव बताना चाहता हूँ। कल सुबह जिस वक्त आपने झंडा लहराया, होमगार्ड ने सलामी दी, उस वक्त मैंने मंच पर इन्दिरा जी को देखा था। समय का प्रभाव ऐसा था कि मैंने कुछ मिनटों के लिए आँखें मींची हुई थीं, जिस वक्त देखा कि मंच पर इन्दिरा जी सलामी ले रही थीं, और फिर माइक पर इन्दिरा जी बोल रही थीं...

प्रोफेसर रमेश दनयाते का यह अनुभव मेरे रोम-रोम में काँपते अनुभव की एक इतनी बड़ी गवाही था कि मेरी आँखें भर आईं...

इस वक्त तक मैंने अपना कल का अनुभव अभी इमरोज़ को भी नहीं बताया था, बासु दा को भी नहीं, पहली बार रमेश दनयाते को बताया कि मैंने खुद मंच पर बोलते हुए अपनी आवाज़ की जगह इन्दिरा जी की आवाज़ सुनी थी...

अगर यह अनुभव सिर्फ मेरा होता, मैं इसे अपनी कल्पना की कोई अवस्था कह सकती थी, पर ठीक यही अनुभव रमेश दनयाते का हुआ, उनकी आँखों को भी, उनके कानों को भी, अब समझ में नहीं आता कि इस अनुभव को मैं क्या कह सकती हूँ...

27 जनवरी, 1985

कारण 'स्वयं'

श्री रजनीश के शब्दों में "क्षण छोटी घटना नहीं है, क्षण का अर्थ है कि सारा विश्व उस क्षण में कैसा है, कैसी सम्भावनाओं के द्वार खोल रहा है। हम सब सोचते हैं जिस क्षण कोई बच्चा गर्भ में आया, या जिस क्षण वह गर्भ से निकला, उस क्षण जैसी नक्षत्रों की अवस्था होगी, वैसा प्रभाव बच्चे पर सदा के लिए अंकित हो जाएगा। प्रभाव ठीक वही अंकित होता है, पर मेरा चिन्तन बुनियादी तौर पर अलग है--कि क्षण की घटना कोई संजोग नहीं है, बल्कि क्षण का चुनाव बच्चे का अपना चुनाव है। कोख का चुनाव भी वह स्वयं करता है, क्षण का चुनाव भी वह स्वयं करता है..."

श्री रजनीश ज्योतिष-विद्या के बुनियादी गुणों की बात करते हुए, जैन तीर्थंकर श्री महावीर के नज़रिए का एक हवाला देते हैं कि एक बार श्री महावीर और उनका शिष्य गोशालक एक गाँव के पास से गुज़र रहे थे कि पगडंडी के किनारे लगा हुआ एक पौधा देखकर गोशालक ने पूछा—"इस पौधे पर फूल लगेंगे या नहीं? इसका भविष्य क्या है?"

श्री महावीर आँखें बन्द करके कुछ देर उस पौधे के पास खड़े रहे, फिर बोले—"हाँ, इस पौधे पर फूल लगेंगे। यह जिएगा, खिलेगा।"

गोशालक ने उसी समय वह पौधा जड़ से उखाड़ दिया, और परे फेंककर बोला, "अब बताइए!"

श्री महावीर मुस्करा दिए। कहा कुछ नहीं। और वे दोनों रास्ते पर आगे बढ़ गए। शाम को उन्हें जिस गाँव पहुँचना था, पहुँए गए, लेकिन वहाँ सात दिन ठहरना पड़ा, क्योंकि सात दिन मूसलाधार वर्षा होती रही। और जब सात दिन बाद वह वापस लौटे, उसी गाँव के पास से गुज़रे, उसी पगडंडी से जिसके एक किनारे लगा हुआ वह पौधा गोशालक ने उखाडकर फेंक दिया था, तो क्या देखते हैं कि उस पौधे पर लहलहाकर फूल खिले हुए हैं...

गोशालक ने आश्चर्य से पौधे की ओर भी देखा, श्री महावीर की

ओर भी। तब श्री महावीर ने कहा, "उस दिन इस पौधे के पास खड़े होकर अन्तर में ध्यान लगाकर, मैंने इस पौधे की आत्मा देखी थी। आत्मा बलवान थी, ज़िन्दगी की आरज़ू से भरी हुई। इसीलिए कहा था कि यह पौधा जिएगा और खिलेगा।"

मूसलाधार वर्षा ने जड़ से उखड़े पौधे की जड़ें फिर मिट्टी में लपेट दी थीं, जहाँ उस पौधे ने फिर जड़ें पकड़ ली थीं।

तब गोशालक ने पूछा, "आपने पौधे की अन्तरात्मा देखी, लेकिन मैं पास खड़ा था, आपने यह नहीं देखा कि मैं अभी अगले मिनट इसे जड़ से उखाड़ दूँगा?"

श्री महावीर मुस्कराए, फिर बोले, "वह बाहरी घटना थी, जो हो भी सकती थी, नहीं भी हो सकती थी। मैंने वह भी देखी थी, पर पौधे की बलवान आत्मा के आगे उस घटना का कोई महत्त्व नहीं था..."

यह हवाला देकर श्री रजनीश ज्योतिष विद्या के तीन पहलू सामने रखते हैं—आवश्यक, अर्ध-आवश्यक और अनावश्यक।

और इस विद्या के खोजने का बड़ा कारण यह मानते हैं, कि इसे अनावश्यक और अर्ध-आवश्यक बातों के लिए उपयोग किया जाने लगा। किसी का विवाह कब होगा? कोई बीमारी कब ठीक होगी? किसी की नौकरी कब लगेगी? और इन बाहरी घटनाओं को अनावश्यक और अर्ध-आवश्यक पहलुओं से जोड़कर, वह ज्योतिष विद्या को आध्यात्मिक पहलू से जोड़ते हैं, इंसान के मानसिक बल से, 'स्वयं' की पहचान से।

महाराष्ट्र के साधक-चिन्तक श्री काटवे के शब्दों में "बुनियादी तौर पर ज्योतिष शास्त्र और वेदान्त का एक ही रूप है। वेदान्त चिन्तनशील लोगों के लिए है, और ज्योतिष अचिन्तनशील लोगों के लिए..."

श्री काटवे अध्यात्म ज्योतिष के प्रसंग में योगशास्त्र के अनुसार इंसान के शरीर के छह चक्रों को छह ग्रहों से जोड़ते हैं।

कुंडलिनी शक्ति को राहु शक्ति मानकर वह पहले मूलाधार चक्र पर बुध ग्रह का प्रभाव मानते हैं। दूसरे स्वाधिष्ठान चक्र पर शुक्र का। तीसरे मणिपूर चक्र पर सूर्य का। चौथे अनाहत चक्र पर मंगल का। पाँचवें विशुद्ध चक्र पर चन्द्रमा का प्रभाव। और छठे आज्ञा चक्र पर बृहस्पति का।

इन छह चक्रों का भेदन, छह ग्रहों की शक्तियों को अपने में मिलाना है। और योगशास्त्र के अनुसार कुंडलिनी शक्ति को जिस अन्तिम मंज़िल पर पहुँचना होता है, वह सहस्रार चक्र होता है, जिसे योगशास्त्र में

शिव-स्थान कहा जाता है, और जिसे श्री काटवे शनि-स्थान मानते हैं।

शनि को शंकर भी कहा जाता है, और इसीलिए श्री काटवे अध्यात्म ज्योतिष में शनि और राहु को मोक्ष-प्राप्ति के ग्रह कहते हैं।

राहु को उन्होंने कुंडलिनी शक्ति माना है, और राहु-केतु एक ही तार के दो सिरे होते हैं, इसलिए उनके अनुसार मूलाधार चक्र से उठी हुई राहु-शक्ति जब सहस्रार पर पहुँचती है, तो उसी का दूसरा सिरा केतु-शक्ति हो जाता है।

इन आध्यात्मिक शक्तियों के आधार पर ही श्री काटवे ज्योतिष सिद्धान्त की बात करते हुए इन दैवी शक्तियों को दुनियावी रिश्तों से जोड़ते हैं।

पिछले जन्म के कर्मों के अनुसार इस जन्म में कौन से ग्रह किन स्थानों, किन राशियों और किन ग्रहों से सम्बन्धित हो जाते हैं, उसका ज़िक्र करते हुए वह सूर्य का सम्बन्ध पिता से कहते हैं, चन्द्र का माँ से, पत्नी का शुक्र से, पुत्र का बृहस्पति से, गृह-देवता का मंगल से, बाहरी देवता का बुध से, और राहु का वंशानुगति से। शनि का सम्बन्ध वह इंसान के 'स्वयं' से मानते हैं।

कारण पिता—कारण पुत्र

श्री काटवे ने अपनी पुस्तक 'दैव विचार' में सूर्य-शनि के सम्बन्ध का विश्लेषण करते हुए, पिता के मनोविज्ञान की यह खोज की है कि जिस सम्भोग में पिता का मन शामिल नहीं था, सिर्फ़ उपराम नहीं था, बल्कि सम्भोग से बचना चाहता था, लेकिन गृहस्थ को एक कर्त्तव्य की तरह मस्तक पर धारण करके, वह सम्भोग की घड़ी में गुजरा, और उस सम्भोग से जो पुत्र उत्पन्न हुआ, उस पुत्र के जन्म-ग्रहों में सूर्य और शनि दोनों इकट्ठे होंगे...

यह सम्बन्ध दोनों ग्रहों का एक ही स्थान पर इकट्ठे हो जाना भी है, या दोनों में दृष्टि से यह सम्बन्ध पैदा हो जाना भी है, या दोनों का साथ-साथ घरों में बैठ जाना भी। लेकिन इस अन्तर से कि सूर्य अगले घर में होगा और शनि उससे पिछले घर में, जैसे शनि सूर्य का पीछा कर रहा हो...

दोनों ग्रहों के इसी सम्बन्ध को श्री काटवे पिता-पुत्र के पिछले जन्म से जोड़ते हैं, कि पिछले जन्म गें दोनों का रिश्ता ज़रूर एक दुश्मनी का रिश्ता रहा होगा, जिसके कर्म-भोग के लिए दोनों ने इस जन्म में पिता-पुत्र

की सूरत अख़्तियार की है।

और इस कर्म-भोग का फल वह यह लिखते हैं :

1. पुत्र के पैदा होते ही पिता की ज़िन्दगी में संकट उत्पन्न होगा।

2. अगर पिता की ज़िन्दगी भयानक ग़रीबी के संकट से बच जाएगी, तो जब तक पिता जीवित रहेगा, पुत्र को ज़िन्दगी में कोई प्राप्ति नहीं होगी।

3. और अगर पिता-पुत्र दोनों जीवित रहेंगे, ग़रीबी भी भयानक हद तक नहीं होगी, तो दोनों का परस्पर सम्बन्ध दुश्मनी की सूरत अख़्तियार कर लेगा।

कारण माँ—कारण पुत्र

श्री काटवे ने जिस तरह सूर्य-शनि की युति का वर्णन किया है, उसी तरह चन्द्र-शनि की युति का विश्लेषण भी किया है कि ऐसे पुत्र की माँ अवश्य ही सम्भोग से अत्यन्त उपराम और दुखी रही होगी। यह सम्भोग उसे शारीरिक और आत्मिक ज़ुल्म लगता होगा। लेकिन गृहस्थ के बन्धन की मजबूरी के कारण जब वह सम्भोग की स्थिति से गुज़रेगी, तो उस सम्भोग से जन्मे पुत्र के ग्रहों में चन्द्र और शनि ज़रूर एक साथ पड़े हुए होंगे।

चन्द्र-शनि का यह सम्बन्ध दोनों का एक ही स्थान पर इकट्ठे हो जाना भी है, या दृष्टि से उनके बीच यह सम्बन्ध पैदा हो जाना भी है, या दोनों का पास-पास के घरों में बैठ जाना भी। लेकिन इस अन्तर के साथ कि शनि चन्द्र से पिछले स्थान पर बैठा होगा, जैसे वह चन्द्र का पीछा कर रहा हो।

इन दोनों ग्रहों के सम्बन्ध को भी श्री काटवे माँ-पुत्र के पिछले जन्म से जोड़ते हैं कि पिछले जन्म में लेनी-देनी का कोई ऐसा हिस्सा ज़रूर था जिसे पूरा करने के लिए दोनों ने इस जन्म में माँ-पुत्र की सूरत ज़रूर अख़्तियार करनी थी।

और इस कर्मभोग का फल श्री काटवे यह लिखते हैं :

1. बच्चे के जन्म के बाद जल्दी ही, माँ की मृत्यु हो जाएगी।

2. अगर माँ की मृत्यु नहीं होगी तो उसे कोई लम्बी बीमारी लग जाएगी।

3. माँ-पुत्र का सम्बन्ध सुखद नहीं रहेगा।

4. अगर इन बातों में से कोई भी न हो, तो जब तक माँ जीवित

रहेगी, पुत्र का भाग्य नहीं जागेगा। पुत्र को किसी काम में सफलता नहीं मिलेगी। हर काम पर वह इस तरह हाथ डालेगा जैसे मन मरा हुआ हो।

कारण पति–कारण पत्नी

श्री काटवे ने शुक्र-शनि के सम्बन्ध को भी पिछले जन्म के सम्बन्धों से जोड़ते हुए, इस जन्म में पति-पत्नी के सम्बन्ध से जोड़ा है, जिसका फल यह लिखा है :

1. विवाह होते ही पति का नसीब बदनसीबी में बदल जाएगा, रोज़गार बहुत मन्दा हो जाएगा।

2. अगर ऐसा नहीं होगा, तो पत्नी व्यभिचारिणी हो जाएगी।

3. अगर ऐसा नहीं होगा, तो अच्छी पत्नी के होते हुए भी पति दूसरा विवाह करेगा, या व्यभिचारी हो जाएगा।

ज्योतिष शास्त्र को मैं वैज्ञानिक मानती हूँ और मानती हूँ कि मुझे उसका बिलकुल कोई ज्ञान नहीं है। सिर्फ़ जिज्ञासा है, एक तीखी जिज्ञासा, जिसकी नोक कई बार किसी अँधेरे को किसी जगह से अचानक चीर जाती है।

श्री काटवे अगर आज इस दुनिया में होते तो अपनी कलम की नोक पर आए हुए चिन्तन के एक कण को मैं ज़रूर उनके सामने रखती, पर वे नहीं हैं, इसलिए उस कण को कागज़ पर उतार रही हूँ–

हर ज्योतिष ग्रन्थ सूर्य-शनि को पिता-पुत्र मानता है, और साथ ही यह मानता है कि पुत्र अपने पिता का दुश्मन है। पिता-सूर्य, शनि-पुत्र का कुछ नहीं बिगाड़ता, लेकिन शनि-पुत्र अपने पिता-सूर्य के विनाश का कारण बनता है।

यही पुत्र की पिता से दुश्मनी का सिद्धान्त है, जिसके आधार पर हर ग्रन्थ ने, और श्री काटवे ने, सूर्य से शनि के योग को अत्यन्त अशुभ कहा है, और जिसका फल पिता की मृत्यु, ग़रीबी, और एक महान सम्बन्ध का दुश्मनी में बदल जाना है।

मेरी नजर में–पिता-पुत्र की दुश्मनी का मूल कारण इंसान (पुत्र) का अपने परम-आत्मा (पिता) की ओर से विमुख हो जाना माना है।

दूसरे शब्दों में इंसान के छोटे-'स्वयं' का अपने ही महान-'स्वयं' की ओर से इन्कारी हो जाना।

और ज़रूर यही कारण प्रतीत होता है कि जिस ज्योतिष व्याख्या ने

शनि को सूर्य का दुश्मन कहा है, पर सूर्य को शनि का दुश्मन नहीं कहा, उसकी बुनियाद में यही हक़ीक़त है कि इंसान का लघु-'स्वयं' अपने महान-'स्वयं' का दुश्मन होता है, पर उसका महान-स्वयं, उसके लघु-स्वयं का दुश्मन नहीं होता।

हर ग्रह को शुभ या अशुभ माना जाता है। उसी के अनुसार कहना चाहती हूँ कि शनि का अशुभ इंसान का छोटा-स्वयं है, और शनि का शुभ इंसान का महान-स्वयं है।

श्री रामकृष्ण परमहंस के शब्द हैं, "ईश्वरीय ज्ञान को बाँटने वाले, चाहे गेरुआ वस्त्र पहनें या न पहनें, वह सत्पुरुष होते हैं। और वह शनि के अमल में आते हैं।"

स्वामी विवेकानन्द के शब्द हैं, "सच्चे संन्यासी शनि के अमल में आते हैं।"

श्री काटवे के अपने शब्द हैं, "पापी ग्रह शनि मोक्ष की प्राप्ति करवाता है।"

मेरे शब्दों में "इंसान ख़ुद ही पापी ग्रह शनि होता है, और इंसान ख़ुद ही पुण्य ग्रह शनि हो सकता है।"

पिता-पुत्र की दुश्मनी दर्शाने वाली सूर्य-शनि की युति को मैंने 'कारण-पिता और कारण-पुत्र' का नाम दिया है। माँ पुत्र की दुश्मनी दर्शाने वाली चन्द्र-शनि की युति को मैंने 'कारण-माँ और कारण-पुत्र' का नाम दिया है। पति-पत्नी की दुश्मनी दर्शाने वाली शुक्र-शनि की युति को मैंने 'कारण-पति और कारण-पत्नी' का नाम दिया है। और अकेले शनि को मैंने 'कारण-स्वयं' कहा है।

मेरी नज़र में हर शुभ और अशुभ की व्याख्या इस 'कारण-स्वयं' में है, कि इंसान कैसा है, और कैसा हो सकता है...

इसी तरह ज्योतिष के हर ग्रन्थ में सूर्य, शनि और राहु विच्छेदी ग्रह माने गए हैं। यह जिस स्थान पर इकट्ठे हो जाएँ, तीनों, या तीनों में से दो, उस स्थान से इंसान का कुछ तोड़ देते हैं। कहा जाता है कि यह अगर सातवें स्थान पर हों, तो पति-पत्नी के रिश्ते को तोड़ देते हैं। और इसी तरह हर स्थान के गुणों के अनुसार रिश्तों या उनसे सम्बन्धित घर-ज़मीन जैसी चीज़ों से इंसान की अलहदगी करवा देते हैं।

मेरी नज़र में यह तीनों ग्रहों का दुनियावी पहलू है, पर इनका रूहानी

पहलू सूफ़ी शायर बुल्हेशाह के कलाम जैसा है—बुल्हिया रब्ब दा की पावणा, ऐधरों पुट्टणा ते औधार लावणा...

लगता है—यह सब कुछ 'कारण-स्वयं' का बहुमुखी रूप है...

और मेरे शब्दों में 'स्वयं' को अपने छोटे-'स्वयं' से तोड़कर बड़े-स्वयं से जोड़ना होता है। और यही 'कारण-स्वयं' का कर्मयोग है।

●

काटवे चिन्तन

कारण-स्वयं को चिन्तन-शक्ति और रूहानी-शक्ति से जोड़कर कुछ कह सकने का मुझे अधिकार हो सकता है, एक शायराना तख़य्युल की बुनियाद पर, पर इस कारण-स्वयं को ज़िन्दगी की तल्ख हक़ीक़तों से जोड़कर, कुछ भी कह सकने का मुझे अधिकार नहीं है। वह अधिकार ज्योतिष विद्या के किसी ज्ञाता को ही हो सकता है।

इसलिए काटवे-चिन्तन के बारे में प्रसिद्ध ज्योतिषी उर्मिल शर्मा से जो बातचीत हुई, वह यहाँ दर्ज कर रही हूँ :

? : उर्मिल जी! पहली बात तो यह बताइए कि आप शनि को कारण-स्वयं मानने के सिद्धान्त से सहमत हो?

उ. : बिलकुल सहमत हूँ। श्री काटवे के लिए मेरे मन में बहुत आदर है, पर कहना चाहती हूँ कि सूर्य, चन्द्र और शुक्र से युति करने के जो फल बताए हैं, वह बहुत संक्षेप में बताए हैं। उस संक्षिप्ति के विवरण में जाया जा सकता है। उदाहरण के लिए—सूर्य से शनि की युति या दृष्टि का फल उन्होंने पिता की मृत्यु या गरीबी, या तीसरा फल पिता-पुत्र की दुश्मनी कहा है। इस दुश्मनी शब्द का अर्थ बहुमुखी है। इसका अर्थ किसी-न-किसी कारण-पुत्र से जुदाई भी हो सकता है, और पुत्र के कारण मन की पीड़ा भी, या दोनों में ख़्यालों का इतना मतभेद कि पिता अपना ज़माना लागू करना चाहता हो, और पुत्र अपने वक़्त का तक़ाज़ा। इसी तरह—बदनसीबी की व्याख्या भी एक पहलू से नहीं हो सकती। गरीबी शब्द उसकी व्याख्या के लिए काफ़ी नहीं है।

? : यह पीढ़ी-अन्तर शायद पिछले समय में इतना स्पष्ट नहीं हुआ था, जितना अब है। आपकी इस दलील में वज़न है। और इस बात में भी कि संक्षिप्ति के विवरण में जाया जा सकता है। पर श्री काटवे

ने जो इशारा मात्र दिया है, वह बुनियादी तौर पर आपको कैसा लगा?

उ. : बुनियादी तौर पर बिलकुल सही है। मेरे अनुभव में भी। पर यह अन्तर ज़रूर सामने रखना होगा कि युति का असर दृष्टि से अलग होगा, और दृष्टि का असर—दोनों ग्रहों के अलग-अलग स्थानों पर बैठने से अलग होगा।

साथ ही लग्न का शुभ-अशुभ देखना होगा, और कारक का शुभ-अशुभ। और साथ ही यह कि यह युति कौन-से स्थान पर है, और कौन-सी राशि में है, और यह भी कि दोनों ग्रह कौन-सी राशियों से और कौन-से स्थानों से आए हैं।

? : उर्मिल जी! उदाहरण देकर बताइए, एक-एक स्थान गिनवाकर।

उ. : यह युति अगर लग्न में होगी, तो पिता-पुत्र के ख़्यालों में बहुत अन्तर रहेगा। दोनों के स्वभाव और दृष्टिकोण अलग होंगे।

यह युति अगर दूसरे स्थान में होगी तो दोनों का धन-दौलत सम्बन्धी नज़रिया अलग-अलग होगा। पिता का धन पुत्र नहीं भोग सकेगा।

यह युति अगर तीसरे स्थान पर होगी तो उस पुत्र से पिता की मुख़ालफ़त अपने छोटे पुत्रों के कारण होगी। यानी जिसकी पत्री में यह युति है, उसके छोटे भाई-बहनों के कारण, उसका पिता से मतभेद हो जाएगा।

यह युति अगर चौथे स्थान पर होगी तो ज़मीन-जायदाद के कारण पिता- पुत्र का रिश्ता तन जाएगा।

यह अगर पाँचवें स्थान पर होगी तो पिता अपने पुत्र की मुहब्बत में दख़लअन्दाज होगा।

अगर छठे स्थान पर होगी तो क़र्ज़ लेने या चुकाने के सम्बन्ध में पिता-पुत्र की अनबन हो जाएगी।

अगर सातवें स्थान पर यह युति होगी तो पिता-पुत्र की अनबन पुत्र की पत्नी के कारण होगी। यह युति पुत्रवधू के अलग हो जाने का कारण भी हो सकती है, और पुत्र के तलाक का कारण भी बन सकती है।

यह अगर आठवें स्थान पर होगी तो पैतृक धन दोनों के वैमनस्य का कारण बन जाएगा।

अगर नौवें स्थान पर होगी तो धर्म-कर्म के पहलू से दोनों में रंजिश आ जाएगी।

अगर दसवें स्थान पर होगी तो आज के समय के अनुसार व्यापार की समस्या पर पिता-पुत्र की अलहदगी हो जाएगी। इसी सिद्धान्त को प्राचीन काल में देखिए, तो श्री रामचन्द्र और श्री गौतम बुद्ध के उदाहरण सामने हैं। दोनों की जन्मकुंडलियों में यह सूर्य शनि की युति दसवें घर में थी। गौतम ने राज-पाट त्याग दिया था, और श्रीराम को त्यागना पड़ा था। दोनों के पिता इस वियोग को सहन नहीं कर सके थे।

ग्यारहवें स्थान पर पिता-पुत्र की परस्पर अनबन का कारण पिता के बड़े पुत्र होंगे। यानी पुत्र के बड़े भाई। इस जगह पर पिता-पुत्र एक-दूसरे के क़र्ज़े उतारने के भागी भी हो सकते हैं...

और बारहवें घर में सूर्य-शनि की युति हो तो पिता या पुत्र में से कोई भी जलावतन हो सकता है...

? : आपका यह विवरण मानना होगा पर यह विवरण 'दुश्मनी' शब्द की व्याख्या है। काटवे साहब जो पिता की मृत्यु का उल्लेख करते हैं, वह हिसाब-किताब कैसे देखना होगा?

उ. : वह लग्न के शुभ-अशुभ से। अगर लग्न शुभ हो तो दोनों में से किसी की मृत्यु नहीं होगी। पर जैसे मैंने पहले कहा था कि लग्न का शुभ-अशुभ देखना ज़रूरी है, पर सिर्फ़ वही नहीं, साथ ही यह भी कि दोनों ग्रह किन स्थानों से आए हैं, और कौन-सी राशियों से। वह विवरण पूर्ण फल की स्पष्टता कर सकता है। और साथ ही यह भी कि दसवाँ घर पिता का होता है। सूर्य-शनि की युति कहीं भी हो, पिता वाले भाव का शुभ-अशुभ भी देखना होगा।

? : और इसी तरह चन्द्र-शनि की युति का फल देखने के लिए माँ वाले घर का, यानी चौथे घर का शुभ-अशुभ देखना होगा?

उ. : बिलकुल देखना होगा। और शुक्र-शनि की युति वाले मामले में पत्नी वाले सातवें घर को देखना होगा कि वहाँ राहु मंगल जैसे ग्रह तो नहीं पड़े हुए हैं! इस शुक्र-शनि की युति, दृष्टि, या साथ के घरों में दोनों की बैठक का फल श्री काटवे पति के रोज़गार की तबाही कहते हैं। और कहते हैं कि अगर रोज़गार की तबाही न हो, तो पत्नी व्यभिचारिणी होगी। अगर वह नेक हो तो पति व्यभिचारी होगा।

मेरे ख़्याल में यह 'व्यभिचारी' शब्द कई अर्थों में हो सकता है।

? : यानी यह लफ़्ज़ उन्होंने इकहरे अर्थों में वरता है, पर यह इकहरे अर्थों में नहीं होता।

उ. : इसका सम्बन्ध नशेबाज़ी या जुएबाज़ी से भी हो सकता है, और पति-पत्नी की अलग-अलग मानसिक प्रवृत्ति से भी।

? : यानी दोनों की अलहदगी का कारण मनोवैज्ञानिक भी हो सकता है, या दोनों का इल्मी और तहज़ीबी फ़र्क भी...

उ. : यह जो आपने कहा है, अगर यह फ़र्क देखना हो कि दोनों में से किसका मानसिक स्तर ऊँचा है और किसका नीचा, तो यह बहुत स्पष्ट देखा जा सकता है। जिस राशि में दोनों ग्रहों की युति है, उस राशि में जिसका ग्रह स्व-राशि का है या उच्च राशि का, उसका मानसिक स्तर ऊँचा होगा। दूसरे का नीचा।

उदाहरण के तौर पर—शुक्र-शनि अगर कन्या राशि में हैं, तो शुक्र उस राशि में नीच का हो जाएगा, जिसका मतलब होगा कि पत्नी नीचे मानसिक स्तर की है।

लेकिन यह दोनों ग्रह अगर मीन राशि में होंगे, तो उसमें शुक्र उच्च का हो जाएगा। इसका मतलब होगा कि पति-पत्नी में से पत्नी ऊँचे मानसिक स्तर की है।

? : पर ये दोनों ग्रह अगर तुला राशि में हों, तो उसमें शनि उच्च का हो जाएगा, शुक्र अपनी राशि का हो जाएगा। यानी दोनों अपनी-अपनी जगह पर मानसिक स्तर के होंगे। उस हालत में दोनों का सन्तुलन एक जैसा होगा...

उ. : मेरे ख़्याल में—तब एक बात अन्तर डाल देगी कि पति का ग्रह उच्च का होने के कारण उसका नज़रिया गर्व से भरा हुआ होगा...

? : और पत्नी का ग्रह स्व-राशि का होने के कारण उस गर्व को मानने से इनकारी होगा। दूसरे लफ़्ज़ों में यह दोनों की शख़्सियतों का टकराव होगा।

उ. : और इस टकराव में कौन घर को त्यागेगा, अगर त्यागने तक की नौबत आ जाए, तो उस हालत में यह देखना होगा कि वह राशि, स्त्री-राशि है या पुरुष-राशि। अगर पति-पत्नी के झगड़े में एक के लिए घर छोड़ने की हालत आ जाए, तो, स्त्री-राशि होने की सूरत में स्त्री घर छोड़ेगी, और पुरुष-राशि होने की सूरत में पुरुष घर छोड़ेगा।

? : उर्मिल जी! पति-पत्नी के मामले में, या माँ-बेटे के मामले में तो राशि का स्त्री-राशि या पुरुष राशि का होना यह विवरण दिखा सकता है, पर पिता-पुत्र के मामले में राशि कैसे बोलेगी? दोनों मर्द हैं, इसलिए राशि चाहे स्त्री-राशि हो या पुरुष-राशि, वह दोनों पर एक जैसी लागू होगी...

उ. : उस हालत में यह देखना होगा कि वह राशि पिता के लिए बलवान है या पुत्र के लिए। उदाहरण के लिए—दोनों ग्रह सूर्य और शनि अगर मेष राशि में हों, तो उस राशि में सूर्य बली होता है, उच्च का, और शनि उस राशि में कमज़ोर होता है, नीच का। इसलिए पिता का हाथ ऊँचा रहेगा, पुत्र का नीचा।

? : सिंह राशि सूर्य की अपनी होती है, सो वहाँ भी पिता का सिर ऊँचा रहेगा। लेकिन तुला राशि में शनि उच्च का होता है...

उ. : तुला में उच्च का होता है, मकर और कुम्भ में स्व-राशि का। इसलिए इन राशियों में अगर दोनों ग्रह इकट्ठे हों, तो पुत्र का पलड़ा भारी होगा...

? : उर्मिल! यह रिश्ते कदीमी रिश्ते हैं—पिता-पुत्र का, और माँ-पुत्र का। यह लहू-मांस के तार पता नहीं क्यों उलझ जाते हैं। और पति-पत्नी का रिश्ता फूलों की आब का रिश्ता होता है...

उ. : यहाँ आकर ही तो पिछले जन्मों के कर्म-भोग को मानना पड़ता है। कोई लेन-देन के हिसाब पूरा करने के लिए इस जन्म में किसी का पिता या पुत्र बनता है, पति या पत्नी बनता है, मित्र या दुश्मन बनता है...

? : श्री काटवे ने एक सिद्धान्त पिछले जन्म के दर्शन में से कुछ पता-ठिकाना खोज सकने का लिखा है। किसी दिन उसकी बात करेंगे।

उ. : है तो क़याफ़ा ही सिर्फ़ अनुमान, पर सच भी हो सकता है। वह दलील भी मन लगती है, सो उसकी बात भी करेंगे।

राहु-केतु–दो मोमबत्तियाँ

'आर्यभट्ट' पुरस्कार के विजेता श्री मानकचन्द जैन की किताब 'राहु-केतु' अपने विषय की पहली किताब मानी जाती है, जो यह सिद्धान्त पेश करती है कि इंसान अपने पिछले जन्म के कौन-कौन से मार्गों से होकर इस जन्म तक पहुँचा है, और इस जन्म की कौन-कौन-सी राहों से होता हुआ अगले जन्म तक पहुँचेगा।

जो सामने है वह सिर्फ़ यह जन्म है–उजाले में पड़ा हुआ। पर यह तीन कालों में से एक काल है–वर्तमान, बाकी इसके दोनों हिस्से भूत काल और भविष्य अन्धकार में हैं। जिनके बारे में श्री मानकचन्द जैन का सिद्धान्त है कि दो छाया ग्रह, राहु और केतु ऐसी दो मोमबत्तियाँ हैं, जो दोनों अँधेरों में जलती हैं, और उनका पता-ठिकाना देती हैं।

केतु को वह पिछले जन्म के कर्मों का संकेत मानते हैं, और राहु को इस जन्म में उन कर्मों के बाँटने का संकेत। और इसी प्रकार यह सिलसिला चलता रहेगा–इस जन्म के कर्मों का संकेत, अगले जन्म में केतु देगा, और उनका बँटवारा राहु करेगा।

यह केतु इंसान की जिस राशि में पड़ा हो, उस राशि के स्वामी ग्रह को श्री मानकचन्द जैन 'कार्मिक कंट्रोल प्लैनेट' मानते हैं और राहु वाली राशि के स्वामी ग्रह को 'कार्मिक डिस्ट्रीब्यूशन कंट्रोल' कहते हैं।

यह दो तरह के कार्मिक कंट्रोल प्लैनेट्स, यानी कार्मिक ग्रह, अपनी जिस दृष्टि से जिन ग्रहों को देख रहे हों, उस दृष्टि का भी वह बहुत महत्त्व मानते हैं। और वह मानते हैं कि इस रोशनी में किसी की जन्म-पत्री को पढ़ना रूहानी अध्ययन है।

और इस रोशनी में उनकी अगली खोज यह है कि अगर किसी की जन्म-पत्री में यह दोनों कार्मिक ग्रह इकट्ठे पड़े हुए हों, तो वह एक ऐसा योग है, जो इंसान की महानता का प्रतीक है।

योगायोग के बारे में भारतीय चिन्तन में अनेकों किताबें हैं, पर कार्मिक ग्रहों का योग सिर्फ़ श्री मानकचन्द जैन की खोज है। और उसके बारे में उनके शब्द हैं, ''यह योग इंसान की महानता का प्रतीक है। और अगर किसी तरह यह योग दूषित हो गया हो, तो महानता का इशारा फिर भी रहेगा, पर उस इशारे में एक और इशारा मिल जाएगा कि इंसान की अपनी महानता ही इंसान की तबाही का कारण बन जाएगी।''

इसके अतिरिक्त उन्होंने दूषित कार्मिक ग्रहों का सम्बन्ध–हत्या, आत्मघात, या किसी भी तरह की अप्राकृतिक मृत्यु से जोड़ा है।

मानकचन्द जी अब इस दुनिया में नहीं हैं, इसलिए उनके एक अन्तरंग मित्र श्री पी.पी. वर्मा से, मानकचन्द जी की खोज के बारे में जितनी कुछ बातचीत हो सकी, वह यहाँ दर्ज कर रही हूँ। श्री वर्मा खुद भी एक माने हुए ज्योतिषी हैं।

श्री वर्मा से मानकचन्द जी की खोज के बारे में बात करने से पहले, उनके अपने इल्म के बारे में जो बात हुई, वह इस तरह है–

? : वर्मा जी! आज आप माने हुए ज्योतिषी हैं, 1980 में 27 से 31 दिसम्बर तक जो दिल्ली में ज्योतिषियों की इंटरनेशनल कान्फ्रेंस हुई थी, आप उसके जनरल सेक्रेटरी थे। आपके इस इश्क़ की इब्तदा किस तरह हुई थी?

व : मैं पंजाब के खरड़ गाँव में पैदा हुआ। वहाँ दो ही स्कूल थे एक खालसा स्कूल, जहाँ सिर्फ सिक्ख बच्चे पढ़ते थे, और दूसरा क्रिस्चीयन स्कूल था, जहाँ ग़ैर-सिक्ख बच्चे पढ़ते थे। मुझ पर एक तो आर्यसमाज का असर था, दूसरा क्रिस्चीयन स्कूल का, इसलिए इस इल्म में मेरी कोई दिलचस्पी नहीं थी।

लेकिन जब मैं अम्बाला के एक आर्या स्कूल में पढ़ाने लगा, तब 1957 में चंडीगढ़ में रहते, इस इल्म के ज्ञाता बी.के. मुकर्जी से मुलाक़ात हो गई...

उन दिनों चंडीगढ़ का सिर्फ बाईस सैक्टर बना हुआ था। कलकत्ता के श्री मुकर्जी वहाँ रहने लगे थे। और उस समय उनकी उज़रत पच्चीस रुपए होती थी। लेकिन उनके पास कमाल का इल्म था, वह पन्द्रह मिनट किसी की दोनों हथेलियों को चुपचाप देखते रहते, फिर उसकी जन्म-तारीख़ तक बता देते थे...

? : लेकिन वर्मा जी! हस्त-रेखा का किसी को कितना भी ज्ञान क्यों न

हो, जन्म-तारीख़ नहीं बताई जा सकती। हालाँकि हाथों की लकीरों से पूरी जन्म-पत्री बना लेने का कई लोग दावा करते हैं...

व : मानता हूँ...ज्योतिष विद्या से नहीं बताई जा सकती, पर सिद्धियों से बताई जा सकती है। मेरे इश्क़ की इब्तदा मुकर्जी साहब की मुलाक़ात से हुई। उनकी अलौकिक पेशीनगोइयाँ सामने थीं। कुछ एक की गवाही तो आज भी सरकारी काग़ज़ात में है।

मैं बता रहा था कि उन दिनों भी, जब लोग किसी भी ज्योतिषी को उसका मेहनताना एक रुपया, या ज़्यादा-से-ज़्यादा पाँच रुपए देते थे, मुकर्जी पच्चीस रुपए लेते थे। थाने का एक इंस्पेक्टर था, जो उनके पास कुछ पूछने के लिए आ गया, पर उसने पैसे देने से इन्कार कर दिया। मुकर्जी ने कुछ बताने से इन्कार कर दिया, तो वह इंस्पेक्टर मन में खुन्दक खा गया।

एक रात, जब मुकर्जी किसी अकेली वीरान जगह पर घूम रहे थे, तो इंस्पेक्टर ने वही गुस्सा निकालने के लिए दफा 151 और 107 में उन्हें पकड़ लिया। आवारागर्दी के जुर्म में।

रात-भर वह थाने में रहे, और सुबह होते ही मैजिस्ट्रैट के सामने पेश किए गए। उस मैजिस्ट्रेट के रीडर का नाम तिलकराज था। वह मेरा क्लास फैलो था। उसी ने मुझे ख़बर की, और मैं अम्बाले से चंडीगढ़ गया था...

वहाँ मैजिस्ट्रेट के सामने वह हाज़िर हुए, तो मुकर्जी कहने लगे, "मैजिस्ट्रेट जी! मेरा फैसला बाद में करना, पहले अपने घर जाइए, और अपनी बेटी का फ़ैसला कीजिए! वह घर छोड़कर अपने किसी मित्र के साथ कहीं चली गई है..."

मैजिस्ट्रेट को गुस्सा आ गया, तो तिलकराज ने कहा—"सरकार! इस आदमी को आजमाने में क्या हर्ज है! यह कचहरी से भाग तो सकता नहीं। आप इसका कहा मान लें।"

उस वक्त मैजिस्ट्रेट अपने घर गया, जहाँ उसकी बेटी का लिखा हुआ ख़त मिला कि वह घर छोड़कर जा रही है...

मैजिस्ट्रेट उन्हीं पैरों वापिस आ गया, और उसने मुकर्जी के चरण पकड़ लिए। बेटी की तलाश के लिए उसने कोई रास्ता पूछा, तो मुकर्जी उसके साथ गाड़ी में बैठ गए। कहा—दिल्ली की तरफ चलो!

और सोनीपत पहुँचकर मैजिस्ट्रेट को अपनी फ़रार हुई बेटी मिल गई...

यह घटना मैंने आँखों देखी थी। मुकर्जी की उम्र तब क़रीब पैंसठ साल रही होगी। उसके बाद मैं कई बार मुकर्जी को अपने साथ अम्बाला ले जाता था, और कई बार अपने गाँव खरड़ में... तब उन्होंने पेशीनगोई की थी कि रोज़ी-रोटी के लिए तो मैं अध्यापन का कार्य करूँगा, लेकिन जो नाम पैदा करूँगा वह ज्योतिष के इल्म से करूँगा...

उन्होंने ही कहा था...कि मेरी अम्बाला वाली नौकरी 1961 तक रहेगी, 4 जनवरी, 1962 को मैं दिल्ली चला जाऊँगा। और ठीक वही तारीख थी, जब मुझे दिल्ली में नौकरी मिल गई...

? : आपने उनसे पन्द्रह मिनट हाथ देखकर जन्म-तारीख़ बताने वाला इल्म पाया?

व : वह वापिस कलकत्ता चले गए थे। उन्होंने कितनी बार कहा कि मैं कलकत्ता आ जाऊँ, वह मुझे तिब्बत की सीमा पर ले जाएँगे, जहाँ सिद्ध-मठ है। वह इल्म सिर्फ सिद्ध-मठ पर जाकर ही साधना से हासिल हो सकता है...लेकिन मेरी बदनसीबी कि मैंने ऐसा मौक़ा खो दिया। अब मुखर्जी नहीं रहे, जो मुझ पर इस तरह मेहरबान थे। उसके अलावा मैंने जो विद्या उनसे ली थी, वह मेरी प्राप्ति है...

? : उस प्राप्ति की कोई बात करेंगे?

व : इसी साल के अप्रैल की बात है, मैं, क़रीब-क़रीब सो रहा था, जिस समय रात को किसी ने दरवाज़ा खटखटाया। मैंने इस बेआरामी के लिए, उस आने वाले को कुछ तलख लफ़्ज़ों में कहा कि यह कौन-सा वक़्त है आने का? वह आदमी नाईजीरिया से आया था, बहुत परेशान था, और सीधा एयरपोर्ट से मेरे घर का पता पूछता आ गया था...

ख़ैर, मैंने उसे बिठाया। उसने अपनी परेशानी बताई कि नाईजीरिया से अपने देश में पैसा भेजने की इजाजत नहीं है, इसलिए उसने किसी दोस्त पर ऐतबार किया, और उसके हाथ दो करोड़ रुपया भेज दिया जो आज तक उसे मिला नहीं। उसकी हालत बिलकुल बर्बाद हो चुके आदमी जैसी थी। उस वक़्त मेरा इल्म काम आया। मैंने कहा—उस दोस्त की तस्वीर और उसका

पता मुझे भेज दो, तो मैं सब कुछ बता सकता हूँ। वह दोनों चीजें उसके पास थीं। मैंने देखी, और कहा कि आधी रक़म आपको 13 जुलाई को मिल जाएगी। और बाकी अक्तूबर के आख़िर में।

अब उसका ख़त आया है कि उसे ठीक उन्हीं तारीखों में पैसा वापिस मिल गया है। साथ ही उसने मेरे लिए टिकट भेजा है कि मैं नाईजीरिया ज़रूर आऊँ। मैं शायद इसी महीने कुछ दिनों के लिए जाऊँगा...

? : किसी की जन्म-कुंडली से इतना कुछ बताया जा सकता है?

व : जन्म-कुंडली से नहीं, प्रश्न-कुंडली से बताया जा सकता है...

? : दशा, महादशा, अन्तर्दशा, प्रतीअन्तरदशा से भी बताया जा सकता है?

व : नहीं। पर गोचर फल से बताया जा सकता है...

? : इंटरनेशनल कान्फ्रेंस की सारी शोहरत श्रीमाली को जाती है...आप उन्हें नज़दीक से जानते होंगे...

व : मैं समझ गया, आप क्या पूछना चाहती हैं। पिछले दिनों अख़बारों में आपने श्रीमाली पर इन्कमटैक्स वालों की रेड का वाक़या पढ़ा होगा...

बात यह है कि कई कर्म ऐसे होते हैं, जिनका फल भुगतना ही होता है। इस विद्या से किसी का कबर की ओर जाता रास्ता नहीं बदला जा सकता। सिर्फ इस रास्ते को कुछ आसान ज़रूर किया जा सकता है...

श्रीमाली के पास तन्त्र-विद्या है। मैंने उस विद्या के कई चमत्कार आँखों से देखे हैं। कान्फ्रेंस के वक़्त किसी राजसी नेता की ज़रूरत थी और उस मक़सद के लिए संसद की एक मेम्बर औरत इसका बन्दोबस्त कर रही थी कि उसे हार्ट अटैक हो गया...उस वक्त श्रीमाली ने, हमारे सामने, ख़ाली हाथों को आसमान की ओर उठाया, और एक गिलास उनके हाथों में आ गया। उस गिलास में दवाइयों का कोई रस भरा हुआ था। वही उस संसद की उस मेम्बर औरत को पिलाया, जिससे वह मिन्टों में तन्दुरुस्त हो गई। यह तन्त्र-विद्या थी, जिससे श्रीमाली ने सिद्ध-मठ से अपना सम्बन्ध जोड़ लिया था, और वह रस वहीं से मँगवाया था...

? : सिद्ध-मठ से सम्बन्ध जोड़ने वाली शक्ति के बारे में मैंने श्री

विशुद्धानन्द जी की जीवनी पढ़ी हुई है। एक ऐसी शक्ति पा सकने वाले श्रीमाली...

व : श्रीमाली को दौलत जमा करने का ऐसा ख़बत सवार हुआ, कि उनकी साधना का फल शक्तिहीन होने लगा था—अब वह फिर सब कुछ छोड़कर साधना कर रहे हैं...

वह इतनी बेपरवाही करने लगे थे कि जिन कामों के लिए वह रुपया वसूल कर लेते थे, फिर उन कामों की तरफ़ ध्यान ही नहीं देते थे। मैंने खुद उन्हें चार कामों की सौंपता की थी, वह समस्याएँ मेरे ज्योतिष के दायरे से बाहर थीं। एक तो दिल्ली के एक बहुत बड़े कारख़ानेदार के घर की थी, जिसका नाम आपको बता देता हूँ, पर लिखता नहीं। वह 85 साल की उम्र का था, जब उसे एक जापानी लड़की से लगाव हो गया। उसकी बीबी मानसिक तौर पर बहुत परेशान थी, जिसके लिए कोई तान्त्रिक उपाय ही किया जा सकता था। उसके लिए श्रीमाली ने साठ हज़ार रुपया लिया था। पर उपाय नहीं किया था। वह रुपया बाद में उन्होंने लौटा दिया था। पर मैं उनकी बेपरवाही की बात कर रहा हूँ...इस तरह बाकी तीन कामों के लिए भी—दो के लिए ग्यारह-ग्यारह हज़ार, और एक के लिए सात हज़ार लिया था, पर किया कुछ नहीं। वह रुपए भी बाद में उन्होंने वापिस दे दिए थे...यही उनकी अलगरज़ियाँ थीं...

? : ख़ैर, श्रीमाली का ज़िक्र यूँ ही बातों में आ गया, पर हमें उनके बारे में कुछ भी कहने का अधिकार नहीं है। इल्म तो उनके पास है, अगर स्वभाव की कुछ अलगरज़ियाँ हैं तो उनके बारे में वहीं कुछ कहने का अधिकार रखते हैं...

व : आपने मुनासिब बात कही है...

? : वर्मा साहब! आप मानकचन्द जी की राहु-केतु के बारे में की गई खोज को कितनी अहमियत देते हैं?

व : 1984 को 20 मार्च थी, जब वह इस दुनिया में नहीं रहे। अगर वह तीन-चार बरस भी और इस दुनिया को दे जाते, तो इसी खोज को और रोशनी मिल जाती। पर जितनी मिली है, वह एक नई बुनियाद बनी है—राहु-केतु को समझने के लिए...

? : यानी इंसान की कर्म-धूल को समझने के लिए?

व : बहुत ठीक कहा आपने। पिछले जन्मों की कर्म-धूल जैसी भी होती

है, वह केतु के बदन से लिपटी हुई होती है। उसी के विश्लेषण से उस धूल के कणों को पहचाना जा सकता है...

आपने उनकी किताब में, उनके अपने शब्दों में यह ज़रूर पढ़ा होगा कि उनके जन्म पर उनकी माँ ऐसी बीमार हो गई थीं कि उनके लालन-पालन के लिए उन्हें किसी और के हाथों में दे दिया गया था—एक लम्बे अर्से के लिए। और जब अबोध बालक को कठिनाइयाँ झेलकर पाल-पोसकर माँ-बाप के हवाले किया गया था तो माँ-बाप ने अपने बच्चों को स्वीकार करने से इन्कार कर दिया था...

? : जी हाँ, इतना ज़िक्र तो पढ़ा था कि माँ-बाप को यह शुबहा हो गया था कि उनका बच्चा हस्पताल में बदल दिया गया था...

व : यह शुबहा भी कर्म-धूल के कारण ही था, जो माँ की ममता को भी भुगतना था, और बच्चे की आत्मा को भी...पर एक बात जो उन्होंने कहीं नहीं लिखी, मैं यह भी जानता हूँ, कि उनके पिता की मृत्यु के बाद, जब माँ अपनी मृत्यु के किनारे पर थी, तो उसके दूसरे पुत्रों ने उसकी सेवा करने से मुँह मोड़ लिया था। तब तक श्री मानकचन्द जैन, बड़ी कष्ट-भरी ज़िन्दगी से गुज़रकर आर्थिक रूप से खुशहाल हो चुके थे। तब वह माँ को अपने पास ले आए थे—उसकी सेवा करने के लिए। उस समय माँ ने देखा कि उसके इस त्यागे हुए बच्चे के गले में ठीक वैसी ही मस्सों की एक माला बनी हुई है, जैसी जन्म से स्वयं उसके अपने गले में थी...

यह प्रकृति का ऐसा चमत्कार था, मुँह बोलता, कि माँ की बरसों निष्क्रिय पड़ी हुई ममता जैसे जागकर चीख़ पड़ी। उसने तड़पकर कहा—मेरे बेटे! मुझसे पाप हुआ कि मैंने तेरे पैदा होते ही तुझे अपने से अलग करके फेंक दिया...

? : तब मानकचन्द जी की क्या प्रतिक्रिया थी?

व : यही कि पिछले जन्म का हिसाब इसी तरह चुकना था। उसमें माँ का चेतन अपराध नहीं था। उसकी चेतना, उसकी ममता, उसका दूध—सब कुछ अचेत मन का बन्दी था, पिछले जन्मों की धूल में लिपटा हुआ। लेकिन उन्हें एक गहरी तसल्ली हो गई कि वह सारा हिसाब इस जन्म में खत्म हो गया। दुखों के वर्षों ने वह हिसाब चुका दिया। और इसी जन्म में माँ ने उन्हें गले लगाकर पिछले जन्म का कर्म उन्हें क्षमा कर दिया।

इसके अलावा एक और घटना थी जो उन्होंने कहीं नहीं लिखी, कि उनके अपने घर जो पहला पुत्र हुआ था वह एक पागल बच्चा था, जिसकी सेवा उन्हें ही करनी पड़ी। लेकिन उसी पुत्र का अस्तित्त्व था कि मानकचन्द जी को अपने रोज़गार में इतनी सफलता मिली कि दिल्ली की एक कालोनी में उन्होंने एक कोठी बनवा ली थी, कार भी रख ली! वह ट्रांजिस्टर बनाने का काम करते थे। शिक्षा के पहलू से नहीं, पर मानसिक तौर पर जैसे वह इलैक्ट्रिकल इंजीनियर थे। वही पागल बच्चा 1973 में दिवाली के दिन अचानक मर गया। और ठीक एक सप्ताह के बाद मानकचन्द जी की आर्थिक बर्बादी के सामान शुरू हो गए। यह सिलसिला इस तरह चला कि पहले कार बेचनी पड़ी, फिर कोठी। उस ग़रीबी में उनकी पत्नी भी छोटे बच्चों को लेकर अपने माँ-बाप के घर चली गई...वह एक लम्बे अर्से के लिए फिर भरी दुनिया में अकेले रह गए थे...

? : इस हादसे का कारण उन्होंने अपने केतु के कौन से कणों में पाया था?

व : उनका कहना था कि वह पागल बच्चा उनके पिछले जन्म का गुरु था। और वह स्वयं एक भ्रष्ट योगी थे। उनके अपने हाथों उनका योग भ्रष्ट हुआ था, इसलिए इस ज़िन्दगी में वह जिन बातों से वंचित रहे, वह उन्हें वंचित रहना ही था। ख़ास करके औरत की मुहब्बत से वंचित रहना, उनका कर्म-भोग था। औरत ममता की सूरत में भी नहीं मिल सकी, मुहब्बत की सूरत में भी नहीं। पिछले जन्म के गुरु ने पागल बच्चे की सूरत में उनके घर जन्म लेकर कई वर्षों की खुशहाली उनको एक आशीर्वाद की तरह देनी थी, दे दी।

उनकी पूरी ज़िन्दगी उतार-चढ़ाव का एक अजीब हवाला है। इसी हवाले को, और अन्य कई हवालों को सामने रखकर उन्होंने राहु-केतु की ऐसी खोज की, जो आज तक नहीं हुई थी।

? : कार्मिक ग्रहों से वह संचित कर्मों का और उनके भुगतान का विवरण क्या बताते हैं?

व : मैं उनकी अपनी जन्म-पत्री का हवाला देकर बताता हूँ कि उनकी जन्म-कुंडली में राहु दसवें घर में है, और केतु चौथे घर में। राशियों की ओर से केतु मेष राषि में है, और राहु तुला राशि में।

? : इस हिसाब से उनके कार्मिक ग्रह हो गए—मंगल और शुक्र...

व : जी हाँ। अब देखना यह है कि जो केतु पिछले जन्म की कर्म-धूल

में लिपटा हुआ है, उसका राशि की ओर से और स्थान की ओर से कैसा स्वभाव है। मेष राशि अग्नि राशि है, और चौथा स्थान जल स्थान है। सो, यह ग्रह आग-पानी को चीरकर आया है। जिसका अर्थ है—पिछले जन्म में जज़बाती होकर उन्होंने ज़रूर अपनी शक्ति का कोई दुरुपयोग किया होगा। पानी जज़बातीपन का चिह्न है, पर अगर उसके साथ संयम और बुद्धिमानी न मिले हुए हों, तो जज़बाती पहलू असन्तुलित हो जाता है। अग्नि बल की प्रतीक है, शक्ति की, रोष की—अगर दूषित हो तो खून-खराबे की...

? : और राहु तुला राशि में है। तुला राशि पवन राशि है...

व : सो, राहु में राशि की ओर से पवन का गुण आएगा, और स्थान की ओर से धरती का। दसवाँ स्थान धरती-स्थान होता है। इसका मतलब है कि जो गुण पिछले जन्म से आए, उनमें इस जन्म के गुण मिलाने हैं। उनमें एक तालमेल पैदा करना है। पिछले जन्म से शक्ति मिली, जज़बाती अमीरी मिली, पर अब उसमें बौद्धिकता और यथार्थ मिलाना है। पवन बौद्धिकता का चिह्न है, और धरती यथार्थ का।

? : एक जगह पर वह लिखते हैं कि राहु जिस भी घर में बैठा हो, और उससे पाँचवें स्थान पर जो घर हो, और फिर उससे आगे पाँचवें स्थान पर जो घर हो, वह तीनों घर बहुत महत्त्व रखते हैं। आपके कहने के अनुसार मानकचन्द जी का राहु दसवें घर में था। उसके आगे पाँचवाँ स्थान देखिए तो वह कुंडली का दूसरा घर बनेगा। और उसके आगे पाँचवाँ स्थान, छठा घर होगा। सो यह दसवाँ, दूसरा और छठा घर किन अर्थों में अहमियत रखते हैं?

व : दूसरा घर आर्थिकता का होता है, और छठा संघर्ष का। दसवाँ मान-सम्मान का होता है। इन तीनों घरों के अनुसार ज़िन्दगी में किसी मान-सम्मान की प्राप्ति के लिए, और आर्थिक खुशहाली के लिए, सख़्त जद्दोजहद करनी पड़ेगी, यह राहु का बहुत स्पष्ट संकेत है।

दसवें घर का राहु, अपने काम में किसी-न-किसी सूरत में—समाज या राज-सरकार की ओर से मिलने वाले सम्मान का सूचक है, लेकिन उसका कर्म क्योंकि दूसरे और छठे घर से जुड़ा हुआ है, इसलिए उस सम्मान के वास्ते, और आर्थिक उन्नति के वास्ते, इंसान बहुत संघर्ष से जुड़ा हुआ है। मानकचन्द जी की जिन्दगी—दोनों पहलुओं से हमेशा संघर्ष से जुड़ी रही। उन्हें दोनों प्राप्तियाँ हुईं,

लेकिन सख़्त मेहनत के बाद।

? : और माँ की ममता से वंचित रह जाने का इशारा?

व : चौथे घर का केतु। चौथा घर सुख-स्थान होता है। इससे घर-बार, ज़मीन-जायदाद का सम्बन्ध भी होता है, और सबसे ज़्यादा माँ के सुख का। और उसी के साथ जब केतु का सम्बन्ध हो जाता है, समझो, पिछले जन्म के कर्मों का सम्बन्ध हो जाता है...

? : इंसान के लिए यह चौथा घर माँ के रिश्ते का होता है, और कहते हैं कि सियासतदान के लिए यही चौथा घर जनता का होता है...

व : हाँ, सियासतदान के लिए यह घर जनता का होता है...

? : मेरा ख़याल है—मानकचन्द जी की खोज के अनुसार हर सियासतदान की जन्मकुंडली में यह जरूर देखना चाहिए कि उसके चौथे घर में केतु तो नहीं है, जो उसे जनता के प्यार से वंचित कर देगा? और साथ ही वह किस राशि में है? कैसी विशेषताओं और कमियों का संकेत? और उस राशि का स्वामी, यानी कार्मिक ग्रह, कहाँ बैठकर क्या कर रहा है?

व : मानकचन्द जी की जिस खोज के अनुसार अपने राहु-केतु को दो मोमबत्तियाँ कहा है, उनकी रोशनी से इन्कार नहीं हो सकता। यह जानकारी, यह रोशनी उन मोमबत्तियों का गुण है...

? : पर जिस बत्ती की लौ रोशनी कर सकती है, वह कभी आग भी लगा सकती है...

व : इसी आग से बचने के लिए इस खोज को समझना है कि इस जन्म के किन यत्नों से पिछले जन्म के शरीर पर से कर्म-धूल झाड़ी जा सकती है। यह चौथे घर का केतु अगर माँ के सुख से वंचित करता है, तो बिलकुल इसके बामुकाबिल बैठा हुआ राहु किसी के व्यवसाय या कला की सफलता बनने का संकेत करता है।

? : यानी इंसान की जो जज़बाती अमीरी चौथे घर में राहत नहीं पा सकी, उसे एक शक्ति बनाकर, इंसान अपनी कला में लगा सकता है...

व : ठीक इसी बात को मानकचन्द जी ने उन्नति कहा है, जो इंसान को इस जन्म में राहु स्थान पर करनी होती है। एक बात और सामने रखने वाली है कि राहु में बृहस्पति और शुक्र का मिला-जुला प्रभाव होता है, और केतु में मंगल और शनि का। केतु जहाँ बैठा है, जिस घर में, वहाँ ताक़त की तमन्ना करता है...

? : ज़रूर करता होगा, नहीं तो उसके बिना पिछले जन्मों के कर्मों का तक़ाज़ा नहीं हो सकता।...

व : ज़रूर यही होगा। इसके लिए मानकचन्द जी ने यह विश्लेषण किया है कि मंगल क्योंकि शक्ति का प्रतीक है, और शनि—समय की एक विशेष लम्बाई का, इसलिए समय का नियमन करके, शक्ति का उपयोग करना होता है...

? : और राहु सब कुछ को देने-बाँटने वाला है, सो उसके बृहस्पति और शुक्र के गुणों के अनुसार—उसे बड़े सब्र से, संयम से, मुहब्बत से, और गम्भीरता से चलना चाहिए...

व : ठीक यही बात, सारे विश्लेषण में से ग्रहण करने वाली होती है, ताकि केतु जब पिछले शुभ कर्मों का फल दे, तो इंसान की सोच अभिमानी न हो जाए। और जब वह अशुभ कर्मों का फल दे तो इंसान की सोच इतनी बेचारी-सी न हो जाए कि वह उपरामता में उतर जाए। यह दोनों तरह के समय नक्षत्रों की गर्दिश से आते और जाते रहेंगे। कौन-सा समय कैसे शुभ या अशुभ फल का होगा, यह ग्रहों की दशा और अन्तर्दशा से देखा जा सकता है। और उससे हासिल किए हुए नतीजे को गोचर फल से मिलाकर उसकी पुष्टि की जा सकती है। गोचर फल को चन्द्र-कुंडली से नहीं, जन्म-कुंडली से मिलाकर देखना चाहिए कि बारह घरों की यात्रा करने वाले ग्रह—जन्म-स्थिति वाले ग्रहों के अनुसार—इस समय कौन-से स्थान पर है। यात्रा करते हुए ग्रह जब-जब राहु-केतु से सम्बन्ध जोड़ते हैं, तो उनका फल पिछले जन्म के कर्मों से सम्बन्धित हो जाता है। ●

लाल किताब

इंसान के जिज्ञासु मन ने जब अम्बर की विशालता में दिखाई देने वाले ग्रहों, नक्षत्रों और तारों का अध्ययन शुरू किया, तब ज्योतिष विज्ञान का आरम्भ हुआ। कहा जाता है कि ऋषियों ने योग-अभ्यास द्वारा सूक्ष्म चेतना से शरीर के अन्दर सौर-मंडल का दर्शन किया और उसकी पहचान अम्बरी सौर-मंडल से की।

डॉ. शुकदेव दुबे की खोज के अनुसार ऋग्वेद और शतपथ ब्राह्मण आदि ग्रन्थों के अध्ययन से पता चलता है कि आज से कम-से-कम अट्ठाईस हजार साल पहले, भारतीयों ने इस विज्ञान की जानकारी प्राप्त कर ली थी। इसका प्रामाणिक इतिहास चाहे पाँच सौ ईस्वी के बाद मिलता है, पर उसकी बुनियाद दीर्घकाल से बन चुकी थी, यह निश्चित है।

काश्यप संहिता में ज्योतिष शास्त्र के ज्ञाता अट्ठारह महर्षियों का उल्लेख मिलता है—सूर्य, पितामह, व्यास, वसिष्ठ, अत्रि, पाराशर, कश्यप, नारद, गर्ग, मरीचि, मनु, अंगिरा, लोमश, पौलिश, च्यवन, यवन, भृगु और शौनक। और पाराशर संहिता में पुलत्स्य नाम के एक प्राचीन ऋषि का नाम भी मिलता है। इन सब ऋषियों की शिष्य परम्परा के द्वारा ज्योतिष विद्या का ज्ञान आगे बढ़ता गया।

पूर्व-मध्यकाल विशेष रूप से वर्णन योग्य है। इस समय विज्ञान की उन्नति शिखर पर थी। फलित ज्योतिष इसी काल की देन है। इस काल के आरम्भ में ज्योतिष का अर्थ—सिद्धान्त, होरा और संहिता था, पर इस काल के मध्य में यह पंचमुखी हो गया—होरा, गणित, संहिता, प्रश्न और शगुन। होरा शास्त्र का दूसरा नाम जातक शास्त्र है, जिसमें जन्म-समय के ग्रहों की स्थिति के अनुसार फल बताया जाता है। गणित या सिद्धान्त शास्त्र के अनुसार ग्रह-गणित, संहिता के अनुसार जिन्दगी से सम्बन्धित लौकिक विषय, प्रश्न शास्त्र के अनुसार अक्षरों से फल बताना और शगुन

(निमित्त) शास्त्र के अनुसार हर काम के आरम्भ में शुभ का ज्ञान प्राप्त करना है।

पाँचवीं ईस्वी सदी से पहले की कोई प्रामाणिक रचना नहीं मिलती। सिर्फ यह पता लगता है कि इस विज्ञान को मान्यता मिल चुकी थी। 'पाराशर संहिता' में जिक्र आता है कि यह ज्योतिष विद्या शिष्य परम्परा द्वारा आगे चलती रही। सूर्य से मायारुन, ब्रह्मा से नारद, व्यास से वैशम्पायन, वशिष्ठ से वामदेव, पाराशर से मैत्रेय ऋषि ने यह विद्या धारण की और परम्परा को आगे चलाया।

वेदों से यह जानकारी मिलती है कि वैदिक काल में रचे गए कुछ ग्रन्थ थे, जिनमें सबसे प्राचीन ग्रन्थ लगध की रचना थी—ज्योतिष वेदांग। उसके दो रूप मिलते हैं—ऋग्वेद ज्योतिष और यजुर्वेद ज्योतिष।

लगध को ज्योतिष विद्या का सबसे पहला ज्ञाता माना जाता है। यज्ञ में वेदियाँ बनाने की कला का ज्ञाता द्वैपायन को माना जाता है। 325-302 ईसा पूर्व के भद्रबाहु को आदि विद्वानों में शामिल किया जाता है।

सम्राट अशोक के काल में ब्राह्मी लिपि में एक से नौ तक के अंकों का उपयोग होने लगा था पर अंकों की बड़ी गिनती के लिए वह तरीका कुछ उलझा हुआ था जिसकी शोध भारत में सबसे पहले मेघातिथि ने की।

गुप्तकाल में ज्योतिष शास्त्र के कई विद्वान् हुए जिनमें आर्यभट्ट का नाम सबसे प्रसिद्ध है।

प्रोफेसर मैकडानल की खोज के अनुसार गणित के अंकों की ईजाद भारत में हुई थी।

एक वैज्ञानिक, विद्वान् कवि और ज्योतिषी के तौर पर जो नाम आज तक बड़े आदर से लिया जाता है वह वराहमिहिर आचार्य का है। गुरु शब्द रत्नाकार महान् कोष में वराहमिहिर का जन्म 505 ईस्वी का और देहान्त सन् 587 ईस्वी का लिखा हुआ है लेकिन डॉक्टर दुबे इससे सहमत नहीं हैं। वह लिखते हैं कि वराहमिहिर के गणित ज्योतिष के ग्रन्थ 'पंच सिद्धान्तिका' के आरम्भ का काल 505 ईस्वी दिया हुआ है और जाहिर है कि इस ग्रन्थ की रचना के समय उनका यौवन-काल रहा होगा।

मिहिर का अर्थ सूर्य है। वराह के आत्मज्ञान पर सूर्य मेहरबान था इसलिए उज्जैन राज्य के निवासी वराह के नाम के साथ सूर्य का नाम भी जुड़ गया और वराह का ऐतिहासिक नाम वराहमिहिर हो गया।

भारत में ज्योतिष विज्ञान के महा-विद्वान् हुए हैं। एक संस्कृत ग्रन्थ

'जातकभरणम्' का हिन्दी अनुवाद (संस्कृत श्लोकों सहित) करते समय, वाराणसी के ज्योतिषाचार्य श्री सीताराम झा लिखते हैं, "वेद के छह अंगों में से ज्योतिष शास्त्र नेत्र होने के कारण सबसे श्रेष्ठ माना जाता है।"

खिलायी शक्तियों की पहचान इन्सानी चिन्तन की बड़ी प्राप्ति है और समय आया जब यह चिन्तन शाही छत्रछाया के नीचे परवरिश पाने लगा। इसीलिए इसका इस्तेमाल सिर्फ शाही घरानों तक महदूद रखा जाता था। सिर्फ पूरब में नहीं, एनसाइक्लोपीडिया ब्रिटेनिका के अनुसार इसे हर देश का 'शाही हुनर' कहा जाता था।

जैसे हर सत्ता, अपने गलत उपयोग से दागी हो जाती है, ज्योतिष विज्ञान भी अपनी व्यापारी रुचियों के कारण कई बार दागी हुआ।

इन्सानी जिन्दगी हमेशा ही खुशनसीबियों और बदनसीबियों का मुजस्सिमा होती है इसलिए इस विज्ञान के सामने लोगों की फिक्रमन्दी ने हमेशा एक मौका बनाए रखा कि इसका बहुत नादान इस्तेमाल ही हो सके। यही इस विज्ञान का नादान और व्यापारी इस्तेमाल, इस विज्ञान का दुःखान्त है और इसी दुःखान्त में यह पहलू भी शामिल है कि यह बड़ी हद तक इन्सान की ज़ेहनी गुलामी का कारण भी बना।

जिस तरह हर मज़हब की कट्टरता इन्सान की ज़ेहनी गुलामी का कारण बनी है पर हर मज़हब के माथे पर लगे हुए खून के दाग़ धर्म की आत्मा को नहीं छू सकते, उसी तरह कई वहमों में इन्सान को मुबतिला करनेवाले इस ज्योतिष विज्ञान के इल्मी पहलू को नहीं नकारा जा सकता।

आज के खोज-शास्त्रों में एक 'लाल किताब' नाम की 1180 पृष्ठ की उर्दू में लिखी किताब का नाम बड़े अदब से लिया जाता है। इस किताब में पंडित रूपचन्द जी के अध्ययन को कलमबन्द किया गया है। आज पंडित जी इस दुनिया में नहीं हैं इसलिए उन्हें निकट से जानने वाले श्री पी.पी. वर्मा से इस किताब के बारे में बातें करके मैं जितना कुछ जान सकी हूँ, उतना यहाँ दर्ज कर रही हूँ।

मछली ढूँढ़े अंबर का पानी

? : वर्मा साहिब! दुनिया में दो ही 'लाल किताबें' मशहूर हैं, एक माओ जे तुंग की, और दूसरी ज्योतिष शास्त्र की, जिसके आप बड़े मद्दाह है। इस किताब के लेखक पंडित रूपचन्द जोशी को आप उनके जीवन-काल में मिल सके थे इसलिए आप शायद जानते होंगे कि

इस किताब के नाम का क्या रहस्य है?

o : ब्रिटेन में जिसे कानून की प्रामाणिक किताब माना गया है, उसका नाम लाल किताब है। माओ जे तुंग ने भी अपनी विचार-धारा को प्रामाणिकता का अर्थ देने के लिए यह नाम चुना था और ज्योतिष शास्त्र को भी यही अर्थ देने के वास्ते पंडित रूपचन्द ने यह नाम अख्तियार किया।

इस किताब के नाम का लाल रंग, मंगल ग्रह के प्रतिनिधि के अर्थों में नहीं है। पंडितजी ने जब एक किताब के लिए एक रंग का नाम चुन लिया तो अगली किताबों के नामों के लिए और रंगों के नाम चुने थे। उन्होंने दो किताबें और लिखी थी—नीली किताब और काली किताब, पर वह कभी छपीं नहीं इसलिए उनके नाम कोई नहीं जानता।

उन किताबों को छपवाने के लिए मैंने एक बार उन्हें दिल्ली आने के वास्ते कहा था और साथ ही यह भी कि दिल्ली में हम लोग आपसे एक किताब और लिखवाएँगे, जिसका नाम सफेद किताब रखेंगे। सफेद रंग में सारे रंग समाए हुए होते हैं।

पंडितजी नहीं रहे इसलिए सफेद किताब कभी नहीं लिखी जा सकेगी। नीली और काली किताब की हस्तलिखित प्रति उनके बेटे के अधिकार में है, जिसके बारे में कुछ नहीं कह सकता कि वह किताबें कब छपेंगी।

? : प्राचीन इतिहास में—पद्म, महापद्म, शंख, मकर, कच्छप, मुकन्द, कुन्द, नील और वरच नौ निधियाँ मानी गई हैं और इसी तरह अणिमा, महिमा, गरिमा, वगैरह बारह सिद्धियाँ। पर जिस लाल किताब को आप अलौकिक किताब मानते हैं उसमें नौ ग्रह नौ निधियाँ कहे गए हैं और बारह राशियाँ बारह सिद्धियाँ। क्या यह उपमा अलंकार है या ज्ञान ग्रहों और राशियों का सचमुच नौ निधियों और बारह सिद्धियों से कोई गहरा सम्बन्ध है।

o : यह सिर्फ उपमा अलंकार है...

बारह राशियों के नाम हमारे प्राचीन ग्रन्थों में नहीं मिलते। ऋग्वेद में सिर्फ नक्षत्रों का जिक्र आता है, राशियों का नहीं। उनके नाम, बाद में मिस्र के प्रभाव से आए लगते हैं...अभी तो हमारे ग्रह भी सात हैं। राहु-केतु सिर्फ छाया ग्रह हैं। पश्चिम में अब तीन ग्रह और खोज लिए हैं—हरशल, नैपचून और प्लूटो। इनके समेत दस

हो गए। पश्चिम के एक आध्यात्मिक ज्योतिषी की भविष्यवाणी है कि इस बीसवीं सदी के आखिर तक दो ग्रह और मिलेंगे और फिर वक्त को तक्सीम करके जैसे उसे बारह हिस्सों में बाँटा गया है, कुंडली के बारह खानों में, उसके लिए यह भी पूरे बारह हो जाएँगे।

? : लाल किताब में हर कांड को फरमान कहा गया है। क्या इसके पीछे कोई रहस्य है? कहा जाता है कि इस किताब का लेखक किसी से पैसा नहीं कबूल करता था—यहाँ तक कि अपनी किताब की उसने कोई कीमत नहीं रखी थी, सिर्फ अधिकारी को देता था। मेरी समझ में फरमान लफ्ज़ अपने चिन्तन के लिए नहीं इस्तेमाल कर सकता था। यह लफ्ज़ ज़रूर उसने किसी ऊँची शक्ति के लिए इस्तेमाल किया होगा...आप क्या सोचते हैं?

o : मैं तसदीक कर सकता हूँ कि यह किताब पंडितजी से किसी अगम्य शक्ति ने लिखवाई थी। वह अर्ध चेतना की अवस्था में बोलते जाते थे और उनके भाई का बेटा गिरधारी लाल शर्मा लिखता जाता था। अगम्य शक्ति ने सर्प का रूप धारण करके उनके भाई से जो कुछ फरमाया, यह उसी फरमान को बोलते गए...उन्होंने खुद उस शक्ति का इकबाल किया था....

? : सर्प मिथहासिक शक्ति का नाम भी हो सकता है और इल्म के जाग्रत रूप का भी। योग-साधना में जिस्म की कुंडलिनी को गुच्छा होकर सोए हुए साँप का रूप कहा गया है, जिसे जगाने के लिए योग-साधना की जाती है। जुंग ने इसको सामूहिक ज्ञान कहा है—कलैक्टिव नालिज। पंडितजी के मामले में सर्प के फरमान, उसके अपने भीतर से जागे हुए इल्म के फरमान हो सकते हैं...

o : ज़रूर हो सकते हैं—इस जन्म में किसी इल्म का इतना इज़हार तभी हो सकता है, अगर उसमें पूर्व-जन्मों की साधना भी शामिल हो।—वही जुंग के लफ्ज़ों में 'कलैक्टिव नालिज' है।

? : लाल किताब की ज़बान बढ़िया उर्दू है, पर कई जगहों पर ठेठ पंजाबी मुहावरे हैं—जैसे चन्द्र मुश्तरका हों तो, "बकरी दूध देगी लेकिन मींगने टाल कर।" बृहस्पति खाना नम्बर सात में हो तो "लोग गए बैसाखी, लाला जी रह गए घर की राखी" या "ब्राह्मणों की चोटी मेंह माँगती।" खाना नम्बर ग्यारह का चन्द्र "न बूढ़ी मरे, न खटिया टूटे", खाना नम्बर दो का मंगल, दूसरों को

पाले तो बरकत, नहीं तो "एक दूनी दूनी।" ऐसे मुहावरे पंडितजी के अपने पंजाबी स्वभाव के अनुसार इस्तेमाल किए गए लगते हैं। अगर यह किताब किसी दैवी शक्ति ने लिखवाई होती, तो ऐसे मुहावरों की गुंजाइश नहीं हो सकती थी। आपका क्या ख्याल है?

○ : पंडितजी बड़े हँसमुख स्वभाव के थे। ऐसे मुहावरे वह रोज़ाना बोलचाल में अक्सर इस्तेमाल करते थे। हो सकता है—अर्ध चेतना की अवस्था में लिखवाई हुई पांडुलिपि का उन्होंने जब चेतन अवस्था में संशोधन किया हो, तो ऐसे मुहावरे उसमें शामिल कर दिए हों...

? : एक जगह ज़िक्र आता है कि बुध, दोनों जहानों के मालिक बृहस्पति की आवाज़ की नकल पैंतीस हरफों वाली रंग-बिरंगी मैना को सुना रहा है। यह पैंतीस अक्षर सिर्फ पंजाबी लिपि के हैं और किसी लिपि के नहीं। इससे भी प्रतीत होता है कि यह किताब पंडित रूपचन्द जी ने अपने चिन्तन में से लिखी है। किसी दैवी शक्ति ने सिर्फ पंजाबी लिपि के अक्षरों की गिनती नहीं करनी थी।

○ : मुँह की जीभ, अपने उच्चारण के लिए, मुँह के जिन-जिन स्थानों को छूती है, संस्कृत में वह ज़गहें पैंतीस कही गई हैं इसलिए हिन्दी ज़बान के ग्यारह स्वर हैं और पैंतीस व्यंजन। इसके अलावा बुध को कुमार कहा जाता है और बृहस्पति को बूढ़ा ग्रह। दोनों की औसत पैंतीस निकलती है।

? : हर फरमान में कुंडली के अध्ययन के साथ, हस्त-रेखा का अध्ययन भी दिया गया है। जैसे बारह राशियों को इन्सान के हाथ की चार उंगलियों के बारह पोरों में कहा गया है। यहाँ तक कि हाथ की लकीरों से पूरी कुंडली के बनाने का अध्ययन मिलता है पर उससे भी बड़ी बात यह है कि रूठे हुए ग्रहों को मनाने के जितने उपाय इस किताब में दिए गए हैं और किसी किताब में नहीं मिलते। आप यह बताइए कि आज पश्चिमी देशों में परा शक्तियों के बारे में जो साईंटिफिक खोज हो रही है, उसके मुताबिक ऐसे उपायों का तर्क मिल सकेगा? यह जो मंगल बद के असर को हटाने के लिए बन्दरों को चने और गुड़ खिलाने जैसे उपाय हैं?

○ : वैज्ञानिक खोज के अनुसार, हर बात को दो दूनी चार के तर्क से खोजना होता है और वह तर्क सिर्फ प्रकृति पर लागू हो सकता है।.

..हमारे फलसफे में प्रकृति एक तत्त्व है, दूसरे दो तत्त्व आत्मा और परमात्मा हैं जिन्हें सत् चित् और आनन्द कहा गया है।

वैज्ञानिक खोज ने आत्मा का वज़न मालूम करना चाहा था जिसके लिए मौत से पहले आदमी के वज़न में और मौत के बाद उसके वजन में फर्क देखा गया तो सिर्फ एक ग्राम का फर्क मिला।

पर आत्मा एक ग्राम वज़न वाली चीज नहीं है। पश्चिम की फिलासफी प्रकृति की बुनियाद पर है, उसके द्वारा सिर्फ प्रकृति की खोज हो सकती है। उसके पास रेडियो-ऐक्टिव किरणों को पकड़ने के साधन हैं, पर टेलीपैथिक किरणों को पकड़ने के साधन नहीं हो सकते।

परा शक्तियाँ साईटिफिक खोज की पकड़ में नहीं आ सकतीं। आत्मा की खोज सिर्फ आत्मा की शक्ति से हो सकती है। इसके लिए तन्त्र-विज्ञान चाहिए या श्री अरविन्द जैसा साधक।

? : लाल किताब के आलिम फाजिल का कलमी अन्दाज़, दुनिया के ज्योतिष-शास्त्र से बिल्कुल निराला है। जैसे वह—खाना नम्बर 10 में दो शत्रु ग्रहों या नीचे ग्रहों के आने से पूरे टेबे को "अन्धे ग्रहों" का टेवा कहते हैं और घर में सूर्य और सातवें शनि के होने के कारण, टेवे को रतौंधी हो गई कहते हैं। आपकी आज़माइश में टेवों की यह तशरीह कहाँ तक पूरी उतरती है?

o : सौ फीसदी पूरी उतरती है...

? : राहु-केतु हर शास्त्र में एक-दूसरे से सातवें स्थान पर रहते हैं। पर लाल किताब की वर्ष कुंडलियों में यह नियम नहीं चलता। वह कहीं भी हो सकते हैं, बराबर-बराबर घरों में भी और साथ-साथ एक ही घर में भी। जैसे इस किताब का लेखक कहता है राहु परशुराम है, पर जिसके पास परशु (कुल्हाड़ा) नहीं है। केतु परशु (कुल्हाड़ा) है पर उसके पास उसे चलाने वाला हाथ नहीं है और दोनों की जमा, पूरा परशुराम बनती है। आप इस विलक्षणता की तशरीह कैसे करेंगे?

o : इसका कोई जवाब नहीं है पर पंडितजी की विधि के अनुसार बनाई हुई वर्ष कुंडली ठीक निकलती है।

? : लाल किताब के अनुसार कुंडली के सिर्फ पहले सात घरों के ग्रह अगले घरों के ग्रहों को देख सकते हैं पर अगले घरों के ग्रह पहले

घरों के ग्रहों को नहीं देख सकते। सिर्फ आठवाँ घर इस नियम से स्वतन्त्र कहा गया है, वह भी इसलिए कि वह उलटी दृष्टि से देखता है, सो वह पीछे के दूसरे घरों के ग्रहों को देख सकता है, वह भी इस शर्त से कि उसमें सूर्य, बृहस्पति या चन्द्रमा न हो। अगर हो, तो वह भी नहीं देख सकता। यह खोज आपके अध्ययन में कहाँ तक सही साबित हुई है?

○ : बहुत ठीक साबित हुई है पर यह खोज पंडितजी की नहीं है। हमारे प्राचीन ग्रन्थ सारावली में भी इसी नियम का जिक्र है। मेरे सामने भी जो कुंडलियाँ मेरे पढ़ने के लिए आती है, मैं इसी नियम को बरतता हूँ...

? : लाल किताब के कई वर्णन किस्से-कहानियों जैसे हैं। जैसे—ग्यारहवें खाने के लिए सब ग्रहों ने कोशिश की पर कोई कुछ न कर सका। आखिर शनि ने अपने सिर से बदनामी उतारने के लिए खुद ही कुम्भ (पानी का घड़ा) भरा, और शगुन के तौर पर ग्यारहों घरों में रख आया...'' ऐसा वर्णन आपने किसी और ज्योतिष ग्रन्थ में देखा है?

○ : नहीं। मैंने दक्षिण भारत के कम से कम सात ग्रन्थ ऐसे देखे हैं, जो अभी तक प्रकाशन में नहीं आए। प्रकाशन में आ चुके ग्रन्थों का अध्ययन तो किया ही है। बात यह है कि पंडित रूपचन्द जी ने इस ज्ञान को बाँटना चाहा था, और ग्रन्थों के लेखकों की तरह इसे गूढ़ ज्ञान नहीं बनाया। उनके घर का दरवाजा साधारण से साधारण आदमी के लिए खुला रहता था। इसलिए वह इस ज्ञान की बात साधारण से साधारण जबान में करते थे, लोगों की अपनी रोजमर्रा वाली जबान में...

? : लाल किताब के अनुसार किसी कुंडली में राशि का नम्बर नहीं लिखा जाता और कुंडली के बारह खाने, ग्रहों के पक्के घर मान लिए गए हैं, जैसे पहला घर हमेशा सूर्य का ही रहेगा, दूसरा बृहस्पति का, तीसरा मंगल का, चौथा चन्द्रमा का...यह बात और किसी ग्रन्थ में नहीं मिलती। इस खोज का आधार आप क्या समझते हैं?

? : इस खोज का आधार ग्रहों को नैचुरल—सिग्निफिकेंट मानता है। यह पंडितजी की खोज नहीं थी, प्राचीन चिन्तकों की खोज थी। बी.वी. रमन ने भी इसे माना है।

? : वर्मा जी! इस लाल किताब में एक जगह दसवें घर के बृहस्पति के बारे में कहा गया है "उधार लिया बाप, जो सिर्फ जन्म देने का वसीला बने"—इसी बात को हमारे प्राचीन इतिहास में 'वीर्यदान' कहा गया है पर 'रजदान' के बारे में यानी 'उधार ली गई माँ' के बारे में किसी ग्रन्थ में कोई जिक्र नहीं आता। अब जब पश्चिमी देशों में बच्चे को धारण करने वाली औरत किराए पर ली जाने लगी है, उसके बारे में कौन से ग्रह की या राशि नक्षत्र की खोज की गई है?

○ : ज्योतिष के क्षेत्र में आपका यह सवाल बिलकुल नया सवाल है। इसे आज तक किसी ने सामने रखकर इसका जवाब नहीं खोजा। मुझे एक-दो महीने की मोहलत दे दीजिए, मैं इसका जवाब खोजूँगा। पैसे लेकर, बच्चा धारण करनेवाली व्यापारी औरत का यह कारोबार, सिर्फ, अमेरीका कैनेडा में शुरू हुआ है, हमारे देश में नहीं है। वहाँ से इस कारोबार वाली औरतों के जन्म की तारीखें मँगवाकर कई कुंडलियाँ तैयार करनी पड़ेंगी—इस खोज के लिए। लेकिन यह खोज जरूर होनी चाहिए। आज इस जवाब का उधार कर लीजिए...

? : पंडित रूपचन्द जी शायरी भी करते थे। उन्होंने हर फरमान के शुरू में ग्रहों की व्याख्या नज्म में भी लिखी है। कहीं-कहीं शायराना अन्दाज भी मिलता है—जैसे, "मछली ढूँढ़े अंबर का पानी"—पर यह बताइए कि क्या हम सभी जिज्ञासु सही मायनों में मछलियाँ नहीं हैं, जो अपने-अपने सरोवरों-समुद्रों में रहकर अंबर का पानी ढूँढ़ रहे हैं? सितारों की चाल से अपनी-अपनी किस्मत ढूँढ़ना अंबर का पानी खोजना ही तो है...

○ : सही अर्थों में वह जिज्ञासु कितने हैं जो अपने छोटे-छोटे सरोवरों में रहकर अंबर के पानी के लिए प्यासे हैं? आम लोगों की दिलचस्पी सिर्फ इतनी होती है कि उन्हें आसान-सा कोई टोना-टोटका मिल जाए और वह अपने दुःखों-सुखों के छोटे-छोटे सरोवरों में सन्तुष्ट होकर रह सकें। अंबर का पानी ढूँढ़ना तो सिर धड़ की बाजी लगानेवालों की खोज है...

वह मछली तो कोई कोई है, जो अपने जोहड़ के पानी को अंबरी पानी से जोड़ना चाहे...

●

दत्तक योग

कृष्ण भक्ति सम्प्रदाय के डॉक्टर नगेन्द्र मुनि से मुलाक़ात हुई, तो जान पाई कि श्री कृष्ण मन्दिर के इस आदरणीय मुनि का जन्म जब आज से करीब पैंतालीस साल पहले पेशावर में हुआ था तो वह सिर्फ दस महीने के थे, जब उनके पिता नहीं रहे और माँ ने उदासीनता में आकर इस बच्चे को अपने कुलगुरु महाराष्ट्र के बाबा अर्जुनराज जी के चरणों में रख दिया था...

मैं बरसों से दत्तक योग के बारे में जानना चाह रही थी। ठीक इसी वाकया से मिलता-जुलता एक वाकया मैंने अपने बचपन में देखा था, जब लाहौर में मेरे पिता के गुरु-भाई सन्त दयाल सिंह जी के आश्रम में, कोई स्त्री अपना बच्चा अर्पित कर गई थी और जिसकी देखभाल के लिए आश्रम में एक सेवक अलग से रखा गया था। वह मेरे पिता के गुरु-भाई जब मेरे पिता से मिलने आते थे तो बच्चा भी साथ होता था, बच्चे का सेवक भी।

मैं कई बार उस बच्चे को अपने कमरे में ले जाती थी और उस बच्चे की रुलाई का ऐसा प्रभाव मेरे मन में पड़ा रहा कि मैं जब बड़ी होकर नावल और कहानियाँ लिखने लगी तो उस बच्चे की ओर से यात्री नाम का एक नावल लिखा, जिसमें माँ के दूध से और माँ की गोद से तोड़ दिए गए उस बच्चे का एहसास उदासीनता की सूरत में भी लिखा था और उसके भीतरी रोष की सूरत में भी और अपने को पहचानने के उसके यत्न की सूरत में भी।

एक और ख्याल बहुत बाद में आया कि जिस बच्चे का जन्म उसे माँ की ममता से तोड़कर, किसी साधु-आश्रम या संन्यासी-मठ के चौंतरे पर रख देता है, तब कोई कौन-सा नछत्तर होता है? कौन-सा ग्रह? जो इस किस्मत का फैसला करता है...

किसी घर में कोई सिसकती हुई ममता जब किसी बिलकुल ग़ैर बच्चे को अपने सूने आँगन की रौनक बनाने के लिए चुनती है, तब उस

गोद लिए जाने वाले बच्चे के कैसे ग्रह होते हैं? और गोद लेने वाले माता-पिता के कैसे?

बड़े सादा से लफ़्ज़ों में ऐसी घटना को पूर्व-जन्म के सम्बन्धों से भी जोड़ लिया जाता है, लेकिन पूर्व जन्म के सम्बन्धों को जाना नहीं जा सकता। अगर कण मात्र कुछ जाना जा सकता है तो बच्चे के जन्म-ग्रहों से या गोद लेने वाले माता-पिता के ग्रहों से कुछ जाना जा सकता है। लेकिन इस दत्तक योग को ज़्यादा ज़िक्र किसी भी किताब में नहीं मिलता। कुछ संकेत-मात्र ज़रूर मिलते हैं, जिन्हें समझने के लिए, मैंने एक अस्पताल में जाकर कुछ उन बच्चों के जन्म-समय की जानकारी ली, जिन्हें जन्म देकर उनकी माताएँ उन्हें अस्पताल में छोड़ जाती है और जिन्हें बाद में ज़रूरतमन्द लोग गोद ले लेते हैं...

और उर्मिल शर्मा की मदद से मैंने ऐसे कुछ बच्चों की जन्म-पत्रियाँ बनवाकर दत्तक योग के आधार खोजने चाहे थे पर ज्यादा कुछ पकड़ में नहीं आया था। इसका कारण यह भी हो सकता है कि किताबों के जिन संकेतों की बुनियाद पर मैं इस योग को खोजना चाह रही थी, वह संकेत बहुत ही संक्षिप्त थे...

अब, जब डॉक्टर नगेन्द्र मुनि से मुलाक़ात हुई और जाना कि कृष्ण भक्ति के आत्मिक पहलू के अलावा उन्हें ज्योतिष ज्ञान भी है, तो सहज एक सवाल मेरे होंठों पर आ गया, वह कौन से ग्रह थे, किन घरों में, जिन्होंने आपके जन्म-समय आपकी ज़िन्दगी की राह नियत कर दी? और दस महीने के बच्चे का वातावरण माँ की लोरियों से महक जाने की जगह, मन्दिर की घंटियों और मन्दिर के धूप-दीप से महक गया...

नगेन्द्र मुनि हँस दिए। कहने लगे—"जवानी के दिनों में कई सवाल मेरे मन से भी उठे थे कि मैं जब इन हाथों से मेहनत करके अपनी रोटी कमा सकता हूँ तो मैं भिक्षा के सहारे क्यों रहता हूँ?—वैसे भी जवानी के कई तकाजे होते हैं जो संन्यासी रंग के कपड़े पहन कर पूरे नहीं किए जा सकते...आहिस्ता-आहिस्ता यह सब सवाल मन से झड़ते गए, यह अलग बात है लेकिन यह सवाल मन में आए जरूर थे..."

पूछा—इस दत्तक योग को आपने जरूर कुछ जाना होगा...

कहने लगे—मेरे गुरु महाराष्ट्र के हैं इसलिए हिन्दुस्तान की तक़सीम के बाद जब पेशावर छोड़ कर आना पड़ा, तो इन्दौर के मन्दिर में रहते हुए उन्होंने मुझे ब्रह्म विद्या-शास्त्र के अध्ययन के लिए 1952 में श्री रामपुर आश्रम

भेज दिया था जो महाराष्ट्र में अहमदनगर से कोई पचास मील दूर नहर के किनारे बना हुआ है और जहाँ स्वामी चक्रधर अवतार हुए थे। उस आश्रम में करीब दो सौ संन्यासी रहते हैं जो रात तीन बजे से पाँच बजे तक ब्रह्म विद्या-शास्त्र का इल्म देते हैं। बहुत से साधुओं-संन्यासियों की पत्रियों के अध्ययन से मैंने जाना है कि गण्ड मूल नक्षत्र में पैदा हुए बच्चे को अपना घर त्यागना होता है...मैं खुद भी गण्ड मूल नक्षत्र में पैदा हुआ था...

पूछा—सत्ताईस नक्षत्रों में से अश्विनी, मृगशिरा, रेवती, हस्त, पुष्य, पुनर्वसु, अनुराधा, श्रवण और स्वाती, यह नौ नक्षत्र देवगण कहे जाते हैं। तीनों पूर्वा, तीनों उत्तरा, आनुए, रोहिणी और भरणी यह नौ नक्षत्र मनुषगण कहे जाते हैं और कृतिका, मघा, आश्लेषा, विशाखा, शततारा, चित्रा, ज्येष्टा, घनिष्ठा और मूल राक्षसगण कहे जाते हैं। सो राक्षस गण के मूल नक्षत्र में पैदा हुए बच्चे संन्यास का बीज धारण करके आते हैं। यह बिलकुल उलटी बात नहीं है?

वह हँस दिए। कहने लगे—एक राजयोग होता है, एक विपरीत राजयोग...

और कहने लगे—मूल नक्षत्र में पैदा हुए बच्चे को पिता-सुख नहीं मिलता। पिता जीवित भी रहे तो भी बच्चा उससे दूर रहता है। दत्तक योग में भी जा सकता है लेकिन यह बच्चे बहुत शक्तिशाली होते हैं। इनकी उम्र के पहले दस वर्ष बहुत मुश्किल होते हैं लेकिन बाद में संसारी जीवन में बहुत चमकते हैं। अगर संन्यासी बन जाएँ तो उस क्षेत्र में भी...

पूछा—लेकिन जैसे हर नक्षत्र के चार चरण होते हैं, मूल के भी चार होते हैं, जिनके अनुसार पहले चरण में पैदा हुआ बच्चा बहुत विद्वान् होता है, दूसरे चरण में पैदा हुआ बच्चा निर्धन, चौथे में पैदा हुए बच्चे को राज सम्मान तक मिलता है, पर तीसरे चरण में पैदा हुए बच्चे की प्रवृत्ति नीच कर्मों गें होती है...

वह कहने लगे—हाँ, यह प्रभाव तो रहेगा। तीसरे चरण में पैदा होकर, संन्यासी भी हो जाएँ, तो भी रहेगा। जिसे बहुत साधना से जीतना होगा...

पूछा—साधना से, मन की शक्ति से, ग्रहों के प्रभाव को कहाँ तक बदला जा सकता है?

उनकी आवाज़ में यक़ीन का बल था, कहने लगे—मौत तक को भी ...उम्र को भी घटाया जा सकता है, बढ़ाया जा सकता है...

पूछा—दत्तक योग का एक संकेत यह कहा जाता है कि दूसरे स्थान

पर, यानी घर-परिवार, धन-दौलत और वाणी के स्थान पर अगर छठे घर के, यानी शत्रु घर के मालिक का प्रभाव हो, साथ ही छठे से छठे, ग्यारहवें घर के मालिक का प्रभाव भी और साथ ही राहु का, तब दत्तक योग बनता है...

वह कहने लगे—यह एक अलामत है, पर दत्तक योग की कई अलामतें होती हैं। दत्तक योग वाले की कुंडली में अक्सर परिवर्तन योग भी होता है...

फिर पूछा—कालीदास ने अपने ग्रन्थ 'कालामृत' में गोद लिए जाने वाले बच्चे के बारे में नहीं, पर गोद लेने वाले बाप के बारे में लिखा है कि उसके दशम स्थान पर या दशम स्थान के मालिक ग्रह पर शनि का प्रभाव होता है। यह प्रभाव शनि की युति से भी हो सकता है और शनि की दृष्टि से भी।

वह कहने लगे—लेकिन इसके साथ पंचम स्थान ज़रूर देखना होगा। अगर वहाँ मंगल है, खास कर नीच का मंगल, तो सन्तान सुख नहीं मिलता। शनि का प्रभाव भी तभी अच्छा होगा, अगर शनि स्व ग्रही हो, या उच्च का हो...

और उन्होंने मेरी जिज्ञासा के सामने, अपनी और अपने गुरु की, दोनों की जन्म पत्रियों की बात करने में संकोच नहीं किया और कहा—मेरे यहाँ दशम स्थान पर, मेरे पिता वाले स्थान पर, मंगल है। दशम स्थान के मंगल को कुल का दीपक भी कहा जाता है पर मेरा मंगल नीच का है इसीलिए मैं पिता सुख से वंचित हो गया पर यह सुख मुझे धर्म-पिता की सूरत में मिला। मेरे गुरु श्री बाबा अर्जुनराज जी की कुंडली में उनके नवम स्थान पर यानी धर्म-कर्म के स्थान पर, स्व ग्रही शनि है इसलिए उन्हें धर्म-पुत्र मिलना ही था...

मेरी जिज्ञासा को कणमात्र यह इल्म हासिल हुआ कि सांसारिक रुचि रखनेवाले पिता के दत्तक-पुत्र मिलने का संकेत उसके दशम स्थान से देखा जा सकता है और आत्मिक रुचि वाले पिता को धर्म-पुत्र मिलने का संकेत उसके नवम स्थान से।

श्री नगेन्द्र मुनि ने एक और राज़ सामने रखा—अच्छे संन्यासी के ग्रहों में शनि और बृहस्पति का परिवर्तन योग भी अकसर होता है। शनि उसे संसार की ओर से पूर्ण उदासीनता देता है और बृहस्पति हठ-योग की शक्ति। पर शनि नवम स्थान में होना चाहिए—धर्म-कर्म वाले स्थान में। ●

अलामतें और दवा-दारू

? : कृष्ण अशान्त जी! आपकी नज़्मों की बात चले, तो मैं आपको कृष्ण जी कहती हूँ, जब ज्योतिष की बात चले तो मैं आपको पंडितजी कहती हूँ लेकिन आज आपको हकीम जी कहना चाहती हूँ—वैद्य जी!

कृ : आखरि ज्योतिषी हूँ इसलिए मैंने हिसाब लगा लिया है कि आप आज मुझे हकीम या वैद्य क्यों कहना चाहती हैं। आज आपने ज़रूर ग्रहों के उपाय की बात करनी होगी...

? : कैसे जान लिया? प्रश्न कुंडली बनाकर? खैर आपने ठीक अन्दाजा लगा लिया है। अब आप मेरे प्रश्नों की उत्तर कुंडली बनाएँ!

कृ : ज़रूर बनाऊँगा। पर ग्रहों के किसी उपाय की बात करने से पहले एक बुनियादी बात कर लें कि सभी ग्रह और सभी देवता कुदरत के तत्त्वों का रूप हैं...

? : जी हाँ, भौतिक रूप भी और अभौतिक रूप भी।

कृ : अक्षर भी उन्हीं तत्त्वों के रूप हैं। जिस तरह अक्षरों को एक ख़ास तरह तरतीब देने से नज़्म बनती है, उसी तरह बिखरी हुई शक्तियों को खास तरतीब देकर मन्त्र बनाए जाते हैं। मन्त्र भी ग्रहों का उपाय बनते हैं इसलिए पहले मैं मन्त्रों और जन्त्रों की बात करना चाहता हूँ...

मन्त्र तीन तरह के होते हैं—वैदिक मन्त्र, स्तोत्र और तान्त्रिक मन्त्र। ये अलग-अलग ग्रह धारण करते हैं। वैदिक मन्त्र आत्म-शुद्धि के लिए होते हैं। इनका मकसद किसी दूसरे को कोई वरदान या श्राप देना नहीं होता। स्तोत्र का काव्य रूप भी सिर्फ़ अपने ध्यान को केन्द्रित करने के लिए होता है। उनकी लयबद्ध वाणी इन्सान के ध्यान को एक जगह पर केन्द्रित करने में मददगार होती है। पर

तान्त्रिक मन्त्र बीजमन्त्र होते हैं। अक्षरों में बसी हुई तन्त्र शक्ति में से उनकी केन्द्रीय शक्ति खोजकर उन्हें तरतीब दी जाती है।

? : मन्त्र लफ़्ज़ का अर्थ क्या है?

कृ : मननं तु त्रायन्ते इति मन्त्रः। यानी—ध्यान को केन्द्र में रखकर मन को त्राण देना। इस विज्ञान का किसी मजहब से कोई ताल्लुक नहीं। यही तत्त्व शक्तियाँ जब आँकड़ों के साथ जोड़ी जाती हैं, तो अंक विद्या बनती हैं...

? : इन तीन प्रकार के मन्त्रों का असर?

कृ : वैदिक मन्त्र, समझ लीजिए कि जैसे जड़ी-बूटी को पीसकर पकाकर, कोई दवा बनती है और फिर आहिस्ता-आहिस्ता उनका असर होता है, उसी प्रकार मन्त्रों से आत्मशुद्धि होती है।

? : और जिन्हें आपने स्तोत्र कहा है?

कृ : उन्हें यूनानी या लैटिन भाषा में मरहम कह सकते हैं। जिस तरह पीड़ित या ज़ख्मी जगह पर मरहम लगाई जाती है, उसी तरह यह मन्त्र भटकते हुए मन को शान्त करने में मददगार होते हैं...

? : और जो बीजमन्त्र है? तान्त्रिक मन्त्र?

कृ : वो इन्जेक्शन्स समझ लीजिए! उनका तात्कालिक असर होता है। वो खालिस शक्ति हैं। पर उनका इस्तेमाल, ठीक, गलत, दोनों तरह से किया जा सकता है...

? : यानी वैद्य सुवैद्य होते ही हैं, कुवैद्य भी हो सकते हैं...

कृ : हाँ, यह मानना पड़ेगा। और फिर यह समझ लीजिए कि मन्त्र शब्द-मुखी होते हैं, और जन्त्र रूप-मुखी सवाल तो वाइवरेशन्ज का है। भौतिक तत्त्वों की वाइवरेशन्ज को अभौतिक तत्त्वों की वाइबरेशन्ज़ से जोड़ना होता है। जो शुभ ग्रह कमजोर होते हैं, उनकी शक्ति को बढ़ाना होता है और जो अशुभ ग्रह बलवान होते हैं, उनकी शक्ति को कम करना होता है...

? : मसलन?

कृ : कोई हवाला देने से पहले एक बात और स्पष्ट कर दूँ कि ग्रहों की किन हालातों में कोई उपाय नहीं हो सकता और किन हालतों में हो सकता है...

? : इसका मतलब हुआ कि कुछेक हालतें ऐसी भी होती हैं, जो लाइलाज होती हैं...

कृ : ज़रूर होती हैं। मसलन अगर कोई ग्रह जन्म-कुंडली में स्व-राशि का हो, या अपनी उच्च राशि में बैठा हो, या अपनी नीच राशि में पड़ा हो तो कोई उपाय नहीं हो सकता। ज्योतिष की भाषा में इसे कहेंगे—ग्रह, ग्रह फल का है।

? : इन्सानी मामलों में तो यह आज़मायी हुई बात है। इन्सान अगर अपने स्वयं से जुड़ा हुआ हो तो उसे किसी पूजा-आराधना जैसे दवा-दारू की ज़रूरत नहीं होती। अगर उसकी मानसिक अवस्था ऊँची हो, तो उसे जप-तप जैसे किसी यत्न की जरूरत नहीं होती। और अगर कोई इन्सान अपने मन की नीच अवस्था में है, तो उसे कुछ भी कारगर नहीं होता। उसके लिए पूजा-अर्चना जैसा सब दवा-दारू अकारथ होता है...

कृ : ठीक यही गलत ग्रहों के मामले में है। स्व-राशि का ग्रह पहले से ही अपनी निश्चित जगह पर पहुँचा हुआ है इसलिए उसका कुछ बढ़ाया नहीं जा सकता, न कुछ कम किया जा सकता है। उच्च राशि का ग्रह तो अपने जलाल में होता है, उसका कोई कुछ नहीं कर सकता और नीच राशि का इतना नीच हालत में होता है कि आप कुछ भी करें, उस पर कोई असर नहीं होता...

? : इसलिए जितने उपाय हैं वे सब साधारणता के लिए हैं...

कृ : हाँ, उपाय सिर्फ़ उन्हीं ग्रहों का होता है, जो न उच्च के हैं, न नीच के, न स्व-राशि के। उन आम हालातों वाले ग्रहों को शक्ति दी भी जा सकती है और उनसे कुछ शक्ति छीनी भी जा सकती है। शुभ ग्रहों को शक्ति देनी होती है और अशुभ ग्रहों से शक्ति छीननी होती है...

? : कैसे देनी और कैसी छीननी?

कृ : इसके लिए हर ग्रह के कारक को समझना होगा। सब कुछ वैज्ञानिक है। जिस ग्रह में कुदरत के जो तत्त्व होते हैं, वही तत्त्व जिस रंग में, जिस पेड़ में, जिस भी फल, वस्त्र या जिस भी वस्तु में होते हैं, उन्हें धारण करने से उसकी शक्ति को बढ़ाया जा सकता है। मन्त्र-शक्ति की भी यही बुनियाद है। जिन अक्षरों में वो तत्त्व नुमाया होते हैं, उनका जप उस शक्ति को बढ़ा देता है...

? : ग्रहों के मुताबिक पेड़-पौधों का कुछ विवरण बताएँ!

कृ : सूर्य ग्रह के लिए तेज फल का पेड़ होता है। बृहस्पति के लिए पीपल

और बड़ का पेड़। बुध के लिए केले का या बड़ को छोड़कर चौड़े पत्तों वाला कोई भी पेड़। शुक्र के लिए कपास का पौधा या ज्वार। चन्द्र के लिए पोस्त का हरा पौधा, जिसका दूध अभी सूखा न हो। शनि के लिए कीकर का पेड़ या आक का पौधा या खजूर का पेड़। मंगल दो तरह का होता है—एक नेक और एक बद। नेक मंगल के लिए नीम का पेड़, और बद मंगल के लिए ढाक का पौधा।

? : अब ज़रा नेक और बद की तशरीह भी कर दीजिए!

कृ : जब जन्म-पत्री में किसी जगह सूर्य और बुध इकट्ठे पड़े हों तो मंगल नेक होता है और जब किसी स्थान में सूर्य और शनि इकट्ठे पड़े हों तो मंगल बद होता है...

? : पेड़ों की तरह ही रंगों का विज्ञान होगा, जिसे रंग-चिकित्सा कहते हैं पर आप वस्त्रों के बारे में कहिए।

कृ : बृहस्पति का सम्बन्ध सिर से होता है इसलिए उसका वस्त्र दस्तार है। सूर्य का सम्बन्ध सिर की सजावट से होता है इसलिए उसका सम्बन्ध सिर पर बँधे सेहरे से होता है या कलगी से। शुक्र का वस्त्र गले का वस्त्र होता है—कमीज़, कुरता और मंगल नेक का कमीज़ पर पहनी हुई बास्कट से।

? : बाकी बुध, चन्द्र और शनि का?

कृ : बुध का सम्बन्ध भी कमरबन्द से होता है। चन्द्र का धोती परने से और शनि का जूते और जुराब से।

? : राहु का सम्बन्ध भी किसी वस्त्र से होता है?

कृ : हाँ—बदन के निचले हिस्से पर जो कपड़ा पहना जाता है उससे।

? : तत्त्व शक्ति बढ़ाने के लिए जिस-जिस वस्तु में जिस-जिस ग्रह के तत्त्व होते हैं, उन्हें धारण कर लिया, पर अगर उनकी शक्ति कम करनी है तो फिर?

कृ : दो तरह से ऐसी शक्ति कम की जा सकती है। एक तो—अपने से दूर रहकर, यानी कारक वस्तुओं को बहते पानी में बहाकर, या जमीन में गाड़कर और दूसरी तरह का उपाय है कि उन—दुःख देने वाले ग्रहों के मित्र ग्रहों को खुश कर दिया जाए, ताकि वे उन पर प्रभावशाली हो जाएँ।

? : मसलन?

कृ : फ़र्ज़ कीजिए—किसी की जन्म-पत्री में शुक्र दशम स्थान पर है, यह

मैं लाल किताब के मुताबिक कह रहा हूँ, जहाँ राशि को नहीं देखा जाता, सिर्फ स्थान को देखा जाता है।

? : हाँ, उस किताब के मुताबिक सभी स्थान, ग्रहों के पक्के स्थान निश्चित कर लिए गए हैं...

कृ : उस हिसाब से दशम स्थान पर शुक्र होने का अर्थ है कि उस आदमी का सम्बन्ध किसी मदमाती औरत से होगा : ऐसी मदमाती औरत से, जो मर्द को अगुवा कर सकती है इसलिए शुक्र के बुरे फल को दूर करने के लिए शुक्र को खुश करना होता है। इसके लिए उससे सम्बन्धित चीज़ों का दान देना होता है। ये चीज़ें—रेशमी वस्त्र, इत्र, सफ़ेद चन्दन और हीरा हो सकती हैं...

? : खुदाया! होरा-दान जैसे महँगे उपाय राजाओं-महाराजाओं के लिए रहने दीजिए! आम लोगों की हैसियत को सामने रखकर कोई सस्ता उपाय बताइए!

कृ : चन्दन, इत्र और वस्त्र उस तरह के महँगे नहीं होते, पर ऐसा उपाय ग्रह को खुश करने के लिए होता है।

असल में उपाय तीन किस्म के होते हैं। एक—ग्रह को खुश करना, दूसरा—उसे अपने से दूर करना और तीसरा—उसे, उसी के किसी मित्र ग्रह के साथ मिला देना, जिससे वह नाराज़ भी न हो, और अपना असर भी कम कर दें।

? : दूसरी किस्म का उपाय कुछ खतरनाक नहीं हो जाता?

कृ : हो सकता है। ऐसा उपाय बहुत सोच-समझकर करना चाहिए।

? : शुक्र की मिसाल जारी रखिए और बताइए कि अपने से दूर करने का उपाय क्या होता है?

कृ : हरी ज्वार को बहते हुए पानी में बहा देना।

? : और तीसरी तरह का उपाय?

कृ : उसे उसी के किसी मित्र ग्रह से मिला देना। शुक्र की मिसाल ही जारी रखता हूँ कि शनि उसका मित्र ग्रह है, इसलिए शुक्र का कारक एक फूल लेकर, शनि के कारक गन्दे नाले में बहा देना चाहिए...

? : वह तो फूल का अपमान है। ख़ैर किसी और ग्रह के मित्र-ग्रह को शक्तिशाली करने वाली कोई और मिसाल दीजिए!

कृ : फ़र्ज़ कर लीजिए—दशम स्थान में बृहस्पति है। उस स्थान पर बृहस्पति किसी पहाड़ी इलाके की वीरानगी में उगे हुए फल जैसा

होता है। उसे दरवेश भी कह सकते हैं लेकिन संसारी जीवन के लिए वह बिल्कुल गया-बीता होता है। उसकी शक्ति को बढ़ाने के लिए सोना और पुखराज अपने शरीर पर धारण करना होता है या उसके मित्र ग्रहों को, यानी सूर्य और चन्द्र को मिलाना होता है। शुद्ध पानी चन्द्र का कारक है और तांबा सूर्य का। इसलिए इसका उपाय है कि किसी तालाब के शुद्ध पानी में तांबे का टुकड़ा रख दिया जाए।

? : तालाब से तो बहती नदी का पानी ज्यादा साफ़ होगा। फिर तालाब क्यों?

कृ : बहते पानी में कुछ डालने का अर्थ है—उसे बहा देना। उस तरह तो सूर्य तत्त्व बह जाएगा। तालाब इसलिए कि उसका पानी खड़ा रहता है। उसमें कुछ डालने का अर्थ उसे ठहरा लेना है। कायम कर लेना।

? : बात तो तर्कशील है...

कृ : सब कुछ तर्कशील है। वैज्ञानिक। मान लीजिए कि किसी की पत्री में चन्द्र आठवें घर में पड़ा है...

? : पर कहते हैं चाँद-सूर्य को अष्टम दोष नहीं लगता...

कृ : किसी हद तक लगता है। लाल किताब के मुताबिक आठवाँ घर शनि का पक्का घर है। वैसे भी यह मौत का घर माना जाता है। इसलिए अगर वहाँ चन्द्र पड़ा है, तो घर में औलाद की कमी रहेगी। औलाद के सिलसिले में कष्ट भी आ सकते हैं। औलाद की उम्र को खतरा भी हो सकता है। इसका उपाय दिखने को बड़ा अजीब दिखता है लेकिन उसके पीछे पूरा तर्क है...

? : वह अजीब उपाय क्या है?

कृ : यह कि श्मशान के कुएँ से या नल से थोड़ा-सा पानी लाकर घर में रख लेना।

? : ओ खुदाया!

कृ : पानी चन्द्र का कारक है और श्मशान शनि का। इसलिए शनि के घर से चन्द्र की वस्तु लाकर शनि के घर में रख दी गई है, तो अब शनि चन्द्र से क्या कहेगा!

? : सो शनि को बेजुबान कर दिया जाता है...

कृ : इसी तरह अगर मंगल चौथे घर में हो, तो वह जलती आग जैसा

होता है। उसे बृहस्पति और चन्द्र जैसे ग्रहों का असर ही कुछ ठंडा कर सकता है। इसके लिए बृहस्पति के कारक बड़ के पेड़ की जड़ों में दूध डालना होता है। दूध चन्द्र का कारक है। साथ ही कुछ शक्कर। शक्कर मंगल की कारक है। इन तीन चीज़ों से जब बड़ के पेड़ की कुछ मिट्टी गीली हो जाए, तो उस मिट्टी का टीका माथे पर लगाने से मंगल का बुरा फल दूर हो जाता है...

? : अगर तर्क को न समझा जाए तो यह सब कुछ वहम-सा जान पड़ेगा। मुझे याद नहीं आता कहाँ पढ़ा था, कहीं पढ़ा था कि अगर सातवें घर में बृहस्पति हो तो घर में मन्दिर नहीं कायम करना चाहिए पर मन्दिर जैसे पवित्र स्थान की भी मनाही हो सकती है?

कृ : हो सकती है। इसका तर्क यह है कि सातवाँ घर बुध और शुक्र का पक्का घर है। बृहस्पति किसी से दुश्मनी नहीं करता, पर शुक्र और बुध दोनों उससे दुश्मनी करते हैं। मन्दिर बृहस्पति का कारक है। इसलिए शत्रु घर में उसकी स्थापना, शत्रुओं को और उकसा देती है...

इसी तरह ग्याहरवें घर में बुध है, तो किसी पीर फकीर से कोई तावीज़ नहीं लेना चाहिए। कोई लेगा तो मुसीबतों से घिर जाएगा। ग्यारहवाँ घर बृहस्पति गुरु है, विद्वान् है और बुध उसका शत्रु। इसलिए गुरु-विद्वान् से, यानी पीर फ़कीर से लिया हुआ तावीज़ उसके लिए दुश्मन से लिया हुआ तावीज़ बन जाएगा...

? : और ग्यारहवें घर के बुध का उपाय?

कृ : सिर्फ़ सूर्य है जो उसके असर को ठीक कर सकता है। उसका कारक ताँबा होता है इसलिए ताँबे का पैसा पिरोकर गले में डाल लेना चाहिए। इस तरह सूर्य कायम हो जाता है...

? : यह तो हुई अकेले-अकेले बैठे हुए ग्रहों की बात। लेकिन अगर कोई दो ग्रह इकट्ठे बैठे हों?

कृ : काटवे को मैं बहुत बड़ा विद्वान् मानता हूँ। वह योगी भी था, ज्योतिषी भी। वह लिखता है कि राहु-शनि अगर लग्न में इकट्ठे हों तो इन्सान को बहुत भयानक स्वप्न आता है। स्वप्न या ख्याल। भयानक दृश्य भी दिखई देता है कि वह बहुत बड़ी नदी है जिसमें तूफान-सा आया हुआ है और उसमें किसी राक्षस का सिर बहता जा रहा है, जो चीख-चीखकर कहता है—पानी पिलाओ! और ऐसे

ग्रहों वाला इन्सान जब उसे पानी पिलाने के लिए आगे बढ़ता है तो अचानक नदी सूख जाती है और राक्षस का कटा हुआ सिर एक बार ज़ोर-ज़ोर से हँसता है, फिर अलोप हो जाता है...

मैं सोचता हूँ कि इन ग्रहों की युति इसलिए भयानक है कि राहु दिमाग में ख्यालों की उठती हुई तरंगों का कारक है और शनि मौत का। दोनों मिलकर यह भयानक खेल रचाते हैं। भय देते हैं और फिर अहंकारे हुए दुश्मनों की तरह हँस-हँसकर इन्सान का तमाशा देखते हैं...

? : इसका उपाय?

कृ : लाल किताब के मुताबिक शनि का कारक सुरमा जमीन में गाड़ देना चाहिए और राहु का कारक हाथी है, उस मस्त हाथी को मंगल का अकुंश डालने के लिए, मंगल की कारक वस्तुएँ—सौंफ या शक्कर एक छोटी-सी थैली में भरकर कमरे में रखनी चाहिए।

? : एक चीज मिट्टी में दबा देनी और एक घर में रख लेनी, इसका तर्क क्या है?

कृ : हाँ, यह सवाल पैदा होता है कि दोनों की कारक वस्तुएँ क्यों न मिट्टी में दबा दी जाएँ कि दोनों का असर कम हो जाए। अगर शनि का कारक सुरमा है तो राहु का नारियल है। पर इसका तर्क यह है कि वे दोनों चीजें, मिट्टी में भी सुरंग बनाकर, एक दूसरी से मिल जाएँगी। सो एक को दबाकर, दूसरी को बाहर रखना ही होगा लेकिन बाहर रह गए राहु जैसे मस्त हाथी को लोहे के अकुंश डालने के लिए मंगल को कायम करना होगा, जो सौंफ और शक्कर से किया जा सकता है।

? : देखिए! शनि को बहुत ही बुरा-भला कहा जाता है लेकिन खोज और चिन्तन का ग्रह भी शनि होता है, रूहानी इल्म का ग्रह भी शनि...

कृ : शनि को जो कुछ बुरा-भला कहा जाता है, वह बुनियादी मामलों में होता है लेकिन अगर किसी को रूहानी इश्क है, तो शनि उसका मददगार हो जाता है। शनि हौमे को तोड़ता है, इन्सान को 'मैं' को। लेकिन जब इन्सान आत्मा की राह पर चलेगा, तो अपना मैं खुद ही ईश्वर को अर्पित कर देगा और जब इन्सान ने 'मैं' को अर्पित कर दिया, तब शनि का उसके साथ क्या झगड़ा?

कहते हैं—जब द्रौपदी का चीर हरण हो रहा था, तो दूर कहीं

कृष्ण, राधा से शतरंज खेल रहे थे। राधा ने अपनी दैवी शक्ति से द्रौपदी का विलाप सुना और कृष्ण से कहा कि वह जाकर उसे बचाते क्यों नहीं?—पर कृष्ण चुप रहे और शतरंज खेलते रहे।

दूसरी तरफ दुशासन ने द्रौपदी की साड़ी का पल्लू खींचना शुरू किया तो खींचता चला गया। द्रौपदी अपने बचाव के यत्न करती रही थी लेकिन जब टुकड़ा भर उसके बदन पर रह गया तो बिलखती हुई द्रौपदी ने तड़प कर कृष्ण को याद किया और कहा—बचाओ कृष्ण!—तो उस वक्त शतरंज खेलते हुए कृष्ण ने अचानक एक मोहरा उठाकर दूसरी जगह रखते हुए कहा—अनिश्याम्...

इसका अर्थ था—अन्तहीन...और द्रौपदी की साड़ी जो अभी एक आखिरी टुकड़े की तरह उसके हाथ में पकड़ी हुई थी, अन्तहीन हो गई...दुशासन उसकी साड़ी को खींचते हुए हार गया पर साड़ी खत्म नहीं हो रही थी...

उस वक्त राधा ने समझ लिया कि जब तक द्रौपदी ने अपनी 'मैं' का सहारा लिया हुआ था, तब तक उसे वह शक्ति नहीं मिली थी जो अनन्त शक्ति होती है लेकिन जब उसके 'मैं' ने ईश्वर के बड़े 'मैं' से रिश्ता बना लिया और अपने छोटे से 'मैं' को उस महान् 'मैं' के सामने अर्पित कर दिया, तो उसे अनन्त शक्ति मिल गई...

शनि भी यही करता है। इन्सान के मैं को तोड़ता है और जब इन्सान का छोटा मैं, महान् मैं को अर्पित हो जाता है, तब शनि उसका मददगार हो जाता है...

? : शनि अलौकिक है...पर यह बताइए कि ऐसी जानकारी जिसके इल्म में शामिल न हो, उससे तो अनजाने में कितनी ही ऐसी बातें हो जाती होंगी कि कुछ ग्रह रोष खा जाते होंगे...

कृ : हाँ, अक्सर ऐसा हो जाता है। पिछले दिनों मेरे पास डॉक्टर भारती आए। वह आर्थिक तौर पर कुछ परेशान थे। मैंने कहा—आपकी यह मुश्किल दूर होनेवाली है। जिस दुकान को बेचकर वह कुछ पैसा अपने पास जमा रखना चाहते थे, वह बिक नहीं रही थी। मैंने कहा—वह बिक जाएगी और ठीक कीमत पर बिकेगी। साथ ही आपके मन को भीतर से सुकून मिलेगा। वह सब कुछ हो गया। वह आर्थिक पहलू से बेफिक्र हो गए लेकिन फिर एक दिन आए कि मानसिक परेशानी का कोई कारण नहीं पर वह है। बातों-बातों में उनके मकान

की दिशा और दरवाजे की दिशा की बात कर रहा था, जब पता चला कि मकान की दीवार में अचानक एक छोटा-सा पीपल उग आता है, वह उसे हटवा देते हैं लेकिन वह फिर उग आता है...तब मैं उनके कष्ट की बात समझ गया। कहा—कि आज से उस पीपल को कभी हटाना नहीं। बल्कि रोज उसमें थोड़ा-सा दूध डालना है...इसी से उनकी मानसिक परेशानी दूर हो जाएगी...

पीपल बृहस्पति का कारक है। उसे काटने का अर्थ है—बृहस्पति को चाकू का छू जाना। मेरी अपनी ज़िन्दगी में जब बृहस्पति की शुभ दिशा आई थी, अचानक देखा कि बालकनी में रखे हुए एक गमले में छोटा-सा पीपल उग आया है। मैं पूरे इकतालीस दिन उस पौधे को दूध डालता रहा और उस गीली मिट्टी का टीका माथे पर लगाता रहा। यह बृहस्पति को मेरी नमस्कार थी...

लोगों से अनजाने में कई ऐसी बातें हो जाती हैं जिनसे कई ग्रह क्रोधित हो जाते हैं। मसलन—जिसके चौथे घर में राहु हो, वहाँ राहु उसे परेशान नहीं करता। वह स्थान चन्द्र का होता है इसलिए राहु चन्द्र को माँ कहकर हलफ़ लेता है कि उसके घर में वह किसी को परेशान नहीं करेगा लेकिन अगर इन्सान चुपचाप बैठे हुए राहु को गुस्सा दिला दे, तो फिर उसका क्रोध झेला नहीं जाता। वह इन्सान की ज़िन्दगी में तूफ़ान खड़ा कर देता है।

पिछले दिनों मेरे पास एक आदमी आया, जो अपने बच्चे की बीमारी से परेशान था। बच्चा अचानक दिमाग़ी तौर पर इतना परेशान हो गया था, ऐसा मरीज़, कि कोई डॉक्टर उस बीमारी की शिनाख़्त नहीं कर पा रहा था। राहु ऐसा ग्रह है जिसकी दी हुई बीमारी की शिनाख़्त नहीं होती। मैंने उसकी जन्मपत्री देखी, देखा कि चौथे स्थान पर राहु था। समझ गया कि उसके हाथों अनजाने में कोई गलती हुई है...

बातों-बातों में पता चला कि पिछले दिनों उसने घर के गुसलखाने की छत बदलवा दी थी। यह पक्की बात है कि राहु को गुसलखाने की छत का बदले जाना बिलकुल गवारा नहीं। इसलिए मैंने उसे कहा कि आपने जो नई छत बनवाई है, उसे तुड़वा दीजिए। आपका बेटा अपने आप राज़ी हो जाएगा।

और ठीक यही हुआ। उन्होंने छत तुड़वा दी और बच्चा

बिलकुल ठीक हो गया...

? : अजीब मिजाज है राहु का...

कृ : वाकई अजीब मिजाज है राहु का। वह जिसके भी चौथे घर में है, अगर वह आदमी किसी बेऔलाद आदमी के साथ साझे में कोई काम करेगा, तब भी राहु क्रोधित हो उठेगा...

? : चौथे घर में तो शनि भी शुभ नहीं माना जाता क्योंकि वह चन्द्र का पक्का घर होता है...

कृ : उसके लिए एक बहुत ही छोटा-सा उपाय है कि इन्सान दवाई के तौर पर थोड़ी-सी शराब पानी में मिलाकर पी ले तो शनि खुश हो जाता है। पानी चन्द्र का कारक है और शराब शनि की कारक। दोनों को मिला देने से शनि फिर चन्द्र की मुख़ालफ़त नहीं करता...

? : मान लिया कि ग्रह अलामतें होते हैं, जो किसी न किसी तकलीफ़ का पता देते हैं...

कृ : हाँ, वो अलामतें होते हैं पर अच्छा ज्योतिषी वह है, जो अलामतों को पहचाने, और साथ ही दवा-दारू बताए...

? : हकीम जी! इस दवा-दारू के साथ कोई परहेज भी बताए जाते हैं?

कृ : ज़रूर बताए जाते हैं। मिसाल के तौर पर एक परहेज़ तो यह है कि वर्ष-कुंडली के मुताबिक जो शुभ ग्रह, शुभ स्थान पर आ जाता है, उसकी कारक वस्तु किसी को नहीं देनी चाहिए। देने का अर्थ होगा—उसकी शक्ति को अपने हाथों खो देना...

? : फिर तो इस हिसाब से, अगर कोई अशुभ ग्रह अशुभ स्थान पर आ जाए, तो उसकी कारक वस्तु किसी से लेनी नहीं चाहिए। लेने का अर्थ होगा—उसकी अशुभता को कायम कर लेना। यानी अशुभता को घर में ले आना...

कृ : ठीक यही अर्थ होता है। मसलन—गोचर फल का शनि अगर तीसरे स्थान पर आ जाए, तो ऐसी हालत में दोस्तों, मित्रों या रिश्तेदारों में शराब पी लेना शुभ फल देगा क्योंकि इस स्थान पर शनि शुभ फल देता है और यह स्थान भी सम्बन्धियों का होता है। इस स्थान पर लेना शुभ हो सकता है, पर देना नहीं। अगर कोई दोस्तों-मित्रों को अपनी ओर से शराब पिलाएगा, तो उसका अर्थ हो जाएगा देना। यानी शुभता को दे देना, अपने हाथ से छोड़ देना।

? : लेकिन अगर शनि किसी अशुभ स्थान पर आ जाए?

कृ : हाँ, अगर वह पहले या आठवें स्थान जैसे अशुभ स्थान पर आ जाए तो उस हालत में किसी के पैसे से खरीदी हुई शराब पीना, बहुत अशुभ साबित होगा। उस हालत में अपने पैसों से शराब खरीदकर किसी को पिलाना बहुत शुभ होगा...

? : एक अजीब ख़्याल मन में आया है कि पंडित ब्राह्मण, जो ऐसे दान किसी यजमान को बतलाते हैं, वो सब अकसर खुद ही ले लेते हैं जबकि ग्रहों के अनुसार दिए जाने वाले दान, ग्रहों के कारक लोगों को देने होते हैं।

कृ : यह बहुत बड़ा सवाल है। शुक्र का दान किसी हसीना को देना होता है। मंगल का किसी ऐसे विद्यार्थी को जिसकी उम्र छोटी हो। यानी ब्रह्मचारी को देना होता है। केतु का किसी नौजवान को। बृहस्पति का किसी विद्वान् को। सूर्य का किसी बहादुर को। चन्द्र का किसी गृहस्थी औरत को। बुध का किसी हीजड़े को और राहु का कोढ़ जैसी बीमारी में मुब्तला किसी आदमी को या मैला उठाने वाले को।

ब्राह्मणों ने लोभ में आकर—कोढ़ी बनना भी स्वीकार कर लिया, हीजड़ा बनना भी और यह सब कुछ बनना भी। इसीलिए मन्दिरों के दान पर पलने वाले ब्राह्मणों के वंश बर्बाद हो गए हैं। उनकी खुदगर्ज़ी ने उन्हें तबाह कर दिया है...

? : खुदगर्ज़ियों ने तो हमारा देश बर्बाद कर दिया है, नहीं तो हमारे देश के पास कौन-सा इल्म था जिसकी कमी थी...

कृ : इल्म-हीनों का कोई क्या करे?

? : कोई उनका उपाय भी बताइए न हकीम जी!

कृ : इल्म को मस्तक में धारण करने का उपाय इन्सान ने खुद करना होता है। जिस तरह पैसा देकर किसी से करवाया हुआ जप निष्फल होता है, उसका फल खरीदा नहीं जा सकता। वह तो इन्सान के खून की तरह उसकी रगों में चलना चाहिए!

बात केतु-द्वार की

लोगों के घरों के पिछले दरवाज़ों का इतिहास बहुत लम्बा है। छोटे-छोटे घरों से लेकर राजनीतिक महलों के पिछले दरवाज़ों तक फैला हुआ। और उन्हीं दरवाज़ों से बहुत बड़े-बड़े सियासी व्यापार होते हैं लेकिन एक ज्योतिषी से बातें करते हुए मैं हैरान हो गई कि कम्बख्त तारों के घरों का भी पिछला दरवाज़ा होता है। इस दरवाज़े को मैंने केतु-द्वार का नाम दिया है।

ज्योतिषी उर्मिल शर्मा से केतु के बारे में जो बातचीत हुई, आज वह अपने पाठकों के सामने रखती हूँ–

? : चलो, उर्मिल उठो! आज लोगों के घर जाकर उनका पिछला दरवाज़ा खटखटाएँ!

उ. : पिछला दरवाजा क्यों?

? : अगले दरवाज़ों से उनकी सच्चाई नहीं मिलेगी।

उ. : मैं समझ गई! आपका मतलब है, धनी लोगों की बात करें जो बहुत से काम घर के अगले दरवाज़े से नहीं करते, पिछले दरवाज़े से करते हैं। लेकिन मेरी एक बात सुनिए। वह तो आपके और मेरे आगे कुछ नहीं बोलेंगे लेकिन उनके ग्रह मुँह से बोलते हैं...

? : लेकिन ग्रह सिर्फ तुमसे बातें करते हैं, इसलिए तुम ही ग्रहों से पूछकर बताओ कि कई लोगों को पिछले दरवाज़े की लत क्यों लग जाती है?

उ. : बात यह है कि कई लोगों के लग्न बोलते हैं और कइयों के ग्रह। जैसे मकर लग्न का स्वभाव है कि वह हर काम पिछले दरवाज़े से करता है।

? : यानी जिसका भी मकर लग्न होगा, उसके हाथ अनायास ही पिछले दरवाज़े की कुंडी खोल देंगे?

उ. : हाँ, पिछले दरवाज़े की।...बाकी ग्रहों का असर होता है कि वह काम अच्छी नीयत से किए जाते हैं, या बुरी नीयत से। दुनिया के बहुत बड़े अभिनेता भी मकर लग्न वाले होते हैं...

? : इसके मुताबिक इन्सान का अपना चेहरा अगला दरवाजा होता है और जिन पात्रों के चेहरे वह पहनता है, वह पिछला दरवाज़ा। और ग्रह क्या बोलते हैं?

उ. : ग्रहों में केतु और शनि पिछले दरवाज़े होते हैं। अगर किसी के लग्न में शनि हो तो वह हर काम गुप्त ढंग से करेगा, हर काम में राजनीति बरतेगा...

? : यानी उसका 'स्वयं' तहों में लिपटा रहेगा...

उ. : बिलकुल! लेकिन सिर्फ बुरे पहलू से नहीं—अच्छे पहलू से भी हो सकता है। शनि लग्न वाले गुप्त ज्ञान भी हासिल करते हैं, गहरी फिलासफी में भी उतर जाते हैं। समाधि की अवस्था तक भी वही लोग पहुँचते हैं और इस लग्न वाले बहुत से लोग गुप्त व्यापार की ओर चले जाते हैं...

? : यह उच्च के शनि और नीच के शनि का फर्क होता है?

उ. : बिलकुल यही फर्क होता है। साथ ही यह भी कि शनि पर अच्छे ग्रहों की दृष्टि पड़ रही है या बुरे ग्रहों की। उदाहरण देकर बताती हूँ—आपका कुम्भ लग्न है, जिसका लग्न-पति शनि है और शनि सातवें घर में बैठकर, सातवीं दृष्टि से अपने घर को देख रहा है। शनि के साथ ही उसके दो मित्र, दो शुभ ग्रह—बुध और शुक्र बैठे हुए हैं। साथ ही उसके बाएँ पर छठे घर में उच्च का बृहस्पति बैठा हुआ है। इसलिए आपका शनि जाता तो पिछले दरवाज़े की तरफ है लेकिन रूहानी पक्ष की ओर। आपको हैरानी होगी कि औरंगजेब का भी कुम्भ लग्न था, रावण का भी और परमहंस रामकृष्ण का भी। यही कुम्भ लग्न परमहंस रामकृष्ण को कितनी ऊँची अवस्था पर ले गया लेकिन औरंगजेब और रावण को विद्वान् और चारों वेदों का ज्ञाता बनाकर भी उल्टी दिशा में ले गया।

? : उर्मिल! औरंगजेब और रावण की कुंडलियों के बारे में ज़रा विस्तार से बताओ कि कौन से ग्रह उन्हें उल्टी तरफ ले गए?

उ. : कागज़ दीजिए। दोनों कुडलियाँ बनाकर दिखाती हूँ। देखिए, रावण की कुंडली में, लग्नेश शनि पर, शनि के दुश्मन सूर्य का प्रभाव है।

साथ ही राहु का।

? : हाँ, सूर्य सातवीं दृष्टि से शनि को देख रहा है और राहु पाँचवीं दृष्टि से...

उ. : साथ ही उनके मन का कारक चन्द्र, शनि के साथ पड़ा हुआ है...

? : और औरंगजेब की कुंडली?

उ. : यह देखिए, उसके लग्नेश शनि पर राहु की दृष्टि है। उसका चन्द्र भी शनि के साथ पड़ा हुआ है और यश देने वाला सूर्य नीच का है। साथ ही गुरु...पर मंगल की दृष्टि है...

? : और केतु साहब क्या फर्माते हैं?

उ. : केतु साहब तो मुँह से बोलते ही नहीं, एकदम गुम-सुम रहते हैं। उन्हें सारे काम गुप्त करने होते हैं। केतु लग्न वाले गुप्त विभाग में काम करेंगे। तन्त्र में उनकी रुचि होगी। गुप्त विद्या के ज्ञाता होंगे। गुप्त व्यापार करेंगे। स्मगलिंग भी कर सकते हैं? जादूगर भी हो सकते हैं।

? : गुप्त विद्या तक पहुँचना तो बहुत बड़ा गुण है...

उ. : सिर्फ यही नहीं, पुराने शिलालेख और गुप्त लिपियाँ पढ़ने की ओर भी जा सकते हैं लेकिन दूसरी तरफ...

? : चुप क्यों हो गई, उर्मिल?

उ. : चुप इसलिए हो गई कि मेरी बात सुनकर लोगों के घरों में लड़ाइयाँ न होने लगें...लेकिन जब बताने ही लगी हूँ तो केतु के स्वभाव की सारी बातें बतानी चाहिए। बात यह है कि जिनके लग्न में केतु हो, उनकी गैर-कानूनी औलाद भी हो सकती है...

? : मारे गए! फिर तो तुम्हारी बात सुनकर औरतें अपने पतियों की कुंडलियाँ देखेंगी और मर्द अपनी पत्नियों की और वह यह गुप्त ज्ञान हासिल कर लेंगे...

उ. : लेकिन यह बात इतनी आसान नहीं है। केतु से जिन अशुभ ग्रहों का सम्बन्ध है, या किन्हीं शुभ-अशुभ दृष्टियों का—वह भी देखना होता है...

? : लेकिन अगर केतु साहब लग्न में तशरीफ रखने की जगह, किसी और घर में बैठे हुए हों तब?

उ. : तब केतु के अलग-अलग रूप होते हैं। जैसे, अगर वह दूसरे घर में बैठा हो, तो वह आदमी झूठ बोलकर पैसे कमाता है। वकील भी

बन जाता है, जादूगर भी। लेकिन जादूगर होने के लिए एक और योगायोग होना जरूरी है–मंगल और शनि का एक साथ होना...

? : और अगर केतु तीसरे घर में हो?

उ. : तो उस आदमी का छोटा भई उलटे-पुलटे काम करने वाला होता है। और अगर केतु नीच का होकर तीसरे घर में हो, साथ ही लग्न भी शुभ न हो और शनि भी नीच का होकर केतु के साथ बैठा हो, तो वह आदमी डाकू बनता है।

? : तीसरा घर छोटे बहन-भाइयों का होता है और अब आ गया चौथा घर माँ का। अगर केतु चौथे घर में हो तो इसका मतलब है कि उस आदमी की माँ...

उ. : यह कि उसकी माँ गुप्त प्रवृत्ति की होगी। हेरा-फेरी वाली भी हो सकती है...

? : और अगर वह पाँचवें घर में हो, महबूब वाले घर में, औलाद और इल्म वाले घर में?

उ. : फिर उस व्यक्ति का महबूब गुप्त रुचियों वाला होगा। यह व्यक्ति गैर-कानूनी सन्तान भी रख सकता है, साथ ही वह गुप्त विद्या का ज्ञाता होगा।

? : और छठे घर में—दुश्मनी और बीमारी वाले घर में—अगर केतु हो, तो इसका मतलब है कि उसके गुप्त दुश्मन होंगे, या उसे गुप्त बीमारी होगी?

उ. : आपने ठीक हिसाब लगा लिया है। इसी तरह केतु सातवें घर में हो, तो आदमी की पत्नी भी गुप्त प्रवृत्ति की होगी और उनके काम के साझीदार हेरा-फेरी करने वाले होंगे...

? : और आठवें घर में?

उ. : वह घर धरती के अन्दर की चीजों से सम्बन्ध रखता है। इसलिए उस व्यक्ति को गुप्त धन भी मिल सकता है, वह कूपों और नदियों का गोताखोर भी हो सकता है और उसकी मौत भी गुप्त ढंग से होती है।

? : और नौवें घर में?

उ. : जिसके नौवें घर में केतु हो, वह आदमी पाखंडी होता है। उसका धर्म-कर्म, पूजा-पाठ, नेम-व्रत सब कुछ पाखंड होता है।

? : फिर तो हिन्दुस्तान के सभी साधु-संन्यासियों, भाइयों-पंडितों और

मुल्ला-मौलवियों की पत्री में नौवां घर देखना चाहिए।

उ. : ज़रूर देखना चाहिए। इसी तरह दसवाँ घर बाप का और राज सरकार का होता है। जिस व्यक्ति के दसवें घर में केतु हो, वह गुप्तचर विभाग में काम करने वाला भी हो सकता है, जासूस भी और राजनीति में भी प्रवीण। उसका पिता ज़रूर हेरा-फेरी का काम करने वाला होगा...

? : अब आई ग्यारहवें घर की बारी...

उ. : बस ग्यारहवें घर का केतु अच्छा होता है। वह आदमी को किले फतह करवाता है। जिसके भी ग्यारहवें घर में केतु हो, उसके दरवाज़े पर झंडे लहराते हैं। सिर्फ एक बुरी बात है कि उस आदमी के बड़े भाई हेरा-फेरी करने वाले होंगे।

? : और बारहवें घर में?

उ. : वह आदमी उलटे-सीधे धन्धों के लिए पैसे खर्च करता है। बारहवाँ घर खर्च का होता है। यह खर्च रंडीखाने में भी हो सकता है, शराब-कबाब के लिए भी और जंगी सामान के लिए भी...

? : सो पिछले दरवाज़े तक असली हाथ केतु का पहुँचता है।

उ. : शनि तो फिर भी सीधे दरवाज़े से आ जाता है लेकिन केतु कभी नहीं...

? : सो पिछला दरवाज़ा पूरे अर्थों में—केतु-द्वार होता है...

●

सात मुसाफिर

भारतीय चिन्तन ने जो सृष्टि संवत निर्धारित किया है, उसके अनुसार आज तक, 1985 तक, सृष्टि रचना को एक अरब, पच्चानवे करोड़, अट्ठावन लाख, पच्चासी हज़ार पच्चासी वर्ष हो चुके हैं। वर्ष का हिसाब सूर्य की चाल से लगता है, उसके एक चक्र की गिनती एक संवत् होती है। सो सूर्य एक अरब 95 करोड़, 58 लाख, 85 हजार 85 बार अम्बरी रास्ते के चक्कर लगा चुका है।

यह सूर्य के साथी ग्रह—चन्द्र मंगल, बुध, बृहस्पति, शुक्र और शनि—वो सात मुसाफिर है जो आदिकाल से इस राह पर चल रहे हैं और जिस समय जिस राह से गुज़रते हैं उस राह की धूल कैसे प्रभाव को कबूलती है और कैसा प्रभाव ख़िलायी ज़र्रों की सूरत में बिखेरती और बाँटती है, उर्मिल जी के साथ कई मुलाकातों में मैं उसी की बातें करती रही, वह अलग-अलग पहलुओं से की गई बातें यहाँ दर्ज कर रही हूँ—

कलम और हाथ

? : उर्मिल! हम लोगों का नज़रिया और है—हम सोचते हैं, "चौदह तबक दिले दे अन्दर। तबक का मतलब है तहें, जिनमें कोई तह रोमांचक ख़्यालों की हो सकती है, कोई मक़सदी नज़रिए की, कोई मानसिक, सामाजिक और राजनीतिक गुफाओं में उतरने वाली...इस तरह कोई लेखक, जिस तरह के विचार के समर्थ होता है, वैसा ही लिखता है। पर आपका इल्म इन्सान की मानसिक रुचियों को—उनके हाथों की लकीरों से पहचानता है। आपके ख़्याल के अनुसार वह हाथ कौन से होते हैं जो सिर्फ़ रोमांचक नज़्में या नाविल लिखते हैं? वह कौन से होते हैं जो सिर्फ जासूसी लिखते हैं? या वह जो लोगों के दुःख अपनी छाती में डालकर लिखते हैं?

उ. : पहली बात तो यह है कि ऐसा हाथ दो तरह का होता है—एक जिसका स्वामी सिर्फ़ ख़ूबसूरती की और कला की कल्पना करता रहता है, पर लेखक कभी नहीं बनता।

? : आपका मतलब है कि वह कला को सिर्फ़ ज़ेहनी तौर पर जीता है, कभी अपने चिन्तन को काग़ज़ पर नहीं उतारता।

उ. : हाँ, ठीक है! और दूसरी तरह का हाथ वह होता है जो कल्पना-शक्ति वाले के हाथ में कलम थमा देता है...

? : वैसे हाथों में चिह्नों और संकेतों के कैसे फ़र्क़ होते हैं?

उ. : सबसे बड़ा चिह्न होता है, सूर्य-पर्वत पर सूर्य-रेखा में से एक रेखा निकलकर बुध के क्षेत्र की ओर चली जाती है, साथ ही अगर सूर्य और बुध दोनों के पर्वत विकसित भी हों, तो वह व्यक्ति कलाकार होता है। यह सीधे-से चिह्न हैं।

? : किसके? जो सिर्फ़ ज़ेहनी तौर पर कलाकार होता है या अमली तौर पर?

उ. : यह संकेत उसके हाथ पर होता है जो लेखक बनता है। जो सिर्फ़ कोरी कल्पना करता रहता है, उसका संकेत यह होता है कि या तो उसकी पूरी दिमागी रेखा का झुकाव चन्द्र पर्वत की ओर होता है और साथ ही चन्द्र पर्वत उभरा हुआ होता है और या मस्तिष्क रेखा में से एक रेखा निकलकर चन्द्र पर्वत की ओर चली जाती है। उसका बुध क्षेत्र विकसित नहीं होता, सिर्फ़ चन्द्र क्षेत्र विकसित होता है। साथ ही उसकी उंगलियों के सिरे पतले और नोकीले होते हैं। हाथ बहुत ही नरम होता है...

? : और जो आदि काल से कलम की क़िस्मत लिखवाकर आता है, उसके हाथ पर उसकी लगन या दृढ़ता के कोई और संकेत भी होते हैं?

उ. : इसके लिए खुद अपना हाथ देख लीजिए। ख़ासकर अपना अंगूठा। बाक़ी सब संकेत ऐसे ही हैं जैसे मैंने कहे हैं। पर साथ में अंगूठा ऐसा है जो हर कीमत पर आपके मक़सद को पूरा करनेवाला है। अंगूठे का ऊपर का पहला हिस्सा इच्छा-शक्ति का होता है—यह हिस्सा जितना बड़ा और सख़्त हो, उतनी ही इच्छा-शक्ति प्रबल होती है। आपका अंगूठा इसकी मिसाल है।

? : अच्छा, उर्मिल! यह बताइए कि कई लेखक सिर्फ़ रोमांचक नज़्में या

कहानियाँ लिखते हैं, सिर्फ चढ़ती जवानी के समय नहीं, सारी उम्र। उसका क्या संकेत होता है?

उ. : उसके शुक्र और चन्द्र दोनों क्षेत्र विकसित होते हैं, पर जिसका गुरु पर्वत अपनी जगह पर होने की बजाय अपनी जगह से हिला हुआ होता है, साथ ही उसका अंगूठा नोकीला होता है गोल नहीं होता।

? : गुरु पर्वत आप ज्यूपिटर के माउंट को कहती हैं?

उ. : हाँ।

? : जो लेखक दलील को तरजीह देते हैं, चिन्तन में गहरे उतरते हैं, जिन्हें पाठक भी बहुत सयाने चाहिए होते हैं, उनके हाथों पर भी कोई खास चिह्न या संकेत आप देख सकती हैं?

उ. : तर्कशील लेखक के अंगूठे का दूसरा पोर बड़ा और साफ़ होता है। साथ ही सूर्य रेखा गहरी होती है और शनि क्षेत्र भी विकसित होता है।

? : और जो लेखक सिर्फ़ जासूसी कहानियाँ लिखते हैं?

उ. : उनके हाथ की कनिष्ठिका, यानी क़न-उँगली, बहुत छोटी होती है और बराबर वाली अनामिका उँगली के दूसरे पोर के आधे तक मुश्किल से पहुँचती है। साथ ही उनके हाथ का मंगल क्षेत्र बहुत विकसित होता है...कई बार उनकी कन-उँगली पर तिल भी होता है...

? : मंगल क्षेत्र दो होते हैं, कौन-सा मंगल क्षेत्र है?

उ. : दूसरे नम्बर वाला, अंगूठे की तरफ़ वाला...साथ ही एक और चिह्न होता है—मंगल क्षेत्र से अगर एक रेखा निकलकर सूर्य क्षेत्र की ओर जा रही हो—तो वह लेखक भी जासूसी नावल लिखता है...

? : और जो लेखक फ़िलासफ़र हो? या वैज्ञानिक चिन्तन वाला?

उ. : वैज्ञानिक को अलग रखिए। पहले फ़िलासफ़र लेखक के हाथ के संकेत बताती हूँ—एक तो उसकी उंगलियों में गाँठें होती हैं, साथ ही नाखून ज़रा चौड़े होते हैं। उसके हाथ का पिछला हिस्सा, यानी हाथ की पीठ, कुछ सख़्त होती है। उसके सूर्य क्षेत्र से एक रेखा निकलकर शनि पर्वत की ओर जा रही होती है। दोनों पर्वत—सूर्य और शनि के—विकसित होते हैं। साथ ही मस्तिष्क रेखा में से एक रेखा निकलकर चन्द्र पर्वत पर जाती है।

? : अच्छा, अब वैज्ञानिक लेखक के चिह्न बताइए।

उ. : उसकी कन-उंगली छोटी होती है, पर साथ ही उसके बुध क्षेत्र पर

यानी मर्करी के माउंट पर, तीन चार या पाँच सीधी लकीरें होती हैं। साथ ही सूर्य रेखा हर्षल पर्वत से निकलती है। ऐसे हाथ वाला शोधकर्त्ता भी हो सकता है, वैज्ञानिक भी और वैज्ञानिक-लेखक भी।

उ. : उर्मिल! जो लेखक बद-ज़ौक होते हैं, उनके चिन्तन और कर्म में अश्लीलता होती है?

? : उनका शुक्र क्षेत्र उभरा हुआ होता है। मगर पीला और पिलपिला-सा होता है। उनकी हृदय-रेखा भी दूषित होती है। जंजीरों वाली। हाथों की रंगत भी लाल होती है। साथ ही शुक्र क्षेत्र में से एक रेखा निकलकर चन्द्र क्षेत्र पर जा रही होती है।

? : जो लेखक किसी बात को बहुत ही विस्तार से लिखते हैं—बहुत विस्तार से इस समय मेरा मतलब है कि बात की चक्की पीसने बैठ जाते हैं।

उ. : उनकी उँगलियाँ ज़रूरत से ज्यादा लम्बी होती हैं। ऐसे लोग अगर चित्रकार हों तो किसी का चित्र बनाने के लिए उसका एक-एक बाल चित्रित करते हुए कई दिन, महीने लगा देते हैं...

? : अच्छा उर्मिल! यह क्या बात होती है कि कई लेखकों को जीते जी पाठक और उनका प्यार मिल जाता है। साधारण लफ़्जों में कहना हो तो कहा जा सकता है कि कई लोगों को जीते जी मान्यता मिल जाती है, कई लोगों को सिर्फ़ मरने के बाद मिलती है और कई लोगों को सदियों बाद। कई ऐसे लोग भी होंगे, जो सचमुच अच्छे लेखक होते होंगे, पर गुमनामी में ही जीते और मर जाते होंगे...

उ. : उसका सबसे अधिक सम्बन्ध सूर्य रेखा से है—सूर्य रेखा के बड़े या छोटे होने से। जिस व्यक्ति की सूर्य रेखा सूर्य पर्वत से ही शुरू हो और सूर्य पर्वत पर ही खत्म हो जाए, साथ ही रेखा के आरम्भ में एक तिकोन हो—उस लेखक को मृत्यु के बाद यश मिलता है। जिसकी सूर्य रेखा—हृदय रेखा से शुरू हो, उसे पचास बरस की उम्र के बाद यश मिलता है। जिसकी सूर्य रेखा उसकी मस्तक रेखा से शुरू हो, उसे लगभग पैंतीस-छत्तीस बरस की उम्र में यश नसीब हो जाता है और जिसकी सूर्य रेखा मणि बंध से शुरू हो, यानी हथेली के निचले सिरे से शुरू हो, उसे आरम्भ से ही नाम मिल जाता है।

? : और जो गुमनामी में ही मर जाते हैं?

उ. : उनकी सूर्य रेखा दूषित होती है—कटी-फटी होती है।

? : और जिन लेखकों की अमीर कलम को भी कभी रोज़ी-रोटी नसीब नहीं होती?

उ. : उनकी भाग्य-रेखा दूषित होती है। हाथ सूखे हुए होते हैं। हाथों के मांस का रंग पीलाई पर होता है या सीलाहट पर। उनके नाखून भी बहुत लम्बे-चौड़े होते हैं।

? : और उर्मिल! जो लोग सिर्फ़ एक कला के माहिर नहीं होते, कई हुनर उनकी प्राप्ति होते हैं?

उ. : उनका मिश्रित हाथ होता है। सूर्य रेखा भी एक नहीं होती—दो या तीन रेखाएँ होती हैं। किसी-किसी की मस्तक रेखा भी दुहरी होती है...

? : अच्छा उर्मिल! जो लेखक हसद के मारे हुए होते हैं? हर समय दूसरे लेखकों के लिए बद-ज़बान रहते हैं और दूसरों की खिलाफ़त में उम्र गँवा देते हैं? जिनके लिए हमारा शायर बाहू कहता है, "वे अदबां नूं ना सार अदब दी..."

उ. : उनका अंगूठा बहुत छोटा और चपटा होता है। साथ ही सब उँगलियों के नाखून छोटे और तंग होते हैं। साथ ही उनकी हृदय रेखा सिर्फ शनि क्षेत्र तक होती है। यह सब नीच स्वभाव वालों के चिह्न होते हैं। उनके हाथ भी कड़े और खुरदरे होते हैं।

? : और इसके विपरीत, जिन लेखकों के पास पवित्र रूह होती है?

उ. : उनकी रेखा, जीवन-रेखा से निकलकर गुरु पर्वत की ओर जा रही होती है—ज्यूपीटर की ओर। साथ ही पूरी हृदय-रेखा गुरु पर्वत पर चली जाती है।

? : सो, असली बात—गुरु पर्वत की चढ़ाई की है—जो कोई भी सच और इल्म के जोर से यह चढ़ाई चढ़ सके!...

मन्त्र–यन्त्र

? : उर्मिल! मन्त्र-शक्ति सिर्फ़ साइकिक रिऐलिटी है या इससे अलग कोई चीज है?

उ. : दोनों।

? : एक बात हमारे इल्म के दायरे में है—जिसका ताल्लुक मनोविज्ञान से है, दूसरी बात का विवरण दीजिए।

उ. : पहली बात को मैं अपने लफ़्ज़ों में इस तरह कहूँगी कि जब भी कोई

इन्सान मन्त्र लेने आता है, उसे मन्त्र के चमत्कार का कोई निजी तजुर्बा नहीं होता, पर उसने जो कुछ सुना होता है, उस सुने-सुनाए ने उसके मन में विश्वास की एक ज़मीन तैयार कर दी होती है, चाहे अचेत तौर से। उसी विश्वास की तैयार धरती में जब मन्त्र का बीज पड़ जाता है, उसका कोई फल निकलना स्वाभाविक बात है।

? : सो इसका सम्बन्ध उसकी ग्रहण-शक्ति से हुआ।

उ. : इसी बात का और विवरण देना चाहती हूँ। मन्त्र का असल सम्बन्ध उच्चारण से है। जो लोग पंडितों, विद्वानों को बुलवाकर घर पर पूजा करवाते हैं—वहाँ जो मन्त्रों का उच्चारण किया जाता है, असल प्रभाव उस उच्चारण का होता है—जिससे घर की वाइब्रेशंज बदल जाती है। बुरी और अच्छी वाइब्रेशंज का अन्तर—घुटी-घुटी, सीली, बन्द हवा और खुली पहाड़ी हवा के अन्तर के समान है।

? : यह थाट-एनर्जी की बात है, मैं इससे सहमत हूँ।

उ. : और दूसरी बात यह कि जो मन्त्र हम किसी को लिखकर देते हैं, वह सिर्फ लिखकर नहीं देते, पहले एक खास समय पर बैठकर एकाग्र मन से उसका उच्चारण करते हैं। वही उच्चारण एक बिजली जैसी शक्ति पैदा करता है—जो अक्षरों में डालकर, कागज़ पर लिखकर, हम किसी को देते हैं।

? : ख़ास समय से क्या मुराद है?

उ. : सूर्य ग्रहण, चन्द्र ग्रहण जैसा समय—जिस दिन वह शक्तियाँ राहु और केतु की पकड़ में होती हैं। यानी किसी रौशन शख़्सियत पर बुरी और अन्धकार-भरी शक्ति का प्रभाव।

? : पर उर्मिल! सूर्य ग्रहण या चन्द्र ग्रहण को साइंस किसी राहु केतु की पकड़ नहीं मानती...

उ. : इसे आप प्रतीकात्मक अर्थों में समझ लें। किसी इन्सान की जिन्दगी पर पड़ी हुई किसी उदासी या मुसीबत की परछाईं...

? : चलिए, प्रतीकात्मक अर्थों में मान लिया। पर कोई मन्त्र इतनी दूर की वाइब्रेशंज को कैसे बदल सकता है?

उ. : मन्त्र में ऐल्फ़ा बीटा गामा जैसी साइंटिफ़िक शक्तियाँ होती हैं। जिस तरह ख़ास तरह की किरणें किसी चीज में से गुज़ार दी जाएँ, तो चीज़ के अन्दर के कीड़े मर जाते हैं और वह चीज़ बहुत समय

तक ख़राब नहीं होती, प्रिज़र्व की जा सकती है। मन्त्र पढ़कर फूँक मारने का अर्थ यही है। काग़ज़ पर मन्त्र-यंन्त्र लिखकर देने का अर्थ भी यही है। उसके साथ हम बीमार और बुरे असर को झाड़कर उसके स्थान पर स्वस्थ शक्ति भरते हैं।

? : तन्त्र और मन्त्र में क्या अन्तर होता है?

उ. : तन्त्र परा-वैदिक चीज़ है, उसका सम्बन्ध साधना से है, रूहानी शक्ति से। मन्त्र का सम्बन्ध वैदिक ज्ञान से है, मस्तिष्क के ज्ञान से। तन्त्र का सम्बन्ध सिद्धि से है, अगम से, मनोविज्ञान से। पर मन्त्र का सम्बन्ध निगम से है, दिमाग से, वाइब्रेशंज से। मन्त्र का असर स्थायी होता है, तन्त्र का अस्थायी।

? : तन्त्र का सम्बन्ध अगर रूहानी शक्ति से है तो उसका प्रभाव अस्थायी क्यों हैं?

उ. : तन्त्र के लिए एक ख़ास लक्ष्य सामने रखना होता है। एक ख़ास विषय पर सिद्धि करनी होती है...

? : ख़ास विषय से मुराद?

उ. : जैसे काली की सिद्धि, हनुमान की, या भूत की सिद्धि...

? : काली, दुर्गा या हनुमान तो भला किसी शक्ति का प्रतीक मान लिए, पर भूत-प्रेतों की बात मेरे दलील के घेरे में नहीं आती...

उ. : भूत-प्रेतों के अस्तित्त्व या अन-अस्तित्त्व का सवाल नहीं है—किसी भी चीज़ का लक्ष्य सामने रखने का सवाल है, वह चीज चाहे साकार रूप में हो, चाहे निराकार रूप में, चाहे सिर्फ़ एक ख़्याल के रूप में। मैं कह रही थी कि तन्त्र का असर अस्थायी होता है—क्योंकि वह साधना खास विधियों के अनुसार करनी होती है। जब भी कोई व्यक्ति विधि से विमुख होता है, उसका प्रभाव खत्म हो जाता है।

? : अच्छा एक वशीकरण मन्त्र भी होता है—क्या उससे दूसरा आदमी सचमुच मोह के वश में हो जाता है?

उ. : हो जाता है। पर मन्त्र के साथ इच्छा-शक्ति का गहरा सम्बन्ध होता है। सच्ची चाहत .का भी। मन्त्र का मतलब इच्छा को कई गुना अधिक शक्तिशाली करना होता है। दोनों शक्तियों की लहरें मिलकर पार वाले तट को छू लेती हैं, यानी उसे जिसकी मोह-मुहब्बत को पाना होता है। कई बार यह भी होता है कि इस मन्त्र का असर दूसरे पर ज़रूर हो जाता है। पर कई बार इसकी शक्ति अगले तट

से टकराकर लौट आती है। इसकी सफलता विश्वास से और आत्मा की शुद्धि से सम्बन्धित है।

? : यार! इन मन्त्रों की जगह इन्सान अपने में ऐसी क़ाबलियत क्यों न पैदा करे कि सब कुछ क़ाबलियत और ना-क़ाबलियत के मुताबिक हो...

उ. : योग्य और अयोग्य में मेरा विश्वास भी है—तभी मैंने मन्त्र से आत्मा की शुद्धि की बात कही है। मन्त्र का काम सिर्फ़ बुरी शक्तियों को घटाना और अच्छी शक्तियों को बढ़ाना है। आपके शब्दों में उसे थाट-एनर्जी कह सकते हैं।

अंगों में बसने वाले नौ ग्रह

? : उर्मिल! आज एक नए पहलू से तुम्हारे ज्योतिष के नौ ग्रहों की बात करनी है। हिन्दू फ़िलासफ़ी के मुताबिक नौ ग्रह इन्सान के जिस्म में भी होते हैं। जैसे इन्सान के माथे के बीच साँस लेने वाली नाड़ी से एक अंगुल नीचे सूर्य होता है...

उ. : ग्रहों का सम्बन्ध इन्सानी चिन्तन से होता है। चिन्तन का मस्तक से। यह ज्ञान की चरम सीमा का स्थान है। ज्ञान की रोशनी सूर्य की प्रतीक है—इसलिए हमारे ऋषियों-मुनियों ने सूर्य का स्थान इन्सान के माथे से निश्चित किया है। माथे के इस स्थान को ब्रह्म-रन्ध्र कहते हैं...महात्मा बुद्ध की ज्ञान-ज्योति उनके माथे में से प्रकट हुई थी...

? : ब्रह्म-रन्ध्र से एक अंगुल नीचे सूर्य का स्थान कहते हैं और उससे एक अंगुल और नीचे चन्द्रमा का। यह चन्द्रमा का स्थान कैसे निश्चित किया गया है?

उ. : चन्द्रमा को इन्सान की भावुकता से जोड़ते हैं, उसकी कल्पना से। चन्द्रमा को क्योंकि सूर्य से रोशनी लेनी होती है, सो उसका सूर्य के साए के नीचे रहना जरूरी है। सूर्य का तेज, यानी ज्ञात का उजाला, जब चन्द्रमा पर पड़ता है, इन्सान की कल्पना-शक्ति चमकती है।

? : गरुड़ पुराण की फ़िलासफ़ी ने मंगल का स्थान इन्सान के नेत्रों में माना है। इसका क्या भाव है?

उ. : मंगल शक्ति का प्रतीक है, क्रोध का और प्रतिभा का भी। खून का भी। आँखें इन्सानी मन का शीशा होती हैं—जैसे शिव का तीसरा

नेत्र उनके क्रोध का प्रतीक है। इन्सान के मन की हालत को उसकी आँखों में साफ़ पढ़ा जा सकता है। इसलिए मंगल का स्थान नेत्रों में माना गया है।

? : बुध का स्थान हृदय में क्यों?

उ. : बुध, बौद्धिकता का प्रतीक है, वाणी का कारक भी। हृदय का निर्मल स्थान बुध का ही हो सकता है। हृदय में ही लहू छनता है—जो शरीर की सारी नाड़ियों की जान होता है। हमें किसी आदमी का कार्य-व्यवहार, काव्य-शक्ति या प्रवचन शक्ति जाननी हो, तो उसका बुध देखते हैं...

? : और बृहस्पति का स्थान नाभि में क्यों है?

उ. : बृहस्पति वेद पुराण का ज्ञाता, शास्त्रों का ज्ञाता और ज्ञान का प्रतीक है। आपने गौर किया होगा कि विष्णु की नाभि से कमल फूल उगा हुआ हुआ दिखाया जाता है, जिस पर ब्रह्मा का आसन होता है और ब्रह्मा के हाथ में चार वेद होते हैं। इसीलिए बृहस्पति का स्थान नाभि में है। गर्भ के बच्चे को सारी खुराक माँ की नाभि से मिलती है सो, नाभि संचार-शक्ति का स्थान है इसीलिए बृहस्पति का।

? : और शुक्र का स्थान वीर्य में क्यों है?

उ. : शुक्र दैत्यों का गुरु है। इन्सानी जिस्म की फ़ालतू शक्ति काम-वासना के रास्ते से निकलती है—वीर्य के रास्ते से। इसीलिए इच्छा-शक्ति का प्रतीक शुक्र, इन्सान के वीर्य में होता है।

? : नाभि में बृहस्पति का स्थान है, पर नाभि गोलक में शनि का। यह बृहस्पति और शनि पास-पास कैसे हो गए?

उ. : देखिए, बृहस्पति ज्ञान का प्रतीक है और शनि चिन्तन का और ख़्यालों की गहराई का। ज्योतिष में हमें जब भी किसी के चिन्तन की गहराई देखनी हो—उसकी चिन्तनशीलता, तो हम उसका शनि देखते हैं। आपको याद होगा कि मैंने आपकी बात करते हुए कहा था कि आपका लग्नेश शनि है इसलिए आप चिन्तन की गहराई में जाती हैं। चिन्तन की ही चरम सीमा ज्ञान है, बृहस्पति। अगर किसी की कुंडली में शनि और बृहस्पति इकट्ठे हों तो ऐसा आदमी खोज-कर्त्ता, पुराणों का ज्ञाता, शोधकर्त्ता और फ़िलासफ़र होता है।

? : मेरी कुंडली में यह दोनों शरीफ़ ग्रह इकट्ठे हैं या नहीं?

उ. : आपकी कुंडली में यह दोनों ग्रह कैसे इकट्ठे हो सकते हैं? आपकी लेखनी कल्पनायुक्त है, मुहब्बत से लबरेज़ है, चिन्तनशील है और प्रतिभायुक्त है। प्रतिभा का कारक सूर्य है, चिन्तनशीलता का शनि, इश्क-मुहब्बत का शुक्र और कल्पना का कारक बुध है। महाराज! यह चारों ग्रह आपकी कुंडली में इकट्ठे पड़े हुए हैं।

? : अच्छा, दोस्त! यह बताओ कि राहु-केतु का भी इन्सानी जिन्दगी से कोई लेन-देन है?

उ. : देखा जाए तो है भी और नहीं भी—क्योंकि ज्योतिष-शास्त्र में इन्हें ग्रह नहीं माना गया है। इन्हें छाया ग्रह कहते हैं। जिस तरह सर्कस में जोकर होते हैं, जिनका सर्कस से सम्बन्ध होता है और नहीं भी होता।

? : पर उर्मिल! इन्हें शरीर में स्थान तो दिया गया है। कहते हैं—राहु का स्थान इन्सान के मुँह में होता है और केतु का हृदय से लेकर कंठ तक...

उ. : देखिए, राहु एक ऐसा ग्रह है जिसका कोई दीन-ईमान नहीं होता। वह बे-पेंदे का लोटा होता है। उसकी मित्रता अच्छे ग्रहों से भी होती है, बुरे ग्रहों से भी। उसका काम सिर्फ़—टाँग अड़ाना होता है। इसलिए उसे जीभ पर स्थान दिया गया है, जिसका कोई भरोसा नहीं है कि जीभ किस समय क्या उच्चारण कर दे...अगर पीछे बुध की शक्ति हो तो जीभ अच्छा बोलेगी और अगर पीछे शुक्र की शक्ति हो तो आशिक़ाना बातें करेगी। अगर पीछे मंगल की शक्ति हो तो जीभ वीरता की वाणी भी हो सकती है, गुस्सैली भी।

? : और केतु का स्थान?

उ. : केतु का सम्बन्ध गुप्त चीज़ों से होता है—रहस्य से। इन्सान भी कई बातें कंठ तक लाकर रोक लेता है, जीभ पर नहीं लाता, इसलिए केतु का स्थान भीतर ही भीतर गुप्त स्थान पर माना गया है।

? : अच्छा, यह बताओ उर्मिल! कि पत्रियों में तो यह नौ ग्रह कई बार अपनी-अपनी जगह पर होने की जगह दूसरों के घरों में चले जाते हैं। इस तरह जिस्म का सूर्य किसी के माथे की जगह किसी की नाभि में, या मंगल किसी की नाभि में होने की जगह किसी के मस्तक में चला जाता है या नहीं?

उ. : शरीर में यह सब ग्रह अपनी-अपनी जगह पर रहते हैं। पर खून की गर्दिश के ज़रिए एक-दूसरे का प्रभाव ग्रहण करते हैं। मैंने आपको

बताया था कि आपका शनि सूर्य के घर में बैठा हुआ है इसलिए सूर्य का प्रभाव भी ग्रहण करता है। पर शरीर की जन्म-कुंडली में ऐसा नहीं होता। जैसे शरीर के अंग अपनी-अपनी जगह रहते हैं, उसी तरह यह नौ ग्रह भी। यह सिर्फ़ तगड़े अंगों की शक्ल में कमज़ोर अंगों पर अपना असर डालते हैं। मसलन—अगर पेट की खराबी से नाभि का शनि दुर्बल पड़ गया हो, तो आदमी के माथे का सूर्य निस्तेज हो जाएगा, आँखों का मंगल विकृत हो जाएगा, या माथे का चन्द्रमा—नीच का चन्द्रमा होकर उसे पागल बना देगा...

? : सूर्य ग्रहण और चन्द्र ग्रहण की तरह—शरीर के चाँद, सूर्य को भी ग्रहण लगता है या नहीं?

उ. : ज़रूर लगता है। हमारे ज्योतिष के अनुसार जब राहु चन्द्रमा के साथ पड़ा हो, तो चन्द्र ग्रहण लगता है और जब सूर्य चन्द्रमा दोनों के साथ पड़ा हो तो सूर्य ग्रहण लगता है। इसी तरह किसी की जिन्दगी में जब राहु की तरह कोई ख़राब आदमी आकर मिलता है तो उसके चन्द्र-सूर्य दोनों को ग्रहण लग जाता है...

? : सो, इन्सान के चन्द्र-सूर्य को राहु जैसे नीच विचारों वाले लोगों से बचना चाहिए...

रंग बोलते हैं

? : उर्मिल! रंगों का क्या सिद्धान्त है? आप लोग अक्सर खास रंग का कपड़ा या खास रंग का पत्थर किसी को पहनने के लिए कहते हैं, क्यों?

उ. : रंग ढाल का काम करते हैं, ट्रांसमीटर का भी...

? : यह वैज्ञानिक सच्चाई है या मनोवैज्ञानिक?

उ. : दोनों। वैज्ञानिक सच्चाई यह है कि हर ग्रह का अपना रंग है, जैसे शनि का काला रंग है, काला और नीला। मंगल का लाल, बृहस्पति का पीला, शुक्र और चन्द्रमा का सफेद और बुध का हरा।

? : पर ग्रहों के रंगों का अनुमान कैसे लगाया गया है?

उ. : आदि खोज कैसे हुई, इसका तिथिवार ज्ञान नहीं है। पर खोज जब ठीक साबित होती है, माननी पड़ती है। यह बात हर खोज के बारे में कही जा सकती है...

? : रंगों का किसी की शख्सियत से क्या सम्बन्ध होता है? मसलन साधु लोग सिर्फ भगवा रंग क्यों पहनते हैं?

उ. : भगवे रंग का चिह्न त्याग से सम्बन्धित है, मन के विरक्त होने से। यह रंग लाल और पीले रंग का मिश्रण है। लाल रंग उत्तेजना का प्रतीक है और पीला बहार का। यह वैज्ञानिक सिद्धान्त है कि दो पाज़िटिव मिलकर अपने अस्तित्त्व से मुक्त हो जाते हैं। दो निगेटिव भी मिलकर अस्तित्त्व से मुक्त हो जाते हैं। इसी तरह लाल और पीला मिलकर जब भगवा बन जाता है—दोनों के प्रभाव से मुक्त हो जाता है...

? : काले और सफेद रंग को—रंगों में कोई जगह क्यों हासिल नहीं है?

उ. : काला रंग रहस्य का, गहराई का और चिन्तन का प्रतीक है—जिसकी थाह नहीं मिलती—निपट अँधेरा। उस पर कोई रंग नहीं चढ़ सकता और इसके विपरीत सफेद रंग किसी और रंग पर नहीं चढ़ सकता। इसलिए दोनों रंग गिनती से स्वतन्त्र हैं।

? : पर काला रंग सींग से और सफ़ेद पाकीज़गी से क्यों सम्बन्धित है?

उ. : जैसे काले रंग की तहें खोली-देखी नहीं जा सकतीं, उसी तरह दुःख-शोक की तहों में भी नहीं उतरा जा सकता...

? : पर सूफ़ी फ़कीरों ने अपने लिए सिर्फ़ काला रंग चुना था—शायद रहस्य और चिन्तन के पहलू से। वह शोक-मुक्त हो। पर, आम आदमी तब काला या नीला बड़े शौक से पहनता है, उसके मन की रुचि क्या होती है?

उ. : वह मन की बेचैनी का सूचक होता है...

? : आज तो, उर्मिल, तुम्हारी अपनी साड़ी में भी नीला रंग, प्रधान है..?

उ. : मन बिलकुल शान्त कब होता हैं, तभी अमृता, कभी खुद चलकर आपके पास आ जाती हूँ। अकसर सफेद कपड़े पहना करती थी—पर कुछ समय रो उन सवालों की गहराई में उतर रही हूँ जो आज तक सोचे नहीं थे...

? : उर्मिल! मुझे चिरकाल से गहरा नीला रंग पसन्द है, मेरी यह पसन्द कभी बदली नहीं, इसकी तशरीह कैसे करोगी?

उ. : अमृता, आपकी पूरी जिन्दगी चिन्तन में गुज़री है, जिन्दगी को तह-दर-तह खोलने और देखने में। अगर उसे ज्योतिष के साथ जोड़ें तो यह तथ्य भी देख सकती हूँ कि परमहंस रामकृष्ण का, आपका और भी कई लोगों के लग्न ऐसे हैं जिनका सम्बन्ध शनि से है। यह

मैं कह चुकी हूँ कि शनि का रंग नीला और काला है। इस रंग का गहराई से क्या सम्बन्ध है—इसकी मिसाल भी देनी है—समुद्र और आसमान का रंग नीला क्यों दिखाई देता है? क्योंकि वह अथाह है, अन्तहीन। समाधि भी हमेशा अँधेरे में लगाई जाती है। इसका मतलब होता है कि साधक अँधेरे में से किसी चीज को खोजना चाहता है...

? : मेरा ख़्याल है कि अँधेरा मन की एकाग्रता के लिए चाहिए होता है...उजाले में मन बिखरता है, अँधेरे में जुड़ता है, इसलिए...

उ. : यह ठीक है। अँधेरा और उजाला एक-दूसरे के पूरक होते हैं। जब कोई अँधेरे में लीन होकर—कुछ पा लेता है वह वस्तु प्रत्यक्ष होती है। मैं पूछती हूँ कि आप नज़्म अँधेरे में बैठकर लिखती हैं कि सूरज की रोशनी में बैठकर—।

? : नज़्म हमेशा एकान्त और अंधेरे कोने में बैठकर लिखती हूँ। ज़रा-सा उजाला करके—जिससे कागज़ पर अक्षर दीख सकें। पर वह उजाला भी दीए-बत्ती का, सूरज का बिलकुल नहीं, सूरज को मोटे पर्दों से बाहर रखकर...

उ. : फिर मैंने ठीक कहा था कि मन की भीतरी किरण अँधेरी कन्दराओं में बैठकर मिलती है...

? : अच्छा, उर्मिल, शनि के काले-नीले से ज़रा हटकर बाकी रंगों की बात करो। चलो शगुनों वाले लाल रंग की बात करो—।

उ. : इसे आप शगुनों वाला भी कह सकती है—और खतरे वाला भी। विवाह के समय का लाल जोड़ा—उत्तेजना का चिह्न होता है, रोम-रोम में काम-शक्ति को जगानेवाला। दूसरी ओर बैल को लाल रंग दिखाकर क्रोधित किया जाता है। इसे तामसी रुचि के लोग खासतौर पर पहनते हैं। बाकी—चौक की लाल बत्ती और गार्ड की लाल झंडी—मनाहियों पर चिह्न होती है।

? : पर शगुनों वाले थाल पर हमेशा लाल रूमाल डाला जाता है...

उ. : जिस जिन्दगी का आरम्भ होता है उसी जिदगी के संघर्ष की ओर शगुन के रूप में लाल रंग एक संकेत होता है।

? : बिन्दी, सुर्खी, मौली और मेंहदी भी यही संकेत होती है? और वेदी की लाल आग भी—?

उ. : यह सब कुछ जिन्दगी की आग का प्रतीक होता है।

? : हरा रंग ईर्ष्या और हसद का रंग क्यों माना जाता है?

उ. : मैं इसे ऐसा नहीं समझती। यह सदाबहार का चिह्न है, हरियाली का, जवानी का। जो लोग हरे रंग का शौक रखते हैं, उनका मन सदा जवान होता है पर परिवर्तनशील, कच्चे इरादे का।

? : शायद इसीलिए हरा रंग हमेशा फीका पड़ जाता है। यह किसी कपड़े पर पक्का नहीं चढ़ता...

उ. : जैसे हरे पत्तों को पीला जरूर होना होता है—वैसे ही इस रंग को भी फीका पड़ना-बदलना होता है। यह ऋतुओं के बदलने का प्रतीक है। हरे रंग का शौक रखनेवालों की जिन्दगी में ऋतुएँ बदलती रहती हैं। हरी बत्ती के निशान की तरह यह गति का चिह्न है...

? : पर जिन मुल्कों के झंडों में हरा रंग प्रधान होता है।

उ. : यह चिह्न गति का है—भले ही पथ दुर्घटनाओं—बाधाओं से भरा हो...

? : और पीला रंग—?

उ. : यह बृहस्पति का रंग ज्ञान का चिह्न है—ज्ञान और शान्ति का।

? : कृष्ण का वेश पीला क्यों था?

उ. : पीला रंग बहार का चिह्न भी होता है, ज्ञान का भी। कृष्ण इसीलिए कर्मयोगी थे, ज्ञानी भी, रसिक भी। यह नई चेतना और नई जागृति का चिह्न होता है—सूर्य की पहली किरण की तरह।

? : पर जो लोग तरह-तरह के रंग एक ही समय में पहन लेते हैं, उनकी शख्सियत का क्या मुतालबा होगा?

उ. : उनका व्यक्तित्त्व भी बहुरंगी होता है, कर्म भी बहुरंगी। वह बे-पैंदे के लोटे होते हैं, जिधर ढलान देखी, उधर झुक गए। जैसों में बैठते हैं, वैसे ही हो जाते हैं।

? : अच्छा यह रंगों की जनरलाइजेशन हो गई। पर रंगों का किसी के दुःख-दर्द से क्या सम्बन्ध होता है? आप लोग खास तरह की बीमारियों के लिए लोगों को खास रंग के नग, मोती पहनने के लिए क्यों कहते हैं?

उ. : ज्योतिष शास्त्र के अनुसार हम हर दुःख-दर्द का सम्बन्ध ग्रहों से मानते हैं। हर ग्रह अपनी किरनें वायु-मंडल में निरन्तर छोड़ता रहता

है। हम जब किसी की जन्म-कुंडली देखते हैं तो यह देख सकते हैं कि कौन-सा ग्रह इस समय इस आदमी को तंग कर रहा है, मसलन किसी को शनि ग्रह तंग कर रहा है, तो तुम उसे काला कपड़ा या नीलम पहनने के लिए कहते हैं...

? : उससे दुःख-दर्द का क्या सम्बन्ध हुआ?

उ. : यह साइंस का नियम है कि जो किरन ग्रह से आ रही है, उसी से सम्बन्धित अगर आपने कोई चीज़ धारण की हुई है—कोई कपड़ा या नग, तो यह किरन उससे टकराकर वापस लौट जाएगी। इसीलिए मैंने पहले कहा था कि रंग का नग ढाल का काम करते हैं...

? : पर आपने ढाल के साथ ट्रांसमीटर लफ्ज भी इस्तेमाल किया था बल्कि वह किरन सम्बन्धित रंग से जुड़कर दो आतशा नहीं हो जाएगी?

उ. : विस्तार से बताती हूँ—कपड़े ढाल का काम करते हैं, नग ट्रांसमीटर का। किरन शक्ति को अपने में समोकर—वह धीरे-धीरे बदन के हवाले कर देते हैं...

? : उर्मिल, एक बात सुनने में आती है कि हमारे प्राचीन वैद्य रोगियों का इलाज भी रंगों द्वारा करते थे, क्या यह बात ठीक है!

उ. : यह बात बिलकुल ठीक है। मेरे नानाजी खुद बड़े माने हुए वैद्य थे। उनके पास हर रंग के बर्तन रखे रहते थे। वह पहले रोगी की जन्म-कुंडली या नब्ज़ देखकर समझ लेते थे कि रोग का किस ग्रह से सम्बन्ध है। उसी के अनुसार वह दवाई को उसी रंग के बर्तन में रखकर रोगी को देते थे।

? : उर्मिल, दोस्त, मेरे कन्धे में पीड़ा होते कई बरस हो गए हैं। कौन-से रंग की शीशी में दवाई पियूँ कि आराम हो जाए?

उ. : काले या नीले रंग की शीशी में। मैं एक दिन आकर आपकी उँगली में नीलम की अंगूठी पहना जाऊँगी...

? : नहीं यार?

उ. : आप मानें या न मानें, मैं जबर्दस्ती पहना जाऊँगी। दोस्ती का एक हक़ जबर्दस्ती करना भी होता है...

? : पर उर्मिल, मेरे हाथ में हर समय नीली-काली स्याही होती है। यह देखो, इस समय भी गहरे नीले रंग की कलम से लिख रही हूँ—तुम्हीं बताओ, यह मेरा नीलम नहीं है।

उ. : मान गई...यह खरा और सच्चा नीलम है...

? : उर्मिल! आपके ज्योतिष के मुताबिक इन्सान की साइकी से चन्द्र का क्या सम्बन्ध है?

उ. : हमारे ज्योतिष के क्षेत्र में सब पहलुओं का केन्द्रीयकरण चन्द्रमा है क्योंकि चन्द्रमा इन्सान की जिन्दगी के हर पहलू से सम्बन्धित है। उसके मन से, कल्पना से, बुद्धि से, कोश से और जननी से भी, दूध से भी...

? : दूध के साथ कैसे?

उ. : चन्द्रमा तरल का कारक भी होता है, जन्म-कुंडली के अनुसार तरल पदार्थ की या सफेद वस्तुओं की स्थिति देखनी हो, तो हम उसकी जन्म-कुंडली में चन्द्रमा की स्थिति देखते हैं। मसलन जन्म-कुंडली में चौथे घर में अगर चन्द्रमा गलत ग्रहों के साथ पड़ा हो, राहु के साथ या शनि के साथ, तो हम कह सकते हैं कि इसे अपनी माँ का सुख नहीं मिला। इसे माँ का दूध भी नसीब नहीं हुआ।

? : कल्पनाशील व्यक्ति का चन्द्रमा कहाँ और किस प्रकार होता है?

उ. : उसका चन्द्रमा या तो उसके लग्न में होता है या लग्न के स्वामी के साथ होता है। साथ ही उसका शुक्र के साथ सम्बन्ध भी किसी न किसी रूप में जरूरी होता है...

? : किसी न किसी रूप में क्या मतलब?

उ. : मतलब यह कि या तो वह शुक्र के साथ होता है और या शुक्र वाले घर में। आपकी जन्म-कुंडली में चन्द्रमा शुक्र के साथ नहीं, पर शुक्र वाले घर में है।

? : कल्पना-शक्ति वाले कुछ लोग अपनी जीविका का साधन भी अपनी इसी शक्ति में से खोज सकते हैं पर कई कोरी कल्पना के मालिक होकर रह जाते हैं। यह क्यों?

उ. : जब चन्द्रमा की स्थिति, अच्छी हो, यह भाग्य और लाभ स्थान में हो, तो वह लोग कला और कल्पना के माध्यम से रोजी कमा सकते हैं। पर जिनका चन्द्रमा खराब हो—वह कोरी कल्पना करते रह जाते हैं।

? : चन्द्रमा खराब से क्या मतलब?

उ. : कृष्ण पक्ष की चतुर्दशी का चन्द्रमा हो, या अमावस का और उसके आसपास कोई ग्रह न हो। यानी उसके ऊपर शुक्र, बृहस्पति आदि

शुभ ग्रहों की दृष्टि न हो और वह राहु, शनि या केतु के साथ पड़ा हो तो चन्द्रमा खराब गिना जाता है...।

? : और अच्छा चन्द्रमा कौन-सा होता है?

उ. : पहली बात तो यह कि चन्द्रमा पूर्णिमा का हो, शुभ ग्रहों के साथ उच्च का पड़ा हुआ हो, या उसके ऊपर शुभ ग्रह की दृष्टि हो। मसलन आपका चन्द्रमा भाग्य स्थान पर पड़ा हुआ है, इसलिए आप इसकी कल्पना के माध्यम से अपना भाग्य जगाते हैं। फिल्म कलाकार नर्गिस का चन्द्रमा लाभ स्थान में था। रवीन्द्रनाथ टैगोर का चन्द्रमा उनके लग्न में था। पंडित नेहरू का चन्द्रमा भी लग्न में था...।

? : और दोस्त! तुम्हारा अपना चन्द्रमा कहाँ है?

उ. : मेरा चन्द्रमा अमृता जी! है तो उच्च का, पर वह पड़ा 12वें घर में है। उससे मुझे एक फायदा हुआ है कि 12वाँ घर याददाश्त और दिमाग का भी होता है, इसलिए मेरी याददाश्त बहुत तेज़ है...।

? : ज़रूर तेज़ है—इस वक्त किसी की पत्री सामने नहीं और तुमने मेरा, नर्गिस का, टैगोर का और नेहरू का चन्द्रमा याददाश्त में से निकालकर दिखा दिया है। पर यह बताओ उर्मिल कि जो आदमी पूरे चाँद वाली रात को पैदा होता है वह किस तरह के गुण धारण करता है?

उ. : वह खास तौर पर संगीत का शौक रखता है, खाने-पीने का भी खासकर मीठी चीजों का और इश्क-मिजाजी उसकी रगों में बसी होती है। मन की तरफ से वह मेहरबान स्वभाव का होता है, परोपकारी भी। मर्द हो तो उसे सुन्दर स्त्री का साथ मिलता है, औरत हो तो उसे सुन्दर मर्द का। पर कई बार पूर्णिमा का चन्द्रमा होते हुए भी आदमी परेशान रहता है क्योंकि उसके इर्द-गिर्द कोई ग्रह नहीं होता।

? : पूर्णिमा की रात का जन्म इन्सान को इश्क हकीकी की ओर भी ले जाता है?

उ. : हाँ, पूर्णिमा का चन्द्रमा हो, उसके ऊपर बृहस्पति की और शनि की दृष्टि हो, या यह ग्रह इकट्ठे पड़े हों और इर्द-गिर्द कोई ग्रह न हो, तो उसमें इश्क हकीकी के गुण आ जाते हैं। दूसरे शब्दों में यह भी कह सकते हैं कि वह इश्क मिजाजी से उदासीन होकर इश्क हकीकी

के रास्ते पर चला जाता है। इसके लिए रामायण के रचयिता तुलसीदास की मिसाल दे सकती हूँ—उनका लग्न तुला था शुक्र—स्वामी लग्न में चन्द्रमा था, पर चन्द्रमा के तरफ शनि और दूसरी तरफ राहु था, ऊपर से बृहस्पति चन्द्रमा को देख रहा था, साथ ही पत्नी के घर का मंगल नीच का होकर चन्द्रमा को देख रहा था, जिस कारण तुलसीदास की तबीयत विरक्त हो गई।

? : और उर्मिल! जब इन्सान की दीवानगी, तन मन की चेतना से, कहीं आगे कला में चली जाती है?

उ. : अगर चन्द्रमा नीच का हो, राहु और शनि के साथ पड़ा हुआ हो और साथ ही बारहवें घर के साथ उसका किसी-न-किसी रूप में सम्बन्ध हो। इसके दो रूप देखे जा सकते हैं—जिस इन्सान का लग्न, चन्द्रमा और बुध, तीनों चीजें खराब हों, बाकी ग्रह ठीक हों, तो वह परेशान रहता है। निराशा में रहता है, पर पागल नहीं होता। अगर चन्द्रमा केतु के साथ हो, तो उस आदमी को कोई गुप्त चिन्ता या गुप्त बीमारी रहती है। अगर चन्द्रमा का सम्बन्ध सातवें या आठवें घर से हो या उन घरों के स्वामियों के साथ हो, तो आदमी को उदर विकार की शिकायत रहती है। अगर चन्द्रमा आठवें घर में मंगल के प्रभाव में हो तो ब्लडप्रेशर होता है। अगर राहु के प्रभाव में हो तो मिरगी होती है। अगर शनि के प्रभाव में हो तो कुष्ठ रोग होता है। अगर दूषित चन्द्रमा शुक्र के प्रभाव में हो तो वीर्य सम्बन्धी रोग होता है। अगर अकेला चन्द्रमा आठवें घर में हो तो, तो उसे हर्निया की बीमारी होती है।

? : गुप्त चिन्ता या गुप्त रोग से क्या मतलब?

उ. : जब लग्न भी खराब हो, चन्द्रमा भी नीच का होकर छठे घर में पड़ा हो, साथ केतु भी हो, उस आदमी को कैंसर होता है। गुप्त चिन्ता का सम्बन्ध चोरों से और काला धन्धा करनेवालों से है क्योंकि उन्हें हर वक्त खटका लगा रहता है...

? : और असफल आशिकों का चन्द्रमा कहाँ होता है?

उ. : उनका दूषित चन्द्रमा या तो पाँचवें घर में होता है या पाँचवें घर के मालिक से सम्बन्धित होता है...

? : अदबों कलाकारों की शोहरत का या गुमनामी का ताल्लुक भी चन्द्रमा से होता है?

उ. : होता ही चन्द्रमा से है। अगर चन्द्रमा कर्क राशि का या बृष राशि का हो, लग्न भी कर्क या वृष हो और उसके ऊपर बृहस्पति की या शुक्र की दृष्टि हो तो वह लोग चिरकाल तक मशहूर रहते हैं। भगवान कृष्ण वृष लग्न के थे, गौतम बुद्ध और रामचन्द्र कर्क लग्न के थे, जवाहरलाल नेहरू और लता मंगेश्कर का कर्क का चन्द्रमा है। आपका अपना शुक्र का चन्द्रमा है...

? : और गुमनाम रह जानेवालों का चन्द्रमा?

उ. : जिनका चन्द्रमा कमजोर हो, इर्द-गिर्द कोई भी ग्रह न हों, न चन्द्रमा पर किसी शुभ ग्रह की दृष्टि हो वह लोग गुमनाम रह जाते हैं...

? : जन्म-कुंडली देखकर तुम लोग चन्द्रमा के कुछ और गुण या अवगुण क्या बता सकते हो?

उ. : किसी का चन्द्रमा अगर मंगल से सम्बन्धित हो तो उसे अचानक धन लाभ होता है। यह लाभ जुए से, लाटरी से, या रेस से भी हो सकता है। अगर चन्द्रमा बुध के साथ हो तो वह आदमी बड़ा भारी उद्योगपति होता है। अगर शुक्र के साथ हो तो वह कवि, लेखक, संगीतकार या अभिनेता होता है। अगर चन्द्रमा बृहस्पति के साथ हो तो वह आदमी विद्वान्, पौराणिक ग्रन्थों का ज्ञाता, शोधकर्त्ता, और पंडित होता है। अगर चन्द्रमा शनि के साथ हो तो वह आदमी अमीर तो होता है, पर अच्छे मन का नहीं होता।

? : और अगर चन्द्रमा सूर्य के साथ हो?

उ. : सूर्य के साथ हो तो उसे बाप-दादा का धन मिलता है या राज्य सरकार से मिलता है।

? : कल्पना के अलावा भी चन्द्रमा का सम्बन्ध कारोबार के साथ होता है?

उ. : हाँ, उसका सफेद चीज़ों के व्यापार के साथ, कपास के साथ, तरल पदार्थों के व्यापार के साथ या चाँदी और संगमरमर के व्यापार के साथ...

? : यार! कागज़ भी तो सफेद होता है...

उ. : हाँ, कागज़ के व्यापार के साथ भी, कलई के धन्धे से भी। समुद्र में काम करनेवाले गोताखोर या जल सेना के लोग भी इसके साथ सम्बन्धित होते हैं।

? : और जिनकी मौत तुम लोग पानी में लिखी बताते हो?

उ. : आठवाँ घर मौत का घर होता है, पाँचवाँ प्रेम का। लग्न का सम्बन्ध शरीर के साथ होता है। इन तीनों का जब गलत जोड़ होता है तब आदमी पानी में डूब कर आत्महत्या करता है। अगर सिर्फ लग्न का और आठवें घर का और चन्द्रमा का मिलन हो तो आदमी की अचानक पानी से मृत्यु हो जाती है। जिसके बुध का, चन्द्रमा का, लग्न का और आठवें घर का आपस में सम्बन्ध हो, वह प्रेम में पागल होकर आत्महत्या करता है।

? : सो, इन्सान के तन-मन के मौसम चन्द्रमा के अनुसार बदलते हैं। पर पूर्णिमा के दिन इन्सान की दीवानगी कई शिखरों को छूती है, क्यों?

उ. : आदमी की अपूर्णता–चन्द्रमा की पूर्णता को देखकर व्याकुल होती है।

? : अच्छा, यह बताओ उर्मिल कि औरत के कई व्रत नियम चन्द्रमा से सम्बन्धित हैं, जैसे करवा चौथ का व्रत। तब औरतें चन्द्रमा को अर्घ्य क्यों देती हैं और चन्द्रमा का दर्शन करके पानी पीती हैं, ऐसा क्यों?

उ. : क्योंकि चन्द्रमा का सम्बन्ध प्रेम से है और प्रिय की खैर माँगते हुए व्रत नियम रखकर प्रेम के देवता को ही पूजना होता है।

उदास चन्द्रमा

? : उर्मिल दोस्त! आपके ज्योतिष का मुझे कुछ पता नहीं है लेकिन सामाजिक हालतों का पता है, इसलिए यह बताओ कि जिनके इश्क के चन्द्रमा पर सामाजिक विरोध के मंगल की अष्टम दृष्टि होती है या जात-पात के अन्तर की शनि की दशम दृष्टि, या अमीरी-गरीबी के अन्तर की राहु की नवम दृष्टि होती है, तो वह चन्द्रमा किन हालातों में सिर्फ रूह का दर्द बनकर रह जाता है? और किन हालातों में सारी अशुभ दृष्टियाँ राहकर जिन्दगी के आसमान पर चमक उठता है?

उ. : मन के कारक चन्द्रमा का सम्बन्ध अगर मुहब्बत के पंचम भाव से हो, या विवाह के सप्तम भाव से, या भोग शक्ति वाले बारहवें भाव से और उस चन्द्रमा पर अगर मंगल की अष्टम दृष्टि हो, तो चन्द्रमा रूह का दर्द बनकर रह जाएगा, क्योंकि मंगल खूनी ग्रह है।

? : और शनि महाराज क्या करेंगे?

उ. : शनि महाराज अगर नीच दृष्टि से देख रहे होंगे, तो वह कमीने

बिचौलियों को बल देंगे। इसलिए लोगों की डाली हुई रुकावट के आगे मुहब्बत साँस तोड़ देगी लेकिन अगर शनि जी मित्र दृष्टि से देख रहे होंगे या उच्च दृष्टि से, तो मुहब्बत करने वाले सारी रुकावटों को लाँघकर अपनी मंजिल पा लेंगे।

? : पर शनि महाराज की नीच दृष्टि आशिक़ों की उच्च दृष्टि के आगे कभी हार नहीं जाती?

उ. : हार जाती है, अगर चन्द्रमा के साथ कोई शुभ ग्रह पड़ा हो, या चन्द्रमा के इर्द-गिर्द कोई शुभ ग्रह हों, या चन्द्रमा पर किसी शुभ ग्रह की दृष्टि पड़ रही हो...

? : सो, शुभ ग्रह—इन्सान का आत्म-बल भी होता है, मित्र-बल भी। ...और राहु साहब क्या-क्या करते हैं?

उ. : राहु साहब का हाल यह है कि न बुलाई न चलाई, मैं दूल्हे की ताई। न वह वर पक्ष की ओर से, न वधु पक्ष की ओर से। लेकिन उन्हें बारात में जाना जरूर होता है और हर काम में विघ्न जरूर डालना होता है। राहु की डाली हुई अड़चनों से इन्सान अकारण परेशान होता रहता है...

? : अच्छा, उर्मिल! यह बताओ कि जिन शुभ ग्रहों की तुमने बात की है, उनमें से कोई ग्रह आशिक़-मिजाज भी होता है?

उ. : जरूर होता है। शुक्र सबसे ज्यादा आशिक़-मिज़ाज होता है...अगर चन्द्रमा शुक्र के साथ मिलकर बैठा हो तो क्या कहने! सिर्फ़ साथ नहीं, अगर शुक्र की राशि में भी बैठा हो, तो तबीयत में रंगीनी जरूर आ जाएगी। आपका चन्द्रमा शुक्र राशि का है...

? : दोस्त! मेरा हवाला दे-देकर, मेरी कुंडली न नष्ट किया करो! अगर भला मैं पूछूँ कि आपकी कुंडली में चन्द्रमा किस राशि का है?

उ. : मेरा भी शुक्र राशि का है। इसीलिए आपके और मेरे इल्म की इश्क-मिजाजी चलती रहती है।

? : अच्छा उर्मिल! यह बताओ कि शुभ ग्रह के स्वभाव का अपने महबूब के स्वभाव से भी कोई ताल्लुक होता है?

उ. : जरूर होता है? पंचम भाव में जो राशि होगी, उस राशि के स्वभाव के अनुसार ही महबूब का स्वभाव होगा। उदाहरण के तौर पर—अगर मिथुन राशि हो तो महबूब शायर या लेखक या कलाकार होगा। साथ ही यह कि जवान होगा।

? : दोस्त! सारी कुंडलियों में मिथुन राशि वाले कलाकार महबूब हासिल करेंगे, यह कैसे हो सकता है?

उ. : उस भाव में बैठे और ग्रहों से या उस पर पड़ रही और दृष्टियों से, बहुत कुछ बदल जाता है। मैंने मिथुन की मूल स्वभाव की बात की है।

? : अच्छा, और राशियों के मुताबिक?

उ. : अगर पंचम भाव में तुला राशि होगी तो महबूब ख़ुशदिल, संवदेनशील और बहुत सुन्दर होगा। अगर मकर और कुम्भ राशि होगी तो उसका महबूब गुप्त प्रवृत्ति का होगा। सख़्त स्वभाव भी। उम्र के लिहाज़ से बड़ा भी। अगर मेष राशि होगी तो उसका महबूब बलवान, जिद्दी और गुस्सैल स्वभाव का होगा। अगर धनु या मीन राशि होगी तो महबूब उच्च विचारों का, पौराणिक ग्रन्थों का मनन करने वाला और धर्म-कर्म का विश्वासी होगा। शनि के बारे में एक बात बता दूँ—इसे लिखें चाहे न लिखें, आपकी इच्छा—लेकिन वह बात है कि शनि महाराज एक और तरह से भी मुहब्बत में रुकावट डालते हैं कि इन्सान को एक जगह पर टिकने नहीं देते।

? : क्या मतलब?

उ. : एक के बाद दूसरी और दूसरी के बाद तीसरी मुहब्बत की कशिश डालते रहते है...और इन्सान भटकता-सा रहता है...

? : पर शनि तो गम्भीर, विचारवान, बुजुर्ग ग्रह है, उसकी बुजुर्गी में यह लड़कपन क्यों आ जाता है?

उ. : मैं तो इसे लड़कपन भी नहीं कहती, उसका तुच्छपन कहती हूँ। यह स्वभाव भी शनि का एक सत्य है। शनि का वास्तव में व्यक्तिगत रूप अच्छा नहीं है। उसमें वंश के प्रभाव से विद्वत्ता है क्योंकि आखिर वह सूर्य का पुत्र है...

? : पर सुपुत्र के मुकाबले कुपुत्र ज़्यादा निकला! बिचारा सूर्य—पिता भी हैरान होता होगा...ख़ैर, पुत्र कुपुत्र होते हैं, माता-पिता कुमाता-कुपिता नहीं होते। अच्छा, एक और बात बताओ, उर्मिल! कि तुमने कई बार केमुद्रम योग की बात की है, वह योग क्या होता है?

उ. : केमुद्रम योग का मतलब होता है—चन्द्रमा का अकेले रह जाना। यानी उसके इर्द-गिर्द भी कोई ग्रह न होना। चन्द्रमा असल में ठंडा

ग्रह होता है, वह कोई तपिश दूसरे से लेता है। अगर उसके दाएँ-बाएँ कोई ग्रह न हो, तो उसकी उदासीनता केमुद्रम योग कहलाती है।

? : फिर उसके अकेलेपन का और उसकी ठंडी 'धूनी' का क्या असर होता है?

उ. : असर यह होता है कि जिसकी कुंडली में केमुद्रम योग हो, वह सबकुछ होते-सुहाते भी उसे भोग नहीं सकता। सारी उम्र भटकता रहता है।

? : यानी उसे अकेलेपन का शाप लग जाता है...

उ. : इतना कि अमीर घर में पैदा होकर भी, उसे अपना कुछ खो गया लगता रहता है...

? : हमारे शाह हुसैन की कुंडली में भी केमुद्रम योग रहा होगा क्योंकि उसने तड़प कर लिखा "सूलाँ मार दीवानी कीती, बिरहु पिया साडे ख़्याल, नी मैं कैहनूँ आखाँ..." और हम सब शायर, जो तन पर विरह भोगते हैं यही केमुद्रम योग कुंडली में लिखवाकर लाए होंगे...

उ. : लेकिन सैल्फ़-रिअलाइजेशन भी तो आप लोगों को ही होती है...

? : धुआँ धुखे मेरे मुर्शिद वाला, जाँ फोलाँ ताँ लाल, नी मैं कैहनूँ आखाँ...

उ. : आप लोग कुछ कहें न कहें, आपके अक्षर, ग्रहों की तरह मुँह से बोलते हैं।

हीर नीमाणी ईंटें ढोए, रांझा ढोए गारा

? : उर्मिल जी! शायरों और आशिकों के जब घर बनते हैं, तब हीरें ईंटें ढोती है और रांझे गारा बनाते हैं, पर आप दुनिया की बात बताइए कि उनके घर अच्छे किस तरह बन सकते हैं?

उ. : हमारी ज्योतिष विद्या में जब औरत और मर्द के नक्षत्र मिलाए जाते हैं, तब कुल छत्तीस गुण बनते हैं, जिनमें से त्रिकूट और नाड़ी दोष को बहुत अहमियत दी जाती है। वैसे छत्तीस में से आधे गुण मिल जाएँ तो साधारण अच्छा विवाह चल सकता है।

? : पर अच्छा घर बनाने के लिए सिर्फ़ अट्ठारह गुणों का मिल जाना काफ़ी होता है?

उ. : नहीं, और भी बहुत-सी बातों का ध्यान रखना होता है, जैसे पहली

बात तो यह कि दोनों में से एक मांगलिक न हो। हों तो दोनों हों, नहीं तो कोई न हो।

? : पर कोई मांगलिक भंग योग भी तो होता है? मेरे अनुसार तो मुहब्बत की शिद्दत, दोनों का नजरिया और दोनों के नैतिक मूल्य अगर मिलते हों, तो मांगलिक भंग योग हो जाता है...।

उ. : ज़रूर हो जाता है। मन की दृढ़ता में बहुत शक्ति होती है। पर कई बार यह होता है कि मोहब्बत में तो फ़र्क नहीं पड़ता, पर दोनों में से एक को विरह की तड़प सहनी पड़ती है। जैसे भगवान् राम भी मांगलिक थे, बादशाह शाहजहाँ भी। उनकी मोहब्बत इतिहास में चिराग़ बनकर जलती है, पर राम को तड़प-तड़पकर सीता से जुदा रहना पड़ा और शाहजहाँ को अपनी मुमताज से।

? : फिर दुनिया के आशिक तो सभी मांगलिक होते होंगे। ख़ैर, आज आप आम लोगों की बात कीजिए और बताइए कि लोगों के सुखी घर किस तरह बन सकते हैं?

उ. : सुखी घर बनाने के लिए पुरुष की कुंडली में चन्द्रमा की और शुक्र की स्थिति देखनी होती है और औरत की कुंडली में चन्द्रमा और बृहस्पति की। साथ ही दोनों के सातवें घर को भी देखना होता है और सातवें घर के मालिक को भी। साथ ही दोनों के लग्न और लग्नेश को भी।

? : दोनों में से एक शान्त स्वभाव का हो, पर दूसरा क्रोधी, तो अच्छा घर कैसे बने?

उ. : यदि दोनों के दिलों के कारण चन्द्रमा की स्थिति शुभ हो, तो यह निश्चित है कि दोनों के दिल अच्छे होंगे। फिर दोनों के स्वभाव का अन्तर ज्यादा विघ्न नहीं डालेगा।

? : आजकल दहेज का मसला इतना बड़ा और जटिल हो गया है कि बहुत हसीन और मासूम लड़कियाँ उसके हाथों दुःखी हैं। क्या विवाह के वक्त इस मसले को पहले देखा-परखा जा सकता है?

उ. : ज़रूर देखा जा सकता है। यदि मर्द की कुंडली में सूर्य नीच का हो, साथ चन्द्रमा भी नीच का हो और उनका सम्बन्ध राहु, शनि या केतु के साथ हो, तो वह आदमी लालची और क्रूर प्रवृत्ति का होता है। अगर सप्तमेश नीच का हो, तो भी पति ज़रूर नीच स्वभाव का होगा।

? : कई नव-विवाहित लड़कियों को आग में जला दिया जाता है। इस

भयानक कर्म का पता भी पहले लग सकता है?

उ. : यदि पूरा ध्यान दिया जाए तो कुंडली में से इसका पता भी ज़रूर लगाया जा सकता है। इस हालत में सप्तम भाव में राहु होगा। सप्तमेश पर मंगल की या शनि की दृष्टि होगी और शनि के साथ नीच का चन्द्रमा पड़ा होगा या यह हो सकता है कि तीन लग्न स्थानों के ग्रह सप्तम भाव को देख रहे हों।

? : ख़ैर, लड़कियाँ भी अब मज़बूत हो रही हैं, पढ़-लिखकर आर्थिक मसलों के हल खोज रही हैं। हमारे कई नौजवान मर्दों में भी—स्वाभिमान जाग रहा है और वे दहेज की माँग से इन्कार कर रहे हैं। पर यह बताओ उर्मिल! यदि औरत और मर्द दोनों की बनती हो, तो भी घर सुखी न रह सके, इस तरह की अड़चन कई बार नज़दीकी रिश्तेदारों की ओर से आ पड़ती है...।

उ. : कुंडली को पूरे ध्यान से देखा जाए तो इस आने वाली अड़चन का भी पहले से अनुमान लगाया जा सकता है। उस हालत में कुंडली का चौथा और दसवाँ घर ज़रूर देखना चाहिए। चौथा घर माँ का होता है, पर लड़की के विवाह के बाद वह ससुर का भी बन जाएगा। इसी तरह दसवाँ घर बाप का होता है, विवाह के बाद वह सास का भी बन जाएगा। इसी तरह विवाह के बाद पाँचवाँ घर जेठ का और बड़ी ननद का भी बन जाएगा और नौवाँ घर देवर का और छोटी ननद का भी बन जाएगा। इन घरों से सभी सम्बन्धियों के रवैये का पता लग सकता है।

? : कई अच्छे-भले बसते घर बच्चे के अभाव के कारण टूट जाते हैं। वह किस तरह देखते हैं?

उ. : लोग जन्म-कुंडली अक्सर सरसरी नजर से देखते हैं। वह देखते हैं कि चन्द्रमा भी ठीक पड़ा है, गुरु या शुक्र भी और सातवाँ घर भी ठीक है। इसलिए विवाह ठीक होगा। पर वह पाँचवाँ घर देखना भूल जाते हैं—सन्तान वाला घर। साथ ही बुध और शनि की स्थिति देखना भी भूल जाते हैं। बुध और शनि दोनों नपुंसक ग्रह होते हैं। इनका सम्बन्ध यदि किसी तरह भी पंचम भाव के साथ या सप्तम भाव के साथ हो, तो सन्तान की सम्भावना बहुत कम हो जाती है।

? : भई, हमारे देश की आबादी का मसला इतना बड़ा है कि बच्चे पैदा करने की बजाय जिन बच्चों को पालने के साधन चाहिए, वही

साधन अगर जरूरतमन्द बच्चों को गोद में लेकर दिए जा सकें तो बहुत अच्छी बात है, पर यह बताओ कि जिनके अच्छे-भले बसते घर कुछ बरसों बाद अचानक वीरान हो जाते हैं?

उ. : कुंडली में ग्रह चाल भी देखनी होती है। ग्रहों की दशा और अन्तर्दशा भी। मान लीजिए कि जब विवाह हुआ, उस वक्त उसे गुरु की दशा लगी हुई थी। गुरु की दशा सोलह बरस की होती है इसलिए उस समय अच्छा जीवन बीतता है। पर बाद में जब शनि की दशा शुरू हो गई तो घर उजड़ गया...

? : और इसके विपरीत—जब विवाह के पहले बरसों में दोनों की अनबन रहती है, पर समय पाकर दोनों का घर हँसता-खेलता हो जाता है?

उ. : उस हालत में विवाह के पहले बरसों में ज़रूर राहु की दशा होगी। फिर जब बृहस्पति की दशा लगी, उसने सब कुछ कर दिया। यह बात शनि की दशा के बारे में भी कही जा सकती है, जो उन्नीस बरसों की होती है। वह उन्नीस बरस तो अनबन रहेगी। फिर जब बुध की दशा होगी, सत्रह बरसों की, वह सत्रह बरस अच्छे हो जाएँगे।

? : अच्छा उर्मिल! यह बताओ कि वह मर्द-औरत कौन-सी राशि के होते हैं जिन्हें अपना घर सजाने का बहुत शौक होता है?

उ. : जिनका लग्न वृष, तुला या कन्या हो या जिनकी चन्द्र राशि वृष, तुला या कन्या हो, वे लोग अपना घर बड़े शौक से सजाते हैं।

? : यह तो बारह राशियों में से सिर्फ़ तीन राशियों की बात हुई, पर बाकी नौ राशियों वाले लोग घर को सजाते ही नहीं?

उ. : क्यों नहीं सजाते! पर उन बाकी नौ राशियों के साथ चन्द्रमा का या शुक्र का होना ज़रूरी हो जाता है।

? : और जो लोग घर की सजावट की ओर से बिलकुल ही बेपरवाह होते हैं?

उ. : उनका या तो लग्नेश शनि होगा या लग्न में शनि पड़ा होगा या चन्द्रमा नीच का होगा और साथ शनि या चन्द्रमा पर राहु का प्रभाव होगा।

? : और जिन लोगों को फूल-पौधों का बेइन्तिहा शौक रहता है?

उ. : उन लोगों का चौथा घर देखना होता है। यदि चौथे घर के साथ बुध और शुक्र का सम्बन्ध हो तो ऐसे लोग फूल-पौधों का इश्क जरूर पालेंगे।

? : और जिन लोगों को पत्थर की मूर्तियों का या तांबे की वस्तुओं का ख़ास शौक होता है?

उ. : जिसका लग्नेश शनि हो और उसका सम्बन्ध सूर्य और शुक्र के साथ हो, तो वह आदमी घर को इस तरह की वस्तुओं से ज़रूर सजाता है क्योंकि शनि ज़मीदोज़ चीज़ों का और पौराणिक वस्तुओं का कारक है और सूर्य ताँबे का कारक होता है। शुक्र का सम्बन्ध तो होता ही सुन्दरता के साथ है।

? : और उन औरतों की कौन-सी राशि होती है जो घर की मेज़ पर बढ़िया पकवान बनाकर रखती हैं?

उ. : मिथुन या कन्या।

? : और बाकी दस राशियों वाली औरतें कुछ भी अच्छा नहीं बना सकती?

उ. : यह बात नहीं, पर उन दस राशियों के साथ बुध का और चन्द्रमा का सम्बन्ध होना जरूरी होता है।

? : उर्मिल! उन लोगों की क्या राशि होती है जो घरों में एक कोना अच्छी किताबों का ज़रूर बनाते हैं?

उ. : उन लोगों के पंचम भाव के साथ बुध का या बृहस्पति का सम्बन्ध होता है।

? : और जो लोग संगीत कला के साथ और चित्रकला के साथ घर को रोशन करते हैं?

उ. : उनके चौथे घर के साथ शुक्र और चन्द्रमा का सम्बन्ध होता है या शुक्र और मंगल का।

? : कई लोग बहुत छोटे और तंग से घर बनाते हैं, हवा और रोशनी से वंचित बन्द कोठरियों जैसे। उनके स्वभाव की भी कोई पहचान होती है?

उ. : उनके सूर्य और चन्द्रमा नीच के होंगे या लग्न के साथ राहु का और शनि का सम्बन्ध होगा...

? : भई! कुंडलियों के अस्त सूर्य पर इन्सान अपने इश्क के सूर्य भी तो उदय कर सकते हैं...

उ. : क्यों नहीं! हमारे ज्योतिष में जैसे कई तरह के उपाय हैं, पाठ-पूजा, यन्त्र-मन्त्र और नग-पत्थर। इसके साथ ही मैं आपके साथ इससे भी सहमत हूँ कि मन की लग्न भी उसी प्रकार बहुत महत्त्वपूर्ण और

प्रभावी है। लोग अपने संकल्प और यत्न से अपने घर अच्छे बना सकते हैं।

अक्षर-शक्ति

? : उर्मिल! नामों के विज्ञान और मनोविज्ञान के बारे में पूरा पुराण लिखा जा सकता है। लोग वलियों पीरों के नामों पर भी अपने नाम रखते हैं, इतिहास-प्रसिद्ध लोगों के नामों पर भी, तरह-तरह के कीमती पत्थरों और फूलों के नामों पर भी और जिन्हें मज़हबी एतकाद होते हैं वह पाक-किताबों में से फरमान लेकर, फरमान के पहले अक्षर को अपने नाम के लिए चुन लेते हैं।

उ. : मैंने अपनी बेटी का नाम वासवदत्ता संस्कृत के नाटक 'स्वप्नवासवदत्तम्' के किरदार से रखा था। इसी तरह बेटे का नाम विशाखादत्त मुद्राराक्षस नाटक के लेखक विशाखदत्त के नाम से रखा था। जब कालका जी मे रहती थी, हमारे पड़ोस में एक बच्चा बिल्कुल उस वक्त पैदा हुआ था, जब यूगोस्लाविया के मार्शल टीटो का जहाज़ दिल्ली पहुँचा था। उस बच्चे के बाप ने मार्शल टीटो के नाम पर अपने बच्चे का नाम रखकर, यह खबर मार्शल टीटो तक भी पहुँचाई और मार्शल टीटो ने खुद कालकाजी आकर, बच्चे को एक घड़ी तोहफा दी थी...

? : हाँ, इस तरह जवाहरलाल नेहरू के नाम पर रूस में कई बच्चों के नाम रखे गए थे...

उ. : और हाँ, आपने भी तो बताया था कि यूगोस्लाविया में किसी ने अपनी बेटी का नाम आपके नाम पर रखा है...

? : हाँ, मुझे उस बच्ची की तस्वीर भी उसकी माँ ने भेजी थी। उसी बच्ची का पूरा नाम अमृता स्तीफ्रोनोवा है। ज्योतिष के अनुसार किसी का नाम उसकी तकदीर में हायल होता है कि नहीं?

उ. : होता है। ज्योतिष के अनुसार नक्षत्रों के आधार पर नाम रखे जाते हैं। बच्चे की पैदाइश के वक्त जो नक्षत्र चल रहा हो--उसके मुताबिक। एक नक्षत्र के चार हिस्से होते हैं, इसलिए चार अक्षर।

? : एक नक्षत्र का समय कितना होता है?

उ. : चौबीरा घंटे। और हर छः घंटे बाद उसका चरण बदलता है। सो एक नक्षत्र के चार चरण हो गए। मिसाल के तौर पर, अगर कोई

बच्चा रेवती नक्षत्र में पैदा होता है, अगर पहले चरण में पैदा हो तो उसका नाम 'दे' अक्षर से शुरू होगा, देवकी या देवेन्द्र हो सकता है। दूसरे चरण में पैदा हुआ हो तो उसका नाम 'दो' से शुरू होगा, जैसे दौलतराम। तीसरे चरण में हो तो उसका नाम 'च' से होगा, चौथे में हो तो 'ची' से।

? : सो सिर्फ अक्षर का प्रयोग काफी नहीं, उसके साथ मात्राओं का प्रयोग भी ज़रूरी है...

उ. : हाँ, वह भी। पर छोटी ए या बड़ी ऐ, छोटी इ या बड़ी ई और छोटा उ या बड़ा ऊ एक ही अर्थ रखते हैं...

? : सो सत्ताइस नक्षत्रों के 108 चरण हो गए, पर 108 अक्षर होते ही नहीं...

उ. : मात्राएँ गिनती बढ़ा देती हैं...

? : नक्षत्रों के अनुसार रखे नाम, अपनी अक्षर शक्ति इन्सान को किस तरह देते हैं?

उ. : कोई शक्ति नहीं देते—वह सिर्फ नक्षत्र के असर को स्पष्टता देते हैं। मसलन--भरणी नक्षत्र के पहले चरण का अक्षर है 'ली'। उस नक्षत्र के उस चरण में पैदा हुए बच्चे के भीतर चोरी की रुचि होगी, 'ली' से अगर बच्चे का नाम लीला रखा जाए, तो हम ज्योतिषी लोग उसके नाम से ही उसकी गूढ़ रुचि का पता लगा लेंगे...

? : आप बड़े खतरनाक लोग हैं, किसी के नाम से ही उसका किरदार जान जाते हैं...

उ. : ज़रूर जान जाते हैं, पर अगर उसका नाम उसके नक्षत्र के मुताबिक रखा गया हो। सिर्फ़ नक्षत्र के नहीं, उसके चरण के मुताबिक। एक ही नक्षत्र के चरणों का इतना फ़र्क होता है कि किसी चरण में पैदा हुआ बच्चा राजा बनता है और किसी चरण का पैदा हुआ रंक। मसलन—इसी भरणी नक्षत्र के पहले चरण में पैदा हुआ आदमी चोरी की रुचि रखता है, दूसरे चरण में पैदा होने वाला ऐशपरस्त होता है, तीसरे चरण वाला बहुत अमीर और चौथे चरण वाला बहुत गरीब।

? : यह उर्मिल नाम किस तरह रखा गया था?

उ. : यह मेरी राशि के मुताबिक है, पर मेरे नक्षत्र के मुताबिक नहीं। एक राशि में सवा दो नक्षत्र होते हैं, सो राशि में नौ अक्षर थे, उन नौ

अक्षरों में से एक चुन लिया पर नक्षत्र के चरण को सोचकर नहीं चुना। रोहिणी नक्षत्र के पहले चरण के मुताबिक 'ओ' अक्षर होना चाहिए था पर उन्होंने 'ऊ' से मेरा नाम रख दिया। हालाँकि 'ऊ' कृत्तिका नक्षत्र के तीसरे चरण में आता है।

? : इस ऊ और ओ के फर्क से, फर्क कहाँ तक पहुँचा?

उ. : यह एक संयोग बना कि ओ के अनुसार भी बौद्धिक तत्त्व होना था और ऊ के अनुसार भी। इसलिए फर्क नहीं पड़ा।

? : जिस अक्षर से मर्द का नाम शुरू होता हो, उसी अक्षर से उसकी बीवी का हो, तो कोई अक्षर-शक्ति उन्हें मिलती है?

उ. : जिस तरह दो नैगेटिव या दो पॉजिटिव मिलकर कुछ नहीं बनते उसी तरह दोनों के नामों का एक-सा अक्षर नाड़ी दोष बन जाता है। पर अगर मात्रा का फर्क हो, तो यह दोष नहीं रहता। जिस तरह रा, री, चित्रा नक्षत्र से आएगा पर रू, रे, रो स्वाति नक्षत्र में! मात्रा बदलने से नक्षत्र बदल जाता है, इसलिए नाड़ी दोष नहीं रहता।

? : पर कई लोगों को ज्योतिषी नाम बदलने के लिए क्यों कहते हैं?

उ. : कई बार ऐसा होता है कि वर और घर अच्छा मिल जाता है, या दोनों की मर्जी विवाह कराने की होती है, पर पत्रियों के अनुसार या नामों के अनुसार उनके गुण नहीं मिल रहे होते, उस वक्त चौकी चढ़ने के पहले लड़की का नाम बदल देते हैं...

? : पर उर्मिल! अभी तुमने कहा था कि नाम किसी को भी अक्षर-शक्ति नहीं देता, सिर्फ नक्षत्र के असर को स्पष्टता देता है, फिर नाम बदलने से, गुण-अवगुणों में किस तरह फर्क पड़ गया?

उ. : ग्रह-चाल का असर अक्षरों पर कुछ-न-कुछ जरूर पड़ता है। किसी लड़के का मेल अगर तुला राशि वाली लड़की के साथ नहीं बैठ रहा, पर दोनों घरों के माँ-बाप उनका विवाह करना चाहते हैं, तो लड़की का नाम बदलकर उस राशि के अनुसार कर दिया जाता है, जिसका मेल लड़के की राशि के साथ बैठता हो। इस तरह गुणों के अनमेल में कुछ मेल जरूर बैठ जाता है। हर अक्षर की जाती—तरंग होती है।

? : सो नाम बदलकर आप लोग तंरगों की जात मिला देते हैं...इस तरह कभी कोई असर होता या बदलता देखा है?

उ. : एक बार लाजपत राय मार्किट में मैं साड़ी खरीदने गई थी, वहाँ एक

दुकानदार ने दूसरे को बताया कि मैं मशहूर ज्योतिषी हूँ। उस दूसरे ने मुझे बिठाकर बताया कि जब मैंने दुकान खो!ली थी, बहुत अच्छी चली, पर अब जुलाई के बाद पता नहीं क्या हुआ है, सारा कारोबार मन्दा पड़ गया है। मैंने दुकान का नाम पूछा—महालक्ष्मी था। मैंने उससे कहा कि तुम दुकान का नाम बदल दो। उसने नाम बदल दिया और दुकान अच्छी चलने लगी। बात यह थी कि जुलाई से 'म' अक्षर पर शनि की साढ़सती चल रही थी, जब 'म' अक्षर वाला नाम महालक्ष्मी बदल दिया गया, तो साढ़सती हट गई।

? : लड़कियों के नाम दो क्यों रखे जाते थे—एक मायके का नाम, एक ससुराल का नाम?

उ. : ज्योतिष के अनुसार यह प्रथा सिर्फ उन लड़कियों के लिए चली थी, जिनके गुण अपने पतियों के साथ नहीं मिलते थे। राशि के अनुसार कुल छत्तीस गुण होते हैं, जिनमें से अट्ठारह जरूर मिलने चाहिए। अगर न मिलते हों, तो पहला नाम बदलकर, वह नाम रखा जाता है जिससे अट्ठारह या अधिक गुण मिलते हों...पर यह नाम की तब्दीली मंगलीक लड़की के लिए नहीं होती। मंगल का मरण-गुण, नाम बदलने से नहीं बदलता।

? : अच्छा उर्मिल, विवाहों की बात हुई, पर दोस्ती और व्यापार की साझेदारी में भी नामों का असर होता है?

उ. : बहुत ज़्यादा। जिसके साथ दोस्ती करनी हो या व्यापार करना हो या साझेदारी करनी हो, उसका नाम मिलाना जरूरी होता है। इसी तरह व्यापारिक संस्था का नाम भी अपनी राशि के साथ या संस्था खोलने के वक्त के साथ मिलाना जरूरी है। जैसे आजकल 'र' के साथ साढ़े सात साल की साढ़सती है 'स' और 'क' पर ढाई साल की। आजकल अगर इन अक्षरों वाला नाम रखकर कोई काम शुरू करेगा, तो उसे ज़रूर घाटा पड़ जाएगा...

? : उर्मिल यार! और तो पता नहीं पर मेरा ख़्याल है 'इ' अक्षर पर अभी कोई साढ़सती नहीं आ सकती क्योंकि 'इ' से इश्क लफ्ज़ बनता है और आशिक की राशि उसकी रूह होती है और उसका नक्षत्र उसका दिल...

उ. : सचमुच 'इ' को खतरा नहीं हो सकता क्योंकि उसका मालिक शुक्र

है, जो सुख का स्वामी है और इस राशि में उच्च का चन्द्रमा बनता है।

? : ज़रूर उच्च का चन्द्रमा होता होगा क्योंकि इश्क की और ईश्वर की राशि एक ही होती है...

नौ रत्न

? : उर्मिल जी! नगों, रत्नों और पत्थरों का विज्ञान क्या है?

उ. : ईसा से अट्ठाईस सौ साल पहले नगों, रत्नों और पत्थरों के गुणों की खोज हो चुकी थी। यह खोज सबसे पहले भारत में हुई थी। ऋग्वेद में रत्नों के अग्नि तत्त्व का जिक्र आता है। गरुड़ पुराण, अग्नि पुराण और बृहत् संहिता में रत्नों की व्याख्या, दैवी शक्ति के रूप में, कई तरह की चिकित्सा के लिए की गई है।

? : भारत के अलावा भी कोई देश इनके तत्त्वों से परिचित था?

उ. : हाँ, जी। प्राचीन काल के जर्मनी में, बच्चों के दाँत निकलने की उम्र में, उनके गले में मणि-माला पहना देते थे—ताकि दाँत आसानी से निकलें। चोरों-चकोरों के डर के समय भी गले में मणि-माला पहना देते थे...शायद आपने ग़ौर किया हो कि प्राचीन समय में टर्किश हुक्क़ों के सिरों पर रत्न जड़े हुए होते थे ताकि हुक़्क़े को हर किसी के मुँह से लगाने के कारण साँसों के कीटाणु एक-दूसरे पर असर न करें।

? : यानी रत्न जर्म्स का सैंसर कर देते हैं—यह सैंसरशिप तो बढ़िया है!

उ. : और सुनिए! यूनानी चिन्तन था कि नीलम के प्याले में शराब पीने से नशा नहीं होता और यहूदी विचार था कि नीलम धारण करने से मनुष्य को अच्छे सपने आते हैं। इसी तरह रोमन धारणा थी कि औरतें अगर नीलम पहनें तो उन्हें अच्छे पति मिलते हैं...

? : लेकिन नीलम राख से लाख भी कर देता है और कहते हैं—लाख से राख भी कर देता है, इसका क्या कारण है?

उ. : जिनकी जन्म कुंडली में शनि खराब होता है, अगर वह अशुद्ध नीलम पहन लें तो बहुत उतार-चढ़ाव आने की सम्भावना रहती है।

? : कोई ऐतिहासिक मिसाल है कि नगों रत्नों ने किसी का इलाज करके उसे सेहतमन्द किया हो?

उ. : इंग्लैंड की मलिका ऐलिज़ाबेथ को सर थामस ने पन्द्रह हजार पौंड मूल्य का एक कीमती मोती खरीदकर, पीसकर उसे शराब में

मिलाकर पिलाया था—तो वह बिलकुल ठीक हो गई थी।

? : उर्मिल! कई रत्नों के बारे में सुना हुआ है कि वह जिन्दगी के हादसों के मुताबिक रंग बदलते हैं, यह सम्भव बात है?

उ. : ज़रूर है। ऐरेगन की कैथरीन का जब तलाक हुआ था, उसके गले में पड़े हुए माणिक का रंग फट गया था।

? : इसका मतलब है कि रत्नों का सम्बन्ध दैवी शक्ति से होता है...

उ. : पुराणों की एक दन्तकथा है कि सारे रत्न किसी महा दानव के शरीर से सम्बन्ध रखते थे—जैसे हीरा उसकी हड्डियों से बना, मोती उसके दाँतों से, लाल माणिक उसके लहू से, इन्द्र नीलमणि उसकी आँखें थीं। लहसुनिया पत्थर उसके नाखून, पुखराज उसके शरीर की त्वचा, मूँगा उसका माँस, और भीष्म नाम का रत्न उसका वीर्य...

? : सो महा मानव की एक यह भी व्याख्या है...

उ. : आपने रत्नों का दैवी शक्ति से सम्बन्ध पूछा था—कई उदाहरण दे सकती हूँ, जैसे जापान में दरवाजों के आगे बिल्लौरी पत्थर टाँगा करते थे। यूनान में दरवाजों के आगे लहसुनिया टाँगते थे, जिन्हें आज कैट्स-आई कहते हैं। इसका मतलब था कि बुरी रूहें दरवाज़े में दाखिल नहीं हो सकेंगी। हमारे भारत में नीलम का सम्बन्ध चिन्तन से जुड़ा हुआ था—मनुष्य की चिन्तनशीलता से यह बौद्ध धर्मियों का विचार था। सनातनी लोग पुखराज पहनते थे क्योंकि इसके धारण करनें से मनुष्य अध्यात्मवादी हो जाता है, वेदों-पुराणों का ज्ञाता।

? : रत्न कितनी तरह के होते हैं?

उ. : यूँ तो बहुत तरह के हैं लेकिन ज्योतिष शास्त्र के अनुसार नौ रत्न है। पहला माणिक है। संस्कृत में जिसे माणिक कहते हैं, उसे हिन्दी में चुन्नी कहते हैं। इसे उर्दू में याक़ूत कहते हैं और अंग्रेज़ी में रूबी।

? : सो पहले माणिक की बात करें। उसके रंग की, उसके वस्फ़ की...

उ. : माणिक का प्रतिनिधित्व सूर्य करता है। इसका रंग गुलाबी भी होता है, कबूतर के खून जैसा भी और लाल सुर्ख़ भी। यह श्रीलंका, स्याम और दक्षिणी भारत में पाया जाता है। जन्म कुंडली में जिसका सूर्य कमजोर हो, उसे माणिक पहनने के लिए कहा जाता है। इसे धारण करने से हृदय रोग, नेत्र रोग, पित्त रोग, हड्डियों की

कमज़ोरी और मिरगी का इलाज होता है। वैध-हकीम इसकी भस्म बनाकर खिलाते हैं...

? : माणिक की पहचान क्या होती है?

उ. : असली माणिक में कोई दाग़ नहीं होता। बेदाग़ माणिक पारदर्शी होता है। सूर्य के सामने रखें तो उसमें से सात रंग की किरनें निकलती हैं। माणिक सिंथेटिक भी होते हैं लेकिन उनका असर कुदरती माणिक जैसा नहीं होता।

? : माणिक धारण करने की कोई विधि भी होती होगी? और यह भी कि माणिक किसे धारण करना चाहिए?

उ. : इसे रविवार के दिन पहनना चाहिए। जिनका जन्म 15 अगस्त से 15 सितम्बर के बीच होता है, उन्हें यह पहनना चाहिए। जिनका सिंह लग्न हो या सिंह राशि, उन्हें भी। अंकों के अनुसार जिनके जन्म की तारीख 1, 10, 19 और 28 हो, या 4, 13, 22, 31 हो, उन्हें माणिक धारण करना चाहिए। इसकी चमत्कारी शक्ति यह होती है कि मनुष्य की इच्छा शक्ति प्रबल हो जाती है, वह तेजस्वी और बुद्धिमान बनता है।

? : और दूसरा रत्न?

उ. : दूसरा मोती है। इसका प्रतिनिधित्व चन्द्रमा करता है।

? : पर जिसे मून-स्टोन कहते हैं, चन्द्रमणि, वह और मोती एक-से गुणों के धारण-कर्त्ता हैं?

उ. : एक जेसे तो नहीं हो सकते। चन्द्रमणि पत्थर है, मोती रत्न है। रत्न महँगा होने की सूरत में चन्द्रमणि पहना जाता है, पर उसका असर मोती जैसा नहीं हो सकता। औषधि भी मोती की बनती है, चन्द्रमणि की नहीं!

? : मोती का इतिहास?

उ. : इसका जन्म खारे समुद्र में सीपी के मुँह से होता है। जिस दिन स्वाति नक्षत्र का उदय होता है, उस दिन अगर वर्षा की बूँद सीपी के मुँह में जा पड़े तो वह बूँद मोती हो जाती है। मोतियों की उपज इतनी कम है कि 1947 में पैंतीस हज़ार सीपियों के परीक्षण में सिर्फ़ इक्कीस मोती मिले थे।

? : इसकी पहचान?

उ. : इसकी शक्ल गोल नहीं होती, अंडे की तरह कुछ लम्बूतरी होती है

जिस पर सुई चुभाएँ तो सुई फिसल जाती है। इसे चौबीस घंटे पानी में भिगोकर रखो, अगर इसकी तह न उतरे तो समझो सच्चा मोती है। इसमें कैल्शियम, कार्बन और आक्सीजन के तत्त्व होते हैं। यह फ़ारस की खाड़ी, बंगाल की खाड़ी और श्रीलंका और आस्ट्रेलिया में मिलता है। वैद हकीम इसका कुश्ता ताक़त के लिए देते हैं। इससे याददाश्त बढ़ती है, वीर्य में ताक़त आती है, पागलपन और दिमाग़ी कमज़ोरी ठीक होती है। मियादी बुखार और जलन भी ठीक होती है। इसे सोमवार के दिन, निहार मुँह पहना जाता है। जिसका लग्न या राशि कर्क हो और जन्म 15 जुलाई से 15 अगस्त के दिनों में हो, नम्बरों के अनुसार अगर जन्म-तारीख 2, 11, 20 या 29 हो और जन्म कुंडली में चन्द्रमा दुर्बल हो, उसे मोती पहनना चाहिए। नम्बरों के अनुसार 7, 16, 25 की जन्म-तारीखों वाले भी मोती पहनते हैं।

? : और तीसरा रत्न कौन-सा होता है?

उ. : तीसरा रत्न मूँगा है। इसका जन्म भी समुद्र में होता है। यह खुद एक लाल रंग का कीड़ा होता है...

? : कोई कीड़ा ही रत्न बन जाता है?

उ. : हाँ, वैज्ञानिक इसे आइसिस नोबोल्ज़ (Isis noboles) नाम का लेसदार कीड़ा कहते हैं। इसके तत्त्व कैल्शियम, कार्बोनेट होते हैं। इसके रंग में सफ़ेद की झलक भी होती है, यह बिम्ब-फल जैसा भी होता है। असली मूंगे की पहचान वही है—उसका बे-दाग़ होना। इसे दूध में डालकर चौबीस घंटे रखो तो असली मूँगे का रंग फीका नहीं पड़ता। बल्कि दूध भी लाली की झलक देता है। अगर मूँगे को केवड़े और गुलाबजल में घिसकर गर्भवती औरत को पिलाएँ तो उसका गर्भपात नहीं होगा। इसे पहनने से रक्त विकार, चर्म रोग, ब्लड प्रेशर, पुराना जुक़ाम और पट्ठों की कमज़ोरी ठीक हो जाती है। जन्म कुंडली के अनुसार जो व्यक्ति मंगलीक होते हैं उन्हें मूँगा पहनना चाहिए। जिनका लग्न या राशि मेष या वृश्चिक हो, और जिनका जन्म तेरह अप्रैल से तेरह मई के बीच हो, उन्हें मूँगा धारण करना चाहिए। अंकों के अनुसार जिनका जन्म 9, 18, 27 तारीख का हो उनको भी जिनका मंगल नीच का हो, उनको भी। मूँगे को मंगलवार के दिन धारण करना चाहिए। पर इसके धारण करने में

खतरा भी शामिल है—अगर मूँगा दाग़ी हो, तो पहनने वाले को किसी दुर्घटना का या मृत्यु के बराबर किसी दुःख का सामना भी करना पड़ सकता है। यह पाँच या चौदह रत्ती का भी कभी नहीं पहनना चाहिए।

? : चौदह का जोड़ा भी पाँच हो गया। क्या पाँच नम्बर की इससे बनती नहीं?

उ. : हाँ, पाँच और नौ नम्बर आपस में शत्रु होते हैं। इसीलिए।

? : और चौथा रत्न कौन-सा हुआ?

उ. : इसका प्रतिनिधि ग्रह बुध है। इसे संस्कृत में मरकत कहते हैं, हिन्दी में पन्ना, उर्दू में ज़मुर्रद और अंग्रेज़ी में एमरल्ड। यह चट्टानों की तहों में मिलता है। यह चार गैसों से बनता है—अल्युमिनियम, वैरिलियम, सिलिका और आक्सीजन। पन्ने की शक्ल हरी घास जैसी या नीम की पत्ती जैसी होती है। सच्चे पन्ने की पहचान करनी हो तो उसे धूप में रख दो, उसका रंग उड़ जाएगा। कैमिकल्ज़ से बने पन्ने का रंग नहीं उड़ता। एक और भी पहचान है—पन्ने को तेल लगाओ, तो दाग़ी पन्ने की लकीरें और धब्बे चमक उठेंगे। यह कोलंबिया, आस्ट्रेलिया, अमरीका और भारत में मिलता है—खासकर जयपुर और अजमेर में। इसके धारण करने से दमा, हर्निया, फेफड़ों के रोग, मिरगी, पाचन शक्ति और दिमाग़ी बीमारियाँ ठीक होती हैं। जिसका लग्न और राशि मिथुन और कन्या हो और जिसका जन्म 15 जून से 15 जुलाई के बीच हो, या बुध जन्म कुंडली में कमज़ोर हो, उसे पन्ना पहनना चाहिए। अंकों के अनुसार जिसका जन्म 5, 14 और 23 तारीख का हो, उसे पन्ना पहनना चाहिए।

? : सो पन्ना भी नौ और अट्ठारह रत्ती का नहीं पहनना चाहिए क्योंकि नौ और पाँच की बनती नहीं...

उ. : हाँ, नहीं पहनना चाहिए। पन्ना बुधवार के दिन पहनना चाहिए।

? : और पाँचवाँ रत्न?

उ. : पुखराज। इसका प्रतिनिधि ग्रह गुरु होता है। यह अल्युमिनियम और फ़्लोरिन से बनता है। जब नमी वाली हवा ग्रेनाइट और प्रैग्मेनाइट नामक शिलाओं से टकराती है, तब पुखराज बनता है। सीधे-सादे शब्दों में जहाँ बर्फ़ीली हवाएँ चलती हैं, वहाँ पुखराज होता है, जैसे रूस, साइबेरिया, ब्राज़ील और रोडेशिया में। इसे

संस्कृत में पुष्पराग कहते हैं, हिन्दी में उर्दू में पुखराज और अंग्रेजी में टोपैज़। इसे परखने की विधि है—कसौटी पर रगड़ने से इसका रंग निखरता है। यह पारदर्शी होना चाहिए। इसे शराब में डालकर चौबीस घंटे रखो, अगर फिर भी इसका रंग न बदले तो समझो पुखराज असली है।

? : इसका रंग क्या होता है?

उ. : सफ़ेद, बसन्ती और पीला। किसी को ज़हरीले कीड़े ने डंक मार दिया हो, तो असली पुखराज घाव पर रगड़ो, तो वह सारा ज़हर चूस लेगा। पुखराज के इस्तेमाल से जिगर की सूजन, तिल्ली, पीलिया और पाचन के दोष दूर हो जाते हैं। इसे बृहस्पतिवार को पहनना चाहिए। जिस व्यक्ति का जन्म 15 दिसम्बर और तेरह जनवरी के बीच में हो, जिसका लग्न और राशि धनु या मीन हो, जिसका बृहस्पति नीच का हो, उसे पुखराज धारण करना चाहिए। अंकों के अनुसार जिसके जन्म की तारीख 3, 12 या 21 हो उसे पुखराज पहनना चाहिए। यह पुत्रदाता भी होता है, पति का शुभ-चिन्तक भी। यह इन्सान को दानशील, ज्ञानवान और दीर्घायु बनाता है।

? : दोस्त! वह रत्न कौन-सा होता है जो पत्नी का शुभ-चिन्तक हो? आजकल बहुत सारे पतियों को वह पहनाना चाहिए।

उ. : वह रत्न हीरा है। उसकी बात अभी करूँगी। पुखराज की बात कर रही थी—यह चार रत्ती का नहीं पहनना चाहिए क्योंकि तीन और चार का मेल नहीं है।

? : अच्छा।...और छठा रत्न?

उ. : छठा रत्न हीरा है। इसका प्रतिनिधि ग्रह शुक्र होता है। उर्दू में अलमास, संस्कृत में हीरक या वज्र और अंग्रेजी में डायमंड कहते हैं। यह बेल्जियम, रोडेशिया, ब्राजील और भारत में मिलता है। भारत में मद्रास की पीनेर नदी से लेकर बुन्देलखंड की सोन नदी तक जो खानें पड़ती हैं वहाँ हीरा मिलता है। भारत का हीरा अष्टकोण होता है, ब्राजील का बारह कोनों का। हीरे के तीन प्रकार होते हैं—नर, नारी और नपुंसक।

? : दोस्त! हीरे भी नपुंसक होते हैं?

उ. : हाँ, होते हैं। जो हीरा गोल, चमकरहित और छोटा हो, साथ में

भारी भी हो, उसे नपुंसक हीरा मानते हैं। जो चपटा हो, पह नारी-हीरा और जो उभरा हुआ, चमकदार और हल्का हो, उसे नर-हीरा कहते हैं।

? : सो मर्द को नारी-हीरा पहनना चाहिए और औरत को नर-हीरा?

उ. : चाहिए तो यही। हीरा पीली, सफ़ेद या नीली झलक वाला भी हो सकता है। हीरे नकली भी बनते हैं—खासकर रूस में। असली हीरे की पहचान यह होती है कि वह काटा नहीं जा सकता है...

? : लेकिन हीरे को हीरे से काटा जा सकता है...

उ. : हाँ, सिर्फ़ हीरे से और किसी चीज़ से नहीं। हीरा विलासिता और अमीरी का चिह्न है। यह वीर्य-वर्धक होता है। और जो प्रश्न आपने पूछा था—यह पत्नी का शुभ-चिन्तक होता है। हीरा पांडुरोग, हिस्टीरिया, ल्यूकोरिया और नपुंसकता का इलाज हैं जिसका लग्न और राशि वृष या तुला हो, जिसका जन्म 15 अक्तूबर से 15 नवम्बर के दर्मियान हो, उसे हीरा पहनना चाहिए। अंकों के अनुसार जिसकी जन्म तारीख 6, 15 या 24 हो, उसे शुक्रवार के दिन हीरा धारण करना चाहिए।

? : और जो हीरे संसार-प्रसिद्ध हैं, जैसे कोहेनूर हीरा?

उ. : भारत का कोहेनूर हीरा प्रसिद्ध है, ऐरलिफ़ रूस का, कुलीनिन अफ्रीका का और होप नाम का हीरा फ्रांस का प्रसिद्ध है। इन्सान को हीरा दस रत्ती का या उन्नीस रत्ती का नहीं पहनना चाहिए क्योंकि नम्बर 1 और 6 का आपस में अलगाव है।

? : और सातवाँ रत्न?

उ. : नीलम। इसका प्रतिनिधि ग्रह शनि है। इसे उर्दू में याकूत कहते हैं, संस्कृत में नील और अंग्रेजी में सैफ़ायर। यह सफ़ेद, हरा, बैंजनी और नीला होता है। असली नीलम नीले रंग का ही होता है। यह काश्मीर, बर्मा, स्याम और आस्ट्रेलिया में पाया जाता है। बर्फ़ीली खानों में। इससे सिर का गंजापन, फ्यास, वायु रोग और जोड़ों का दर्द ठीक होते हैं। असली नीलम पारदर्शी होता है। इसे शराब में भिगोकर रखो तो रंग नहीं बदलता। इसे घिसा जाए तो कुरूप नहीं होता। इसका प्रभाव बहुत जल्दी देखा जा सकता है। एक बात बताऊँ— नीलम दो तरह का होता है, एक साधारण, दूसरा खूनी। साधारण नीलम को घुमाकर देखने से सिर्फ़ नीली झलक दिखाई

देती है लेकिन खूनी नीलम को घुमाकर देखें तो लाल झलक दिखाई देती है।

? : खूनी नीलम पहनने वाले के साथ क्या बीतती है?

उ. : यह बहुत कम मिलता है। असली मिल जाए तो चमत्कारी होता है। पर दाग़ी हो तो बहुत ख़तरनाक। मुकद्दमे चल सकते हैं। कई तरह के झगड़े हो सकते हैं इलज़ाम लग सकते हैं या पहनने वाले के हाथ से ख़ून तक हो सकता है। जिसका जन्म 13 जनवरी से लेकर 12 फरवरी तक हो या 12 फरवरी से लेकर 13 मार्च तक का हो या जिसका लग्न या राशि मकर या कुम्भ हो, उसे नीलम पहनना चाहिए। नम्बरों के अनुसार जिसकी जन्म-तारीख 8, 17, 26 हो, उसे नीलम पहनना चाहिए।

? : और आठवाँ रत्न?

उ. : गोमेद। इसका प्रतिनिधि ग्रह राहु है। इसे संस्कृत और हिन्दी में गोमेद कहते हैं, उर्दू और अरबी में जारगुन या अक़ीक़ कहते हैं और अंग्रेजी में ज़िरकोन। इसके दो रंग होते हैं—एक लाखा और एक सुनहरा। जो चट्टानें घुल-घुलकर पानी की तहों में बैठ जाएँ, वह गोमेद बन जाती हैं। यह लंका और थाइलैंड में मिलता है। एक गोमेद सफ़ेद रंग का भी होता है, जिसकी शक्ल हीरे से मिलती-जुलती है। पहचान यह है कि अगर इसे दूध में डालकर रखो, दूध गो मूत्र जैसा हो जाए, तो गोमेद असली होता है। इससे पांडुरोग, मिरगी और चर्म रोग दूर होते हैं। गोमेद धारण करने से इच्छा-शक्ति प्रबल हो जाती है, भटकन दूर हो जाती है। जिस राशि या लग्न वालों के लिए नीलम कहा जाता है, उन्हीं के लिए गोमेद। नीलम या गोमेद को शनिवार के दिन पहनना चाहिए।

? : और नौवाँ रत्न?

उ. : लहसुनिया। इसका प्रतिनिधि ग्रह केतु है। इसे संस्कृत में विडालाक्ष कहते हैं, हिन्दी और उर्दू में लहसुनिया और अंग्रेजी में कैट्स-आई। इसका रंग बिल्ली की आँखों जैसा होता है। असली पत्थर को हिलाने से सफ़ेद रंग की झलक पड़ती और नकली में काले रंग की। यह त्रिवेन्द्रम, लंका, ब्राज़ील और चीन में मिलता है। यह पैगमेटाइट और नाइस गैसों से तहदार चट्टानों में बनता है। इससे गुप्त रोग, कैंसर, कंठरोग, वायुरोग, वायु गोला ठीक होते हैं। दुर्घटनाओं से भी बचाव

होगा। सरकारी इलज़ामों से बचने के लिए भी यह पत्थर पहना जाता है। जहरीले जानवरों और भूत-प्रेतों से बचने के लिए भी।

? : दोस्त! तुमने ज़हरीले जानवरों, भूत-प्रेतों और सरकारों का नाम एक ही साँस में जोड़ दिया है—यानी इनके गुण-दोष एक से कर दिए हैं?

उ. : मैंने नहीं किए, प्राचीन विद्वानों ने किए हैं।

? : लहसुनिया किस दिन पहनना चाहिए?

उ. : इसका सारा सिलसिला मूँगे जैसा है। उसी तरह मंगलवार को।

? : यानी मंगलवार, टले भार!

उ. : हाँ, शनि का सम्बन्ध राहु से और केतु का मंगल से माना जाता है। यह लहसुनिया अगर दोष वाला हो, तो पहनने वाले के अंगों को खतरा हो सकता है।

? : उर्मिल! रत्नों और कीमती पत्थरों में क्या फ़र्क़ है?

उ. : कीमती पत्थर गैसों से चट्टानों में बनते हैं। रत्न समुद्र में पैदा होते हैं या ख़ास-ख़ास खानों से निकलते हैं। रत्न हमेशा असली होते हैं। पत्थर नक़ली भी बन सकते हैं...

? : वह कैसे?

उ. : पुखराज, माणिक, पन्ना और नीलम के चूरे को दोबारा पिघलाकर बनाया जा सकता है लेकिन मूँगे और मोती का चूरा नहीं होता।

? : अकबर के दरबार में नौ विद्वान् नौ रत्न थे कि नौ पत्थर?

उ. : वह सचमुच नौ रत्न थे—उनमें रत्नों वाले गुण थे। जो संगीत कला का विद्वान् था, उसके अन्दर शुक्र के तत्त्व थे। जिसमें जासूसी की कला थी, उसमें केतु के तत्त्व थे। जिसमें ज्ञान था, उसमें गुरु के तत्त्व थे। जिसके पास वाक्- चतुरता थी, उसके अन्दर बुध के तत्त्व थे। सलाहकार में ज़रूर चन्द्र के गुण रहे होंगे...

? : तय वक़्त के साथ सरकारों के नौ रत्न नौ पत्थर नहीं हो गए? पत्थर भी सस्ते और नकली...

उ. : जैसे हीरे और मोती भी वक़्त के साथ नक़ली बनने लगे हैं, वैसे ही दरबारी भी...

? : उर्मिल! मुझे वह मिथहासिक घटना बहुत पसन्द आई है कि नौ रत्न एक ही व्यक्ति के लहू माँस में होते थे। हम हीरे अपनी हड्डियों में से, मोती अपने दांतों में से, नीलम अपनी आँखों में रो और सुर्ख़ माणिक अपने लाल लहू में से क्यों नहीं पैदा कर लेते?

उ. : मैं तो आपको नौ रत्नों के रूप मानती हूँ। यह सारे गुण चिन्तनशील और कर्मशील इन्सान के अन्दर होते हैं। कहें तो गिनाकर बता दूँ। आपमें कल्पना शक्ति शुक्र के तत्त्व से आई। मुहब्बत की तीव्रता चन्द्र से आई, चिन्तन शनि का तत्त्व है, जड़ तत्त्व को चेतन में ले आने की प्रक्रिया केतु क़ा स्वरूप है, प्रबल इच्छा-शक्ति और समाज का सामना कर सकने की शक्ति सूर्य तत्त्व है, लेखन शक्ति बुध तत्त्व है, बाहुबल और गुस्सा मंगल का तत्त्व है और गुरु का तत्त्व कूट-कूट कर भरा हुआ है—खोज और ज्ञान की प्यास में। राहु को भी आपने जी भरकर भोगा है—जिन्दगी की कई उदासियाँ और कई उतार-चढ़ाव...यही नौ रत्न हैं...

? : सो, रत्न भी अपने, दिन वार भी अपने, सिर्फ़ रत्नों को दाग़ी होने से बचाना चाहिए...

●●●